パネルデータ分析

一橋大学経済研究叢書 53

北 村 行 伸 著

パネルデータ分析

岩 波 書 店

経済研究叢書発刊に際して

　経済学の対象は私たちの棲んでいる社会である．それは，自然科学の対象である自然界とはちがって，たえず変化する．同じ現象が何回となく繰返されるのではなくて，過去のうえに現在が成立ち，現在のうえに将来が生みだされるという形で，社会の組立てやそれを支配する法則も，時代とともに変ってゆくのが普通である．したがって私たちの学問も時代とともに新しくなってゆかねばならぬ．先人の業績を土台として一つの建造物をつくりあげたと思った瞬間には，私たちは新しい現実のチャレンジを受け，時には全く新しい問題の解決をせまられるのである．

　いいかえれば経済学者は，いつも摸索し，試作し，作り直すという仕事を，性こりもなく続けなければならない．経済研究所の存在意義も，この点にこそあると思われる．私たちの研究所も，一つの実験の場である．あるいは，所詮完全なものとはなりえない統計を，すこしでも完全なものに近づけることに努力したり，あるいは，その統計を利用して現実の経済の動きの中に発展の法則を発見しようとしたり，あるいは，分析の道具そのものをみがくことに専念したり，あるいは，外国の経済の研究をとおして日本経済分析のための手がかりとしたり，あるいは，先人のきわめようとした原理を追求することによって今日の分析のための参考としたり，私たちの仕事はきわめて多岐にわたる．こうした仕事の成果を，その都度一書にまとめて刊行しようというのが本叢書の趣旨にほかならない．ときには試論の域を出でないものがあるとしても，それは学問の性質上，同学の方々の鞭撻と批判を受けることの重要さを思い，あえて刊行を躊躇しないことにした．ねがわくば，読者はこの点を諒承していただきたい．

　本叢書は，一橋大学経済研究所の関係者の筆になるものをもって構成する．必らずしも定期の刊行は予定していないが，一年間に少なくとも三冊は上梓のはこびとなろう．こうした専門の学術書は，元来その公刊が容易でないのだが，私たちの身勝手な注文を心よくききいれて出版の仕事を受諾された岩波書店と，研究調査の過程で財政的な援助を与えられた東京商

科大学財団とには，研究所一同を代表して，この機会に深く謝意を表したい．

 1953年8月

一橋大学経済研究所所長

都 留 重 人

はしがき

　同一の対象を継続的に観察し記録したデータをパネルデータあるいはロンジチューディナルデータ(longitudinal data)と呼び，医学や生物学，植物学などの科学分野では古くから使われてきた．誰もが小学校の理科の実験や夏休みの宿題でひまわりや朝顔の生育記録をつけたり，オタマジャクシがカエルに成長するまでを観察した経験があるだろう．このような調査の意義は，同一の対象を観察し続けることによって，対象になる個体の成長のスピードや変化の時期が具体的にわかるということである．もし，このような調査を多数の個体に対して同時に行ったり，時期を変えて，繰り返し観察することができれば，特定の個体の成長スピードや変化の過程が多数のサンプル(標本)の平均から見て特別なのか誤差の範囲内なのかを判断できるようになるだろう．また，成長スピードや変化の分布はどのような形をしているのかを知ることもできるだろう．

　このように，時間の経過が分析上決定的に重要になるのは医学や生物学だけに限らない．近年，経済学，社会学，政治学などの社会科学の実証研究でもパネルデータが頻繁に使われるようになってきたのは，時間の経過とともに，同一主体がどのように行動を変化させていくかを観察することなしには人間社会の成長や変動を理解することはできないと認識されるようになってきたからだと思われる．

　本書はこのようなパネルデータの分析手法およびそれを経済学に応用した研究を紹介することを目的として書かれたものである．具体的には，第 I 部と第 II 部は 1999 年から 2004 年にかけて一橋大学大学院経済学研究科で行ってきた「比較統計システム論」の講義録およびそれをまとめた展望論文(北村 2003a)に基づいている．第 III 部は同時期に様々なパネルデータを用いて行った実証研究の結果を報告したものである．

　本書の内容を要約すると次のようになる．第 I 部は「基礎と歴史」という観点から，パネルデータ分析の歴史的な発展や統計調査の基礎について解説している．すなわち，第 1 章「パネルデータ分析の考え方」ではパ

ネルデータ分析のルーツが天文学の誤差論と農業統計学の分散分析にあることを示し，また現在パネルデータが世界的に調査されている実態を紹介している．さらに，パネルデータ分析で用いる推測統計の手法について概観している．第2章「パネルデータの調査方法と構造」では，パネルデータの調査方法や調査上の問題として重視されている脱落サンプル問題について，様々な実例を紹介しながら解説している．とりわけ脱落サンプル・バイアスの識別や検定に関して詳しく論じている．後半では，パネルデータを実証研究で用いる際に使うデータセットの具体的な作り方について解説している．

　第II部の「理論と手法」ではパネルデータ分析の統計的手法についてのサーベイを行っている．第3章「パネルデータ分析の基礎」では，パネルデータ分析において基本的な手法であるプーリング推定，固定効果推定，ランダム効果推定について解説し，それらの推定方法のどれを選べばいいのかを統計的検定によって選択する方法について論じている．またデータが不完備である場合の取り扱いについても解説している．第4章「ダイナミック・パネル分析」では被説明変数のラグ項が説明変数に入ったモデルを扱っている．このタイプのモデルの推定方法については1960年代より議論されてきたが，最近では最尤法，操作変数法，一般化積率法(GMM)が用いられており，そのうちどの推定方法が望ましいかという点については多くの論争を呼んでいる．本章でもその点に焦点をあててサーベイしている．最後にパネル単位根推定についても触れている．第5章「質的従属変数パネルデータ分析」では，意思決定に関わる選択問題をパネルデータを用いて分析する方法について論じている．基本的にはクロスセクション分析で用いられるロジット，プロビット，トービットといった手法をパネルデータに当てはめるということであるが，パネルデータへの応用は，存外難しいことが示されている．第6章「同時方程式パネルデータ分析」では，経済変数が同時に決定されているような場合，あるいは説明変数が明らかに内生的である場合に，その同時性バイアス，内生性バイアスを取り除く推定方法をサーベイしている．一般には単一方程式に操作変数を当てはめる推定法が用いられているので，その手法を紹介し，

関連した問題点について論じている．

　第III部「応用」では第II部で論じた理論や手法を実際のパネルデータに当てはめている．第7章の「企業パネルデータの分析」では『企業活動基本調査』を用いて，1990年代のいわゆる「失われた10年」を日本の企業がいかに生きのびてきたかを分析している．ここでの焦点は企業財務と企業業績の関係，企業業績と株式市場の関係を精度の高い企業パネルデータを用いて分析することにある．統計手法は内生性を考慮した固定効果推定やランダム効果推定を行っているが，説明変数は成長率で表されており，その意味ではダイナミックな要因を取り込んだ分析になっている．主な結論として，健全な企業も負債が適正水準を超えたレベルにあり，その負担が企業収益率を低下させていたことがわかった．

　第8章の「家計パネルデータの分析」では『家計調査』の6ヶ月分のパネルデータを用いて家計消費の実態を明らかにしている．ここでは消費の耐久性と流動性制約が消費にどのように影響を与えているかを分析したものである．同様の研究は約20年前に林文夫氏によって行われたが，以後誰も検討してこなかった．2002年1月より『貯蓄動向調査』と合体することで，家計負債の状況や貯蓄残高などがわかるようになった．この追加的情報を用いて，いままでとは違った形で流動性制約の分析ができるようになった．負債をすでに負っている家計が一番可処分所得の変動に感応的であるなど新しい結果を得ることができた．第9章の「個人パネルデータの分析」では『消費生活に関するパネル調査』を用いて，主として20歳代後半から30歳代後半の女性の結婚の意思決定のメカニズムを，本人たちの世代間の違いと親の世代の違いという2つの切り口から分析している．これは近年問題になっている未婚化，晩婚化現象をどのように捉えればいいのかという問題意識から出発している．結婚といった極めて個人的な意思決定が，実は世代間の共通経験の相違や親世代の経験および実態としての資産保有や所得の相違によって影響を受けていることが明らかにされている．

　本書第III部で扱っているのは企業や家計を中心にしたミクロ・パネルデータであり，マクロ・パネルデータを用いた国際比較，地域別パネル

データを用いた地域比較，為替・金利・物価などを扱ったファイナンス・パネルデータについては言及していない．これらのトピックについては紙幅の制約もあり，機会を改めて発表する予定である．

文部科学省が推進している 21 世紀 COE プログラムに一橋大学経済研究所では「社会科学の統計分析拠点構築」(代表　斎藤修)が 2003 年度より採択され，私もそのメンバーに入れていただいた．それは「データ・アーカイブ，統計理論，実証分析という 3 つのコンセプトを結合し，それらが三位一体となった，世界的にもユニークな社会科学における統計分析の研究・教育拠点の構築を目指」そうという構想である．

本書はこのプログラムの準備期間から採択 1 年目にかけて書かれたものであり，パネルデータ分析においても統計調査，統計理論，実証研究の 3 つのバランスをとることの重要性を強調したつもりである．従来，パネルデータ分析について書かれた本は，計量経済学者が書くと，パネルデータの推定方法のみに記述が集中し，実証経済学者が書くと，具体的なパネルデータの分析結果が中心で，理論や調査そのものに触れられることは少なかった．統計調査の専門家の手によると，調査方法については詳しく書かれているが，経済学上の問題点や実証研究についてはあまり書かれないというのが実情であった．本書では統計調査，統計理論，実証研究の 3 つは密接に関連しており，どれ一つとっても蔑ろにできないことを具体的に示している．

さらに付け加えると，21 世紀 COE プログラム「社会科学の統計分析拠点構築」の考え方としてはそれぞれの専門知識を持ち合わせた研究者が集って，その知識を融合させることを想定しているが，個々の研究者もできる限りこれら 3 つ分野に対する知識を蓄えて研究に当たることが大切であるという私なりの考え方を反映させている．

本書を書くにあたっては，これまで様々な機会に多くの方々の協力，支援，教示を受けている．

オックスフォード大学では Amartya Sen, James Mirrlees, Steven Nickell, David Hendry, Terence Gorman, John Muelbauer, Jenny

Corbett, Colin Mayer らの素晴らしい教授陣から経済学の本質的な問題について教示を受けることができた．パネルデータ分析に限定しても，Steven Nickell や Manuel Arellano の初期のパネル研究に同時進行形で触れることができたことは幸運であった．卒業後，学会などを通して Richard Blundell, Angus Deaton, Cheng Hsiao, 林文夫の各氏と個人的に知り合えたことも幸運であった．彼らの研究は常に私に刺激を与え，私のパネルデータ分析の理解を深める上で不可欠であった．また折に触れ，様々な問題に関して議論につきあっていただいたことも有難かった．

　日本における最初の職場である日本銀行金融研究所では白川方明，翁邦雄，岩村充，高橋亘，藤木裕，白塚重典をはじめとして多くの方々から支援を受けた．とりわけ，藤木裕氏がシカゴ大学で Yair Mundlak から学んだパネルデータ分析の手法を携えて金融研究所に赴任してきてから，私が OECD 在職中に暖めていた The Feldstain-Horioka Paradox 問題をパネルデータ分析の手法で解く方法を共同で見つけるまでにはそれほど時間がかからなかった．以後，藤木氏とは様々なマクロ・パネルデータを用いて共同研究を行ってきた．私をパネルデータ分析の道に直接誘ってくれたのは藤木氏であり，貴重な共同研究者であると同時に，常に新しい手法を紹介してくれる学兄である．

　慶應義塾大学では松村高夫，黒田昌裕，清水雅彦，樋口美雄，清家篤，玉置紀夫，牧厚志の各氏から多くのことを学ばせていただき，多くの研究の機会を与えていただいた．資料やデータを中心に問題を考える実証主義の態度は彼らから学んだものが多い．

　一橋大学経済研究所では松田芳郎，寺西重郎，鈴村興太郎，斎藤修，高山憲之，伊藤隆敏の各氏から様々な側面で支援を得てきた．とりわけ，私を一橋大学に招いてくださった松田芳郎，斎藤修両氏のご助力がなければ，恵まれた環境で研究を続けることもできなかったし，本書が日の目を見ることはなかったことを記して感謝の言葉としたい．高山憲之氏とは一橋大学着任以前より共同研究を続けており，着任後も高山氏を代表とする文部科学省特定領域研究「世代間利害調整プロジェクト」に参加させていただいたりして，常に新しい研究テーマを与えていただいている．本書第

9章の研究はその成果の一部である．

　私が所属する一橋大学経済研究所附属社会科学統計情報研究センターでは安田聖，佐藤正広，松井博，塚田武重，武下朋広の各氏に日々の作業で大変お世話になった．とりわけ2002年4月より当センター内にミクロ・データ分析セクションが設立され，私をその担当にしていただいたお陰で，政府統計が従来よりはるかに容易に利用できるようになった．総務省統計局のご理解とご協力に対しても感謝の気持ちを表したい．

　具体的な研究に関しては，研究室の原美起，藤木裕子，馬場路子，川崎裕子各氏が補助的な作業をいつもながら的確にこなしてくれた．坂本和靖氏には共同研究の成果を利用させていただいただけではなく，データ利用に関しても配慮をしていただいた．厚く御礼申し上げたい．本書の編集・校正に当たっては岩波書店編集部の髙橋弘氏，居郷英司氏に大変丁寧な仕事をしていただいた．記して感謝の気持ちを表したい．

　最後に，私事で恐縮ではあるが，家族に対して感謝の意を表したい．両親は私が学問研究を続けることを終始一貫して支援してくれた．彼らの理解と愛情がなければ今日の私はあり得ない．とりわけ1998年に父が亡くなってから大変な時期も変わらず支援してくれた母に対して心から感謝の気持ちを表したい．また妻の真澄は多大な犠牲を払って私が気持ちよく研究に没頭できるような環境を作ってくれた．彼女の理解と助力なしには本書は完成しなかったと言っても過言ではない．

　　2004年12月　初冬の国立の森にて

　　　　　　　　　　　　　　　　　　　　　　　　北　村　行　伸

目　次

はしがき

第 I 部　基礎と歴史

第1章　パネルデータ分析の考え方 ― 3
- 1.1　はじめに …… 3
- 1.2　パネルデータ分析の考え方とその意義 …… 4
  - 1.2.1　パネルデータ分析の考え方 …… 4
  - 1.2.2　統計的意義 …… 8
- 1.3　パネルデータ分析で用いる推測統計の考え方 …… 10
  - 1.3.1　最小2乗法 …… 11
  - 1.3.2　操作変数法 …… 12
  - 1.3.3　積率法 …… 16
  - 1.3.4　最尤法 …… 18
- 1.4　分散分析 …… 22
  - 1.4.1　一元配置分散分析 …… 22
  - 1.4.2　二元配置分散分析 …… 24

第2章　パネルデータの調査方法と構造 ― 27
- 2.1　はじめに …… 27
- 2.2　調査方法 …… 28
- 2.3　調査上の問題点 …… 32
- 2.4　脱落サンプル問題 …… 34
  - 2.4.1　脱落サンプルの実態 …… 34
  - 2.4.2　脱落サンプル・バイアスの識別 …… 40
  - 2.4.3　脱落サンプル・バイアスの検定 …… 44
  - 2.4.4　脱落サンプル・バイアスの実証結果 …… 47

2.5　データセットの作り方 …………………………………………… 50
　2.5.1　データセットの構造 ………………………………………… 51

第II部　理論と手法

第3章　パネルデータ分析の基礎 ——————— 59

3.1　はじめに ………………………………………………………… 59
3.2　固定効果推定 …………………………………………………… 60
3.3　ランダム効果推定 ……………………………………………… 63
3.4　不均一分散の問題 ……………………………………………… 64
3.5　モデル選択のための検定 ……………………………………… 65
　3.5.1　仮説検定 ………………………………………………………… 66
　3.5.2　具体的な検定手順 ……………………………………………… 68
　3.5.3　F 検 定 ………………………………………………………… 69
　3.5.4　ハウスマン検定 ………………………………………………… 71
　3.5.5　Breusch-Pagen 検定 …………………………………………… 72
3.6　不完備パネルデータ …………………………………………… 73
　3.6.1　不完備パネルデータの分類 …………………………………… 73
　3.6.2　不完備パネルデータの推計 …………………………………… 76
3.7　STATA コード ………………………………………………… 78

第4章　ダイナミック・パネル分析 ——————— 81

4.1　はじめに ………………………………………………………… 81
4.2　ダイナミック・パネルデータの考え方 ……………………… 82
　4.2.1　系列相関モデル ………………………………………………… 83
　4.2.2　状態依存モデルの初期の研究 ………………………………… 85
4.3　最尤法推定と操作変数法推定 ………………………………… 86
4.4　一般化積率法推定 ……………………………………………… 91
4.5　推定方法の比較と評価 ………………………………………… 97
4.6　パネル単位根推定 ……………………………………………… 101
4.7　STATA コード ………………………………………………… 104

第5章 質的従属変数パネルデータ分析 ——109

- 5.1 はじめに …… 109
- 5.2 質的従属変数クロスセクション推定 …… 110
- 5.3 パネル・プロビット・モデルとパネル・ロジット・モデル … 112
  - 5.3.1 モデルの構造 …… 112
  - 5.3.2 付随パラメータ問題 …… 114
- 5.4 クロスセクション・トービット・モデル …… 117
- 5.5 パネル・トービット・モデル …… 122
- 5.6 ダイナミック・トービット・モデル …… 124
- 5.7 STATA コード …… 125

第6章 同時方程式パネルデータ分析 ——131

- 6.1 はじめに …… 131
- 6.2 同時方程式パネルデータ分析の考え方 …… 132
- 6.3 単一方程式推定 …… 135
- 6.4 内生性効果 …… 140
- 6.5 STATA コード …… 143

第III部 応 用

第7章 企業パネルデータの分析 ——149

- 7.1 はじめに …… 149
- 7.2 『企業活動基本調査』より見た1990年代の企業行動 …… 150
- 7.3 ミクロ経済学からのアプローチ …… 157
  - 7.3.1 財市場競争モデル …… 157
  - 7.3.2 最適資本構成モデル …… 161
    ——モジリアーニ＝ミラー定理と租税・倒産リスク
- 7.4 実証結果とその解釈 …… 164
- 7.5 おわりに …… 181
- 7.6 STATA コード …… 182

第8章　家計パネルデータの分析 ────── 185

- 8.1　はじめに …………………………………………………… 185
- 8.2　『家計調査』の概要 ………………………………………… 186
  - 8.2.1　『家計調査』の変遷 …………………………………… 186
  - 8.2.2　調査方法 ……………………………………………… 187
  - 8.2.3　調査の内容 …………………………………………… 188
- 8.3　動学的消費者行動モデル ………………………………… 189
- 8.4　統計データ ………………………………………………… 192
- 8.5　季節調整 …………………………………………………… 195
- 8.6　消費の耐久性 ……………………………………………… 196
- 8.7　流動性制約 ………………………………………………… 198
- 8.8　実証結果 …………………………………………………… 201
  - 8.8.1　消費の耐久性 ………………………………………… 202
  - 8.8.2　流動性制約 …………………………………………… 207
- 8.9　おわりに …………………………………………………… 215
- 8.10　STATA コード …………………………………………… 216

第9章　個人パネルデータの分析 ────── 219

- 9.1　はじめに …………………………………………………… 219
- 9.2　『消費生活に関するパネル調査』の概要 ………………… 220
  - 9.2.1　配偶状態 ……………………………………………… 223
  - 9.2.2　結婚サンプルの学歴マッチング …………………… 223
  - 9.2.3　結婚に伴う就業の変化 ……………………………… 225
  - 9.2.4　仕　　事 ……………………………………………… 225
  - 9.2.5　同　　居 ……………………………………………… 232
  - 9.2.6　消費支出 ……………………………………………… 234
- 9.3　親子関係と結婚行動 ……………………………………… 234
- 9.4　世代間格差──バブル世代とバブル崩壊以降世代 ……… 237
  - 9.4.1　収入，職業形態 ……………………………………… 238
  - 9.4.2　消費行動 ……………………………………………… 239
  - 9.4.3　親の世代による結婚・出産意欲，未婚理由の違い …… 240

9.5 世代間格差——戦前・戦中世代と団塊以降世代 ················ 241
　　9.5.1 収入, 資産 ··· 242
9.6 パネルデータ計量分析 ·· 242
　　9.6.1 パネル・ロジット・モデル ································· 243
　　9.6.2 推計結果 ·· 245
9.7 おわりに ·· 249
9.8 STATA コード ··· 252

参考文献 ·· 255
索　　引 ·· 277

図表目次

図表 1.1 パネルデータの構造　6
図表 2.1 パネルデータセットの構造　51
図表 3.1 モデル選択の構造　69
図表 3.2 ローテーション・パネルの構造　75
図表 3.3 固定効果推定・ランダム効果推定の結果　80
図表 4.1 ダイナミック・パネル推定方法の比較　98
図表 4.2 賃金関数のパネル推定　106
図表 4.3 賃金関数の操作変数法推定　107
図表 4.4 賃金関数の GMM 推定　108
図表 5.1 ロジスティック分布関数(μ_0 共通の場合)　114
図表 5.2 ロジスティック分布関数(μ_i が可変の場合)　114
図表 5.3 C で切断されたデータの分布　118
図表 5.4 トービット・モデルの類型　119
図表 5.5 教育選択モデル　128
図表 5.6 職業訓練のパネル・トービット推定　129
図表 6.1 雇用調整関数の操作変数法推定　145
図表 6.2 雇用調整関数の GMM 推定　145
図表 7.1 産業別企業数　152
図表 7.2 変数名の定義　155
図表 7.3 収益率と負債のダイナミックな代替関係　164
図表 7.4 売上高収益率推計式(全体)　167
図表 7.5 売上高収益率推計式(業績別)　169
図表 7.6 売上高収益率推計式(業績・上場・非上場別)　174
図表 8.1 調査世帯数の割り当て　188
図表 8.2 基本統計量(名目)　193
図表 8.3 消費・貯蓄・可処分所得の月次平均(名目)　194
図表 8.4 借入・非借入家計の基本統計量　200
図表 8.5 自己回帰モデル　202
図表 8.6 消費項目別の家計消費行動(レベル)　204
図表 8.7 消費項目別の家計消費行動(階差)　205
図表 8.8 年間収入別の家計消費行動(レベル)　208
図表 8.9 年間収入別の家計消費行動(階差)　209
図表 8.10 純貯蓄残高別の家計消費行動(レベル)　210
図表 8.11 純貯蓄残高別の家計消費行動(階差)　211
図表 9.1 『家計研パネル』の構造　221
図表 9.2 調査内容　222
図表 9.3 有配偶率　224
図表 9.4 学歴マッチング　226
図表 9.5 結婚に伴う就業変化　227
図表 9.6 未婚者の就業状態　229
図表 9.7 未婚者の就業変化　230
図表 9.8 同居率　233
図表 9.9 結婚選択のパネル・ロジット推定:ストック・フロー分析　246
図表 9.10 結婚選択のパネル・ロジット推定:フロー分析　248
図表 9.11 結婚選択のパネル・ロジット推定:ストック分析　250

第Ⅰ部　基礎と歴史

第1章 パネルデータ分析の考え方

1.1 はじめに

近年，パネルデータが利用可能になり，実証研究でも盛んに使われるようになってきた．パネルデータ分析の手法についても日々新たなアプローチが提案されている．パネルデータ分析に関する主要な文献としては Maddala(1993)，Mátyás and Sevestre(1996)，Hsiao(2003)，Baltagi(2001)，Lee(2002)，Wooldridge(2002a)，Arellano(2003)などを挙げることができるが，*Journal of Econometrics*，*Econometrica* などではパネルデータ推定に関する論文が頻繁に掲載されている．また，Greene(2003)，Maddala(2001)，Johnston and DiNardo(1997)，Wooldridge(2000, 2003)などの計量経済学の教科書でもパネルデータ分析の手法が紹介されるようになってきている．さらには，*Handbook of Econometrics*(North-Holland)には Chamberlain(1984)と Arellano and Honoré(2001)の2本のパネルデータに関するサーベイ論文が含まれている．

欧米と比べると，日本でのパネルデータ利用の歴史は浅く，日本語で書かれた研究書や展望論文，概説書は少ない．本章ではパネルデータ分析の考え方とその意義，統計的基礎について論じる．その中で強調しておきたいのは，パネルデータは同一主体の時系列方向のデータが複数のクロスセクション・データとして入っているものであり，データとしてはクロスセクション・データの分析手法と時系列データの分析手法を組み合わせて使っているということである．従って，パネルデータ分析で用いられ統計手法として全く新しい統計手法があるわけではなく，既存の手法をパネルデータの特徴に合わせて改良したものだということである．このことは，既存の統計手法の問題点や論争点がそのままパネルデータ分析の方法にも持ち込まれてきていることも意味している．

1.2 パネルデータ分析の考え方とその意義

1.2.1 パネルデータ分析の考え方

パネルデータ分析の統計学上の一つの起源は,ガウス(Gauss, Carl Friedrich),アイリー(Airy, George Biddell),ポアンカレ(Poincaré, Henri)などによる天文観測の観測誤差の理論にある.ガウスは『誤差論』の中で「不規則で偶発的な誤差と規則的で定数的な誤差があり,規則的誤差の原因は念入りに捜し出し,それらの原因を取り除くかあるいは少なくともそれらの効果と大きさを調べ,それによる個々の観測への影響を確かめ,あたかも誤差が全く存在しなかったように修正することは観測者の仕事である.ところが,不規則的誤差の本質はこれとは完全に異なるものである.それはその性質上計算によって左右されることはない.したがって観測においてはこれをやむをえないこととするが,組み合わせをうまく行って,それの観測から導かれる量への影響をできるだけ弱めなければならない」(p.2)と述べている.

ガウスは,このような偶発(確率)的誤差が正規分布によって適切に表現されることを示し[1],誤差をコントロールしたうえで最適観測値を予測する手法として最小2乗法を導出した[2].

ガウスは規則(系統)的誤差は原則的に取り除くべきであるという考え方を持っていた.これは科学的実験においては系統的誤差を減少させるべきであるという原則に結びついていった.

今一つの起源は,近代統計学の生みの親であるフィッシャー(Fisher,

---

1) ガウスは天文学の観測データを数学的に分析するに際して,データの測定誤差がある基本的な法則に従うことを仮定して誤差理論を確立した.この基本的法則というのが誤差関数(error function)であり,今日正規分布と呼ばれているものの原型である.

2) 統計学説史上フランスのルジャンドル(Legendre, Adrian Marie: 1752-1833)が『彗星軌道の決定のための新方法』(1805)の中で,最小2乗法という概念をはじめて導入したことが知られている.ガウスは最小2乗法を扱った『円錐曲線を描いて太陽の周囲を回る天体運動論』を1806年にドイツ語で脱稿しながら,諸般の事情でラテン語で出版されたのが1809年になってしまった.その後,ルジャンドルとガウスの間で,最小2乗法をはじめに考えたのは自分だという主張が書簡を通して交わされた.この間の詳細については安藤(1995)を参照されたい.

Ronald A.)の一連の研究(1932, 1971, 1973, 1990),とりわけ分散分析にある.分散分析とは,ある処理を与えた処理群(treatment group)と対照群(controll group)を比較して,処理の効果を明らかにするための手法であり,2つの群の分散を比較するという検定を行うことから分散分析と呼ばれている.フィッシャーはこのアプローチを広い意味で**実験計画法**の中で用いている.

実験計画法とは目的の結果を導出するために,実験をいかに効率的に計画するかという問題に関わるものであり,実験結果を左右するような因子を適切に選び出しそれを組み合わせ,個々の因子の影響を抽出できるような実験を,なるべく効率的に行うように実験をデザインするということである[3].フィッシャーはこのような実験計画に関して3原則を提唱している.それは,(1)反復,(2)無作為化,(3)局所管理である.第一に,1つの処理に対してもデータはばらつくので,そのばらつきを評価できるように何度か同じ処理に対して実験を行う必要がある,第二に系統的な誤差を確率的な誤差に転化するために実験を無作為化する必要がある,第三に,実験全体の無作為化や均一化が難しい場合には,局所的に均一化するような管理が必要になる.

フィッシャーは,ガウス以後の実験方法とは逆に,系統的誤差を取り除くのではなく,誤差を統計的に管理することを目指し,そのことを通して精度が保証された誤差の推定を重視したのである[4].

ところで,経済は一般に管理実験ができない.とすれば実験計画法がどのように役立つのだろうか.我々の考えではパネルデータ分析とは,パネル経済データをあたかも実験データのように扱う点に特徴がある.すなわち,経済には様々なショックや確率的な変動が連続的に生じており,分析対象としたい経済関係に与える影響を様々な因子(要因)に分類してコントロールした上で,分析するという意味で実験計画法の手法が利用できるのである.具体的には,以下で論じる**誤差構成要素モデル**(error components model)とは,誤差項を純粋な攪乱項とそれ以外の因子による誤差を分離

---

3) 以下の議論は広津(1992, 第1章)を参照している.
4) 芝村(2004, 第1章)を参照.

しようとするものであり，こうすることによって，無作為化と局所管理ができることになる．現実の経済データをあたかも管理実験データであるかのように扱い，その結果，多様(異質)な主体それぞれの属性をコントロールしながら，最も関心の高い説明変数の被説明変数への効果を抽出することができるようになるということである．

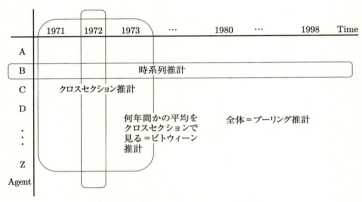

図表 1.1　パネルデータの構造

　パネルデータの基本構造は図表 1.1 で表せる．プーリング・データとは時系列，クロスセクションのデータを全て合体して全ての変数が共通の母集団から発生していると考えて，データを一括して扱うケースである．ビトウィーン・データとは，プーリング・データに近い考え方だが，時系列方向に個別主体(agent)毎の平均をとり，それをクロスセクション・データとして分析するものである．このデータの扱い方は 1 回限りのクロスセクション・データでは個別主体が特定の時間効果を受けているために推定にバイアスがかかる恐れがあるが，個別主体について時系列方向で何回分かのデータを集めて平均をとれば，そのような特定時点の効果を緩和することができるという考え方に基づいている．このデータでは時系列方向の変動ではなく，個別主体間の違いを見ることに主眼をおいたものである．それに対して，時系列データあるいはウィズイン・データとは個別主体毎の時系列方向のデータのみを扱うもので，データが時系列内で大きく変動する場合には，プーリング・データやビトウィーン・データとして扱

うことはできない.

このような関係を数式で表すと次のようになる.

$$y_{it} = \alpha + X'_{it}\beta + u_{it} \quad i = 1, 2, ..., N; \ t = 1, 2, ..., T \quad (1)$$

ここで i は個別経済主体(例えば，個人，家計，企業，国家)を表し，クロスセクション方向の情報であり，t は時間を表し，時系列方向の情報を与える．誤差に関して一般的な**二元配置誤差構成要素**(two-way error component)モデルを想定する[5]．

$$u_{it} = \mu_i + \lambda_t + \nu_{it} \quad (2)$$

ここで，μ_i は観察不可能な経済主体独自の個別効果を表し，λ_t は観察不可能な時間効果，ν_{it} は攪乱項を表す．$\lambda_t=0$ の場合は，(2)式は**一元配置誤差構成要素**(one-way error component)モデルとなる．

$$u_{it} = \mu_i + \nu_{it} \quad (3)$$

(1)式のようなモデルに対して，まず，利用可能なデータをクロスセクション，時系列に関係なく無差別にプーリングした上で**最小2乗法推定**を行う(pooling estimation)．これは全ての経済主体が同じ定数項，同じ傾きを持つと仮定しているモデルであり，個別の異質性，ダイナミズムは存在しないことを意味する．第二に，経済主体の異質性を考慮して，モデルの傾きは同一だが，定数項がそれぞれの主体で異なっているという**一元配置固定効果推定法**(one-way fixed effect estimation)で推計してみる．この場合，固定効果としてダミー変数が入ってくるので，**最小2乗ダミー変数モデル**(Least Squares Dummy Variable Model; LSDV)と呼ばれる推定方法を用いる．第三に，定数項が個別に固定的なものというよりランダムに決まっていると考えると**一元配置ランダム効果推定法**(one-way random effect estimation)を用いる．ここでは個別ランダム効果が説明変数と無相

---

[5] 原理的には n 次元配置誤差構成要素モデルを考えることは可能だが(例えば，個別主体，時間，地域，コーホート，産業などの誤差要素が考えられる)，計量経済学の標準的な説明としては二元配置モデルを扱うのが一般的なので，ここでもそれに従っている．

関であることを仮定して，誤差項の分散共分散行列を勘案して，変換した $y_{it}-\theta\bar{y}_i$ を $X_{it}-\theta\bar{X}_i$ 上で回帰する**一般化最小 2 乗法**(Generalized Least Squares; GLS)を用いる．ここで θ は個別ランダム効果と攪乱項の加重比を表す．第四に，一元配置固定効果推定法や一元配置ランダム効果推定法のそれぞれに，年毎に生じた共通のショックの効果を取り除くために時間(年)ダミーを導入することもある．これらはそれぞれ，二元配置固定効果推定法と二元配置ランダム効果推定法と呼ばれる．これはサンプル期間中に生じた経済全体に影響を与えた景気循環や構造変化などの影響をコントロールしようとするものである．このようにモデルを拡張していき，それぞれのモデルが与えられたパネルデータにどのように適合するかを検定して，適切にパネルデータを利用することが重要になってくる．

1.2.2 統計的意義

Baltagi(2001)や Hsiao(2003)はパネル調査の一般的利点として次のような点を挙げている．
(1) パネルデータには時系列データやクロスセクション・データだけではコントロールできない個体別の多様性が含まれており，それをコントロールすることで共通の効果を知ることができる．
(2) パネルデータは膨大なクロスセクション・データを複数年にわたって結びつけたものであり，その情報量は極めて大きい．これによって，多重共線性の問題は解消され，推計上の自由度は増し，推計の不偏性は向上する．
(3) パネルデータを用いることによって，異時点間の最適化行動をミクロレベルで捉えることができる．
(4) 個票を用いた調査には集計誤差やバイアスは含まれていない．

同時にパネル調査の問題点として次のような点が挙げられている．
(1) パネル調査に限られたことではないが，標本抽出の問題は大きい．どのような基準で標本を選んでも，回答拒否に一定の傾向があれば，サンプル・セレクション・バイアスが生じることになる．調査の中で

どれぐらい記憶に頼るかでも回答に含まれる誤差が違ってくる．また調査の頻度や調査期間も統計の質に影響を与える．
(2) ある経済行動を選択しない(例えば労働供給をしない)という自己選択(self selectivity)を行えば，その選択を行っていた場合に得られるであろう潜在的経済的成果(例えば賃金)はデータには現れてこないという問題はどうしても避けられない．
(3) 非回答(non-response)や脱落サンプル(attrition)も不可避である．
(4) クロスセクション方向の標本数に比べれば，時系列方向の観察点は極めて短い．

これらの問題はパネル調査の重要性を否定するものではなく，むしろこれらの問題に対する様々な対応策がパネルデータ分析の手法の改善につながっているのである．

欧米諸国では，これまで多くのパネル調査が行われてきており，それらのデータを使った極めて実用的な実証研究が数多く発表されてきている．以下では諸外国のパネル調査の実態を概観しておこう．

アメリカでは，ミシガン大学が The Panel Study of Income Dynamics (PSID) として 1968 年に 4802 家計(約 3 万 1000 人)に対して，毎年，所得・社会扶助受給・税金・世帯内移転・家族構成・労働供給・住宅・人種・健康状態などの社会経済変数(累積約 5000 変数)に関する様々な質問を行ってきた．

オハイオ州立大学とアメリカ連邦政府統計局による The National Longitudinal Surveys of Labor Market Experience (NLS) は 5 つの人口階層別に調査を行っている．すなわち，(1) 1966 年時点で 45-49 歳であった男性(5020 人)，(2) 1966 年時点で 14-24 歳であった男子(5225 人)，(3) 1967 年時点で 30-44 歳であった女性(5083 人)，(4) 1968 年に 14-21 歳であった女子(5159 人)，(5) 1979 年に 14-24 歳であった若年男女，このサンプルは NLSY79 と呼ばれ，1986 年には彼らの子供も含まれるようになった．また追加的に 1996 年に 12-16 歳の若者が 1997 年調査から NLSY97 として加えられた(1 万 2686 人)．経済変数としては学歴，職歴，結婚・出

産，教育投資，育児補助，薬物使用，アルコール依存など労働供給サイド側の様々な情報が含まれている．

カナダでは1993年からカナダ統計局(Statistics Canada)が1万5000家計(約3万1000人)を対象に The Canadian Survey of Labor Income Dynamics(SLID)を集めはじめた．

ヨーロッパには，1984年からドイツの5921家計を調査している The German Social Economic Panel，1985年からベルギーの6471家計について調査している The Belgian Socioeconomic Panel，フランスで1985年より715家計(後に2092家計に拡大)を対象としている The French Household Panel がある．ハンガリーでは2059家計を対象に The Hungarian Household Panel (1992-96年)，イギリスでは1991年から5000家計を対象に The British Household Panel Survey(BHPS)が毎年調査を行っている．オランダでは The Dutch Socio-Economic Panel (DSEP)が1984-97年にオランダ統計局によって調査され，ロシアでは1992年に The Russian Longitudinal Monitoring Survey(RLMS)が経済改革の効果を調査する目的で行われた．スイスでは1999年から5074家計(7799人)を対象に The Swiss Household Panel(SHP)が集められている．ルクセンブルクでは1985年より2012家計(6110人)を対象に The Luxembourg Panel Socio-Economique "Liewen zu Lëtzebuerg" (PSELL)が調査されはじめ，1994年には対象が2978家計(8232人)に拡大された．

欧州委員会統計局(EuroStat)は1994年より The European Community Household Panel(ECHP)を集めている．オーストリア，フィンランド，スウェーデンを除く欧州連合加盟国を対象に調査されている．ECHPはヨーロッパ各国の既存のパネル調査と統合され，国際比較可能なデータベースとして整備されつつある．

1.3 パネルデータ分析で用いる推測統計の考え方

パネルデータ分析で用いる統計学上の分析手法は多岐にわたっているが，その起源は推測統計の成立と期を一にしている．現代の科学的思考方

法として，事前に法則を演繹して，それから個別の事象を推察するのではなく，いくつかの事象を集めて，そこから法則を帰納しようというものがあって当然である．これは結果から原因を導き出そうというもので，逆確率の方法と呼ばれる．この考え方を推測統計問題に持ち込んだのがトーマス・ベイズ(Bayes, Thomas)である．彼は確率法則を用いて，実験の観測結果からその結果をもたらした母集団特性に関して推測するという帰納法を提示した[6]．

ベイズの逆確率に基づく統計的推測方法はフィッシャーによって，(1)確率概念が主観的であり，(2)事前分布の設定も恣意的である，といった理由から，厳しく批判され，一時期はそれほど用いられなくなった．フィッシャーは後述するように事前確率ではなく，尤度という概念を用いて推測統計を構築していった．また，ベイズの理論は1950年代にサベージ(Savage, Leonard J.)らによって主観的確率に基づくベイズ理論として再構築され，ゼルナー(Zellner, Arnold)などを経て，現在では確固たる一分野を形成している[7]．

以下ではパネルデータ分析で用いる推計方法の基礎的な考え方を歴史的な流れの中で解説しておきたい．このような歴史的流れをたどることで，現在の推計方法を巡る論争の理解が深まると考えるからである．

1.3.1　最小2乗法

前述のように，ガウスが天文観測に関わるデータ分析の中から導出した線形モデルの統計的推計方法が最小2乗(Ordinary Least Squares; OLS)法

---

[6] 我々が知りたいのはAが起こった時に原因がH_iである確率，すなわち$P(H_i|A)$であるが，我々が知ることができるのは，原因に対する結果の確率$P(A|H_i)$である．ベイズの定理(Bayes' theorem)は結果に対する原因の確率$P(H_i|A)$を計算する公式を与える．$H_1, H_2, ..., H_k$は互いに背反で，かつ$H_1 \cup H_2 \cup ... \cup H_k = \Omega$のごとく全ての場合をつくしているとする．この時，規則

$$P(H_i \mid A) = \frac{P(H_i) \cdot P(A \mid H_i)}{\Sigma\{P(H_j) \cdot P(A \mid H_j)\}}$$

が成り立つ．ここで$P(H_i)$はH_iの事前確率(prior probability)，$P(H_i|A)$は事後確率(posterior probability)と呼ばれる．

[7] 最近の参考文献としてはKoop(2003)やLancaster(2004)を挙げておきたい．

である．

ここで，観察されたサンプル $Y_1, Y_2, ..., Y_n$ が平均 μ_Y，分散 $var(Y) = \sigma_Y^2$ に従う分布から発生したと考えよう．サンプルは次のような線形モデルに従っていると考えられる．

$$Y_i = \mu_Y + e_i \quad E(e_i) = 0; var(e_i) = \sigma_Y^2$$

$E(Y_i) = \mu_Y$，誤差の流列は次のように表せる．

$$e_i = Y_i - \mu_Y \quad i = 1, 2, ..., n$$

これを最小化するように μ_Y を選ぶ．すなわち，

$$\min \sum_{i=1}^{n} e_i^2 = \min \sum_{i=1}^{n} (y_i - \mu_Y)^2$$

これが最小2乗法であり，残差平方和(sum of squared errors; SSE)を μ_Y で微分すると

$$\frac{\partial SSE}{\partial \mu_Y} = \frac{d \sum_{i=1}^{n} (y_i - \mu_Y)^2}{d\mu_Y} = -2\sum_{i=1}^{n} (Y_i - \hat{\mu}_Y) = 0$$

$$\Rightarrow \sum_{i=1}^{n} Y_i = n\hat{\mu}_Y \Rightarrow \hat{\mu}_Y = \frac{\sum_{i=1}^{n} Y_i}{n}$$

ここではサンプル平均 $\hat{\mu}_Y$ が最小2乗法推計値となっていることを意味している．この推計が最良線形不偏推定量(Best Linear Unbiased Estimator; BLUE)であることはガウス＝マルコフの定理(Gauss-Markov's theorem)として知られている．

最小2乗法は今日，計量経済学で最も頻繁に使われる推計方法であり，パネルデータ分析でもデータを全てプーリングして回帰分析する際には最小2乗法を用いている．

1.3.2 操作変数法

連立方程式を解いてパラメータを推計するという作業は計量経済学ではよく行われている．また経済理論上，経済変数が同時に決定されるという

こともある.この場合には変数の内生性を考慮した推計が必要になる.操作変数法はそれに対処するための推計方法である[8,9].

操作変数法の最も簡単な説明は次のようなものである.

$$y = \beta_0 + \beta_1 x + u \tag{4}$$

ここで x が外生変数ではなく,u と相関しているとすれば,次のような関係が見出される.

$$Cov(x, u) \neq 0 \tag{5}$$

この場合,パラメータ β_0 と β_1 の推計値は x の内生性のために一致推定にはならない.そこで,x とは相関しているが,u とは無相関な変数 z を導入する.

$$Cov(z, u) = 0 \tag{6}$$
$$Cov(z, x) \neq 0 \tag{7}$$

この変数 z に相当するものが内生変数 x に対する操作変数と呼ばれるものである.ここで $Cov(z,u)=0$ を直接テストする方法はないが,$Cov(z,x) \neq 0$ をテストするには,次の式を推計してパラメータ $\pi_1=0$ を検定すればよい.すなわち,

$$x = \pi_0 + \pi_1 z + v \tag{8}$$

ここで $\pi_1 = Cov(z,x)/Var(z)$ であるので,(7)式が成立するためには,$\pi_1 \neq 0$ であることが必要十分条件となるのである.

ところで,操作変数を用いた(4)式の推計値は次のように表せる.

---

[8] 操作変数法に関する基本文献は Bowden and Turkington(1984) である.Wooldridge(2003)の 15 章は簡便で包括的な導入になっている.本節でも Wooldridge(2003) を参照している.

[9] 操作変数法をはじめて導入したのは Philip G. Wright(1928) の補論 B であるとされているが,この補論を誰が書いたかは明らかではなかった.遺伝子統計学者であり Philip Wright の長男であった Sewall Wright が書いたのではないかという議論に対して,最近,Stock and Trebbi(2003) が統計的な文献鑑定法を用いて,Philip Wright が書いたものであるという結論を導いた.

$$\hat{\beta}_1 = \frac{\sum_{i=1}^{n}(z_i - \bar{z})(y_i - \bar{y})}{\sum_{i=1}^{n}(z_i - \bar{z})(x_i - \bar{x})} \qquad (9)$$

$$\hat{\beta}_0 = \bar{y} - \hat{\beta}_1 \bar{x} \qquad (10)$$

ここで $z=x$ であれば，推計値は最小2乗法と一致する．上の(6)式，(7)式が満たされるとすると，操作変数法による推計パラメータは一致推定となる．すなわち $p\lim(\hat{\beta}_1)=\beta_1$ となる．もし，(6)式か(7)式が満たされない場合は推計パラメータは一致推計とはならない．とりわけ，x と u が相関していれば，推計パラメータはバイアスを持つ．特に標本数が少ない場合にはかなり大きなバイアスを持つことが知られている．

実証研究上，適切な操作変数を見つけることは極めて難しいことが知られている[10]．とりわけ z と x の相関が弱い場合には問題がある．変数 z と誤差項 u が相関している場合の操作変数法による推計値の確率極限は次のように表せる．

$$p\lim \hat{\beta}_1 = \beta_1 + \frac{Corr(z,u)}{Corr(z,x)} \cdot \frac{\sigma_u}{\sigma_x} \qquad (11)$$

σ_u と σ_x は，u と x に関する標準偏差である．問題は例え，$Corr(z,u)$ が小さくても，$Corr(z,x)$ も小さければ操作変数による推計値 $\hat{\beta}_1$ は大幅な不一致推定となるということである．現実的に考えて，操作変数を用いるよりも最小2乗法を用いた方が不一致性の程度が低くなることもあり得る[11]．

ここまでは一部の説明変数が内生変数である時の対処法として操作変数法を論じてきたが，実証上は内生変数であるかどうかを検定することも大切であろう．次のようなモデルで説明変数 y_2 の内生性の疑いがある時を考えよう．

---

10) 原則としては最適な操作変数とは(6)(7)式の制約を満たし，かつ(4)式の真のパラメータと(9)(10)式の操作変数法による推計パラメータの差を最小にするものである．
11) これは操作変数の弱相関(Weak Instrumental Variables)問題として知られており，Staiger and Stock(1997)，Nelson and Startz(1990a,b)らの他に Gary Chamberlain, Jerry Hausman, Christopher Sims らも問題提起をしている．

$$y_1 = \beta_0 + \beta_1 y_2 + \beta_2 z_1 + \beta_3 z_2 + u_1 \qquad (12)$$

ここで z_1 と z_2 は外生変数であり,他に操作変数として z_3 と z_4 を考えることができる.この時,上の式を最小2乗法と操作変数法で推計し,パラメータが有意に違うかどうかを Hausman(1978)に従ってカイ2乗検定することによって,説明変数 y_2 が内生であるかどうかを確かめることができる[12].

別の方法としては説明変数 y_2 が内生変数であると仮定して次のような式を推計する.

$$y_2 = \alpha_0 + \alpha_1 z_1 + \alpha_2 z_2 + \alpha_3 z_3 + \alpha_4 z_4 + v_2 \qquad (13)$$

先に仮定したように z_j は u_1 とは無相関であるので,v_2 が u_1 と無相関であれば,y_2 も u_1 とは無相関になる.ということは次の式でパラメータ $\delta_1 = 0$ が y_2 も u_1 とは無相関のための必要十分条件になる.

$$u_1 = \delta_1 v_2 + e_1 \qquad (14)$$

これを直接検定する方法はないので,(13)式を最小2乗法で推計し,残差として $\hat{v}$ を計算し,これを(12)式に代入し最小2乗法で推計する.

$$y_1 = \beta_0 + \beta_1 y_2 + \beta_2 z_1 + \beta_3 z_2 + \delta_1 \hat{v}_2 + \varepsilon \qquad (15)$$

t 検定で $\delta_1 = 0$ が棄却されれば,y_2 は内生変数であるということになる.

過剰識別制約とは操作変数の数 (l) が,内生変数の数 (k) を超えている分 ($l-k$) を指し,この過剰な操作変数を使って,操作変数と(4)式で表したようなもともと推計したい式の誤差項との相関を検定する((6)式の検定)ことができる.これは**過剰識別制約テスト**と呼ばれているもので,考え方は次のようなものである.

---

[12] 一般的には Durbin-Wu-Hausman 検定あるいは Wu-Hausman 検定として知られている.Bowden and Turkington(1984, pp. 50-52)や Davidson and MacKinnon (2004, pp. 338-340)を参照.

(1) まず，(4)式を内生変数と同数の操作変数を用いて推計し，誤差 $\hat{u}$ を計算する．
(2) 誤差 $\hat{u}$ を被説明変数として，全ての操作変数 (l) を含む全ての外生変数を用いて最小2乗法推計し，決定係数 R^2 を計算する．
(3) 全ての操作変数が誤差 $\hat{u}$ と無相関であるという帰無仮説は次の統計量で検定できる．

$$nR^2 \sim \chi^2(l-k) \tag{16}$$

この帰無仮説が棄却されれば，操作変数の内，少なくともいくつかは外生変数ではないことが判明する．操作変数をむやみに増やすことは，推計にバイアスをもたらす危険性があるので，過剰識別制約テストを行ってチェックすべきである．

1.3.3 積率法

積率法あるいはモーメント法(Method of Moments)として知られている統計的推計方法はピアソン(Pearson, Karl)によって提唱されたものである．考え方は，大量の観測値があるとすれば，標本のモーメント(平均，分散等)が母集団のモーメントに確率的に収束すると考え，すなわち，母集団分布のモーメントが標本モーメントに近似的に等しいと見なして，推定すべきパラメータ数だけ標本モーメントを連立させて方程式を解き，その推定量とするというものである．

よく指摘されるように，ピアソンは大量の標本を集めることで標本＝母集団と考え，その統計的性質をいかに記述するかということに関心があり，この積率法にもその考え方が反映されている．

この方法を形式的に記述すると次のようになる．母集団が $f(x|\theta)$ という密度関数に従っており，θ が未知のパラメータであるとする．母集団から抽出されたサンプルの期待値は次のように表せる．

$$E(x) = \int_{-\infty}^{\infty} x f(x\mid\theta) dx = g(\theta) \tag{17}$$

すなわち，期待値 $E(x)$ は θ の関数として表せる．これを θ について解

くと，

$$\theta = g^{-1}(E(x)) \tag{18}$$

$E(x)$ の代わりにサンプル平均 $\bar{x}$ を代入すると，

$$\hat{\theta} = g^{-1}(\bar{x}) \tag{19}$$

となる．

　もしサンプルが母集団からの無作為抽出であるとすれば，$\hat{\theta}$ は θ と一致すると考えられる．

　ピアソンはこのようにして導かれたパラメータが母集団が形成しているであろう理論値にいかに適合しているかを検定する目的でカイ 2 乗適合度検定を提唱した．ピアソンにとっては検定は仮説の真偽を判断するために行うものではなく，標本から得られたパラメータが母集団の理論値に近いかどうかを確かめるために行うものであった[13]．

　積率法を現代的に拡張したのが**一般化積率法**(Generalized Method of Moments; GMM)である[14]．この方法は未知のパラメータ θ を推計するのに標本モーメントの数が未知パラメータの数より多い場合，すなわち θ が過剰識別(overidentified)されている場合に用いられる[15]．

　p 個の未知パラメータ θ を q 本の方程式を用いて推計値を求めるということである．この場合，適度識別ではないので，統計的に 2 次式のモーメント関数 $Q(\theta)$ を最小化することによってパラメータ θ を求めることになる．

$$\widehat{\theta}_{GMM} \equiv \arg\min_{\theta} Q(\theta) \tag{20}$$

$$Q(\theta) = f(\theta)'Af(\theta)$$

　ここで，A は加重行列(weighting matrix)であり正値定符号対称行列を考えている，$Q(\theta) \geq 0$ かつ，$f(\theta) = 0$ の時(適度識別の時)，$Q(\theta) = 0$ となる．

---

13) フィッシャーはピアソンのカイ 2 乗適合度検定の意義を高く評価していたが，自由度という概念を導入して，カイ 2 乗検定を改善する必要があることを指摘した．
14) この手法は Hansen(1982) と Hansen and Singleton(1982) を嚆矢とする．
15) ここでは，操作変数法で論じた過剰識別制約テストを行う必要がある(Hansen 1982)．

$E(f(\theta))=0$ が q 本のモーメント条件を表し,$f(\theta)$ が標本から得られたモーメントを表している.

一般化積率法は文字通り,様々な推計方法を包括した一般的な推計法である.具体的には,この方法は古典的積率法,最小2乗法,非線形最小2乗法,一般化最小2乗法,操作変数法などを特殊形式として含む推計方法であると言える.フィッシャーは彼の提唱した推定量が持つべき特性,すなわち,一致性,十分性,有効性のうち,積率法は常に有効であるとは限らないので問題があると指摘したが,その問題は一般化積率法にも当てはまる.しかし,積率法は以下で説明する最尤法が関数型を特定化しなければならないのに対して,モーメント条件だけを使っているので簡便であり,計算も簡単になっている.また,最尤法も必ずしも不偏推定量を与えないという意味でも完全に積率法より優位な推計方法とは言えない.第4章のダイナミック・パネル分析では,この最尤法と一般化積率法を用いた推計方法が論じられるが,そこでもピアソンとフィッシャーが対立した問題が残っていることが示される.

1.3.4 最 尤 法

最尤法の考え方はガウスやベルヌーイに見られることは知られているが,最尤推定量の漸近的有効性を最初に証明したのはエッジワース(Edgeworth, Francis Ysidro)である.しかし,尤度や最尤法などの概念を導入し,推計方法を体系立てたのはフィッシャーである[16].パネルデータ分析で最尤法が用いられるのは主として第5章で論じる質的従属変数モデルにおいて用いられる非線形関数の推計においてである.線形関数の場合は,最尤法推計は最小2乗法推計と一致する.

標本データ $\mathbf{y}=(y_1, y_2, ..., y_n)'$ を所与として,未知母数 $\theta=(\theta_1, \theta_2, ..., \theta_p)'$ の関数を尤度(likelihood)と呼び $L(\theta)$ と表す[17].ここで尤度 $L(\theta)$ を

---

[16] 統計学説史上では,フィッシャーがエッジワースの功績を不当に無視し,最尤法推計の先駆的研究を隠蔽してしまったという議論が出てきている.Pratt(1976)参照.またエッジワースの統計学における業績の簡便な要約は蓑谷(1997, pp.108-116)を参照されたい.また最尤法の統計的性質に関しては Silvey(1970), Cox and Hinkley(1974), 細谷(1995)などを参照されたい.

[17] 本節は,東京大学教養学部統計学教室(1992b, 第4章)を参照している.

最大にする θ の値 $\tilde{\theta}$ は最尤推定量 (maximum likelihood estimator) と呼び，標本データで評価したときに最大確率を起こりうる θ を推定したことになる．$L(\theta)$ の代わりに対数をとった $\log L(\theta)$ を最大にしても，最尤推定量 $\tilde{\theta}$ は推定できる．この場合，

$$\frac{\partial \log L(\theta)}{\partial \theta} = 0 \tag{21}$$

を満たす．

接片ゼロの単回帰モデルを考える．

$$y_i = \beta x_i + \varepsilon_i \quad i = 1, 2, ..., n \tag{22}$$

ここで誤差 ε_i は正規分布 $N(0, \sigma^2)$ に従うとすると，対数尤度は次のように表せる．

$$\begin{aligned}\log L(\beta) &= \log \left[(2\pi\sigma^2)^{-\frac{n}{2}} \exp\left\{ -\frac{(\mathbf{y}-\beta\mathbf{x})'(\mathbf{y}-\beta\mathbf{x})}{2\sigma^2} \right\} \right] \\ &= -\frac{n}{2}\log(2\pi\sigma^2) - \frac{1}{2\sigma^2}(\mathbf{y}-\beta\mathbf{x})'(\mathbf{y}-\beta\mathbf{x}) \end{aligned} \tag{23}$$

これを最大化する β は最小2乗解になる．また最尤推定量は

$$\tilde{\beta} = \hat{\beta} = \mathbf{x}'\mathbf{y}/\mathbf{x}'\mathbf{x} \tag{24}$$

となる．

ここで $\log L(\beta)$ の2階微分

$$\frac{\partial^2 \log L(\beta)}{\partial \beta^2} = -\mathbf{x}'\mathbf{x}/\sigma^2 \tag{25}$$

は β^2 の係数であり，対数尤度関数 $\log L(\beta)$ の項点の曲率を表す量となっている．別の言い方をすれば，$\tilde{\beta}$ の推定量の分散に関する情報を表しており，フィッシャー情報量 $I(\theta)$ と呼ばれている．これは対数尤度の2階微分は標本 $\mathbf{y}$ に依存するので，$\mathbf{y}$ が密度関数 $f_\theta(y)$ に従っている時，期待値をとると

$$I(\theta) = -E\left\{\frac{\partial^2 \log L(\theta)}{\partial \theta^2}\right\} \qquad (26)$$
$$= -E\left\{\frac{\partial^2 \log f_\theta(\mathbf{y})}{\partial \theta^2}\right\}$$

と表すことができる．

最尤法による不偏推定量の分散の下限は，フィッシャー情報量 $I(\theta)$ を用いて次のように表せる．

$$V\{t(\mathbf{y})\} \geq \frac{1}{I(\theta)} \qquad (27)$$

これをクラメール=ラオの不等式と呼び，右辺をクラメール=ラオの下限とも呼ぶ．クラメール=ラオの下限をとる不偏推定量は有効推定量である．

最尤法では，パラメータ θ の有意性の検定に Z 値を使う．これはパラメータの分布が帰無仮説 H_0: $\theta=\theta_0$ の下で $\sqrt{n}(\tilde{\theta}-\theta_0)$ が漸近的に正規分布 $N(0, 1/I_1(\theta_0))$ に従うことを利用して，$\theta_1 > \theta_0$ の場合に棄却域

$$\sqrt{nI_1(\theta_0)}(\tilde{\theta} - \theta_0) > Z_\alpha \qquad (28)$$

として計算したものである．ここで $I_1(\theta)=I(\theta)/n$ はデータ 1 個当たりのフィッシャー情報量であり，Z_α は標準正規分布の上側確率が α となる水準を表している．

また最尤法では帰無仮説が複数の制約式からなる場合，Z 値ではなく，カイ 2 乗分布に基づく**尤度比検定**を行う．

ここで帰無仮説 H_0: $\theta=\theta_0$，対立仮説 H_1: $\theta \neq \theta_0$ とすると，H_0 下では，最尤推定量を θ_0 と漸近分散で規準化したものの 2 乗は，漸近的に自由度 1 のカイ 2 乗分布 $\chi^2(1)$ に従うので次のような関係が成り立つ．

$$2\log\frac{L(\tilde{\theta})}{L(\theta_0)} > \chi^2_\alpha(1)(=Z^2_{\alpha/2}) \qquad (29)$$

これは尤度比検定の棄却域 $\chi^2_\alpha(1)=Z^2_{\alpha/2}$ を表している．

代替的な検定としては**ワルド検定**(Wald Test)がある．ワルド検定は無制約モデルのパラメータの分散行列を用いて，r 個の制約式 $r(\theta)=0$ が成

り立つかどうかを検定しようとするものである．具体的には $r(\theta)$ の 2 次関数を無制約モデルのパラメータの分散の逆行列で評価したものである．

$$Var(r(\hat{\theta})) \approx R(\theta_0)Var(\hat{\theta})R'(\theta_0) \qquad (30)$$

ここで $R(\theta)$ は要素を $\partial r_i(\theta)/\partial \theta_i$ とする $r \times k$ 行列である．無制約モデルのパラメータを用いた推計量 $\widehat{Var}(\hat{\theta})$ を代入して，次のようなワルド統計量が定義できる．

$$W = r'(\hat{\theta})(R(\hat{\theta})\widehat{Var}(\hat{\theta})R'(\hat{\theta}))^{-1}r(\hat{\theta}) \qquad (31)$$

この統計量は帰無仮説を $H_0: \theta=\theta_0$ とした時に，漸近的にカイ 2 乗分布 $\chi^2(r)$ に従うことが知られている．しかしワルド検定はパラメータに対する制約のかけ方によって統計量が違ってくるなどの問題があり，必ずしも安定的な検定量とはなっていない．

もう一つの検定方法はラグランジュ**乗数検定**(Lagrange Multiplier Test)である．この検定は対数尤度関数 $l(\theta)$ を制約式 $r(\theta)=0$ の下での最大化問題から導かれる．すなわち，次のような式を θ に関して最大化する．

$$l(\theta) - r'(\theta)\lambda \qquad (32)$$

1 階条件は次のように表される．

$$g(\tilde{\theta}) - R'(\tilde{\theta})\tilde{\lambda} = 0 \qquad (33)$$
$$r(\tilde{\theta}) = 0$$

ここでラグランジュ乗数 λ に関してラグランジュ乗数統計を次のように定義する．

$$LM = \tilde{\lambda}'R(\tilde{\theta})\tilde{I}^{-1}R'(\tilde{\theta})\tilde{\lambda} \qquad (34)$$

この統計量も帰無仮説を $H_0: \theta=\theta_0$ とした時に，漸近的にカイ 2 乗分布 $\chi^2(r)$ に従うことが知られている[18]．

---

18) これら 3 つの検定方法のさらに詳しい統計的な比較検討は Davidson and MacKinnon(2004, ch. 10)で与えられているので参照されたい．

最尤法は計量経済学の中では，最も広く利用されている推計方法であり，パネルデータ分析においてもよく用いられている．確率変数の関数型を特定する必要があり，それが必ずしも現実のデータに当てはまらないという限界はあるが，関数型が特定化されており，パラメータを推計できることは経済学的な解釈が行いやすいことも意味している．

1.4 分散分析

分散分析こそはパネルデータ分析の直系の祖先であり，その基本的な考え方は現在のパネルデータ分析の手法にも色濃く残っている．既に書いたように分散分析はフィッシャーが実験計画法の枠組みの中で考案した分析方法であり，誤差をいくつかの構成要素に分解して，それぞれの誤差を適切に管理しながら，共通の変数による効果を抽出するという意味で，パネルデータ分析と共通している．また，最近論じられるようになってきた，プログラム評価，政策評価の手法にも通じている[19]．

1.4.1 一元配置分散分析

3つ以上の母集団平均 $\mu_1, \mu_2, ..., \mu_a$ ($a\geq 3$) の比較には分散分析(analysis of variance; ANOVA)を用いる．

実験結果に影響を及ぼすと考えられる変数を因子(factor)と呼び，因子に対して与える条件を水準(level)と呼ぶ．因子と水準を組み合わせて実験を行うことを処理(treatment)と呼ぶ[20]．

因子を A，水準を $A_1, A_2, ..., A_a$，繰り返し数を $r_1, r_2, ..., r_a$ とすると，A_i 水準の j 番目のデータは y_{ij} となり次のように想定する．

---

19) 本節は東京大学教養学部統計学教室(1992b，第 3 章)および広津(1992)に依拠している．日本語で読める実験計画法，分散分析に関するその他の参考文献としては奥野・芳賀(1969)を挙げておきたい．
20) 処理の比較を目的とする実験では，因子として取り上げていない様々な要因による系統誤差が比較に偏りを生じないように注意する必要がある．それには完全無作為化法(completely randomized design)や乱魂法(randomized block design)などを用いる．これらの手法については奥野・芳賀(1969)が詳しい．

$$y_{ij} = \mu_i + \varepsilon_{ij} \quad i = 1, 2, ..., a; \ j = 1, 2, ..., r_i \tag{35}$$

母数 μ_i は第 i 水準に固有な平均であり，実験誤差 ε_{ij} は全てお互いに独立に $N(0, \sigma^2)$ に従うものとする．

データの総数を $n = \Sigma r_i$ とし，繰り返し数 r_i の重みで μ_i の加重平均

$$\mu = \sum r_i \mu_i / n$$

を一般平均(grand mean)と呼ぶ．

各水準から一般平均を引いたものが正味の効果(effect)である．

$$\alpha_i = \mu_i - \mu$$

ここで $\sum r_i \alpha_i = 0$ である．

すると(35)式は次のように書き換えることができる．

$$y_{ij} = \mu + \alpha_i + \varepsilon_{ij} \quad i = 1, 2, ..., a; \ j = 1, 2, ..., r_i \tag{36}$$

これは(共通の効果 μ) + (第 i 水準の効果 α_i) + (それ以外の誤差 ε_{ij}) という形式になっている．これを一元配置(one-way layout)モデルと呼ぶ．

分散分析とは因子 A の全ての水準の平均が等しいという帰無仮説

$$H_0: \mu_1 = \mu_2 = ... = \mu_a$$

あるいは $\quad H_0: \alpha_1 = \alpha_2 = ... = \alpha_a = 0$

を検定する方法である．

データに一元配置モデルを当てはめると，残差平方和は

$$\begin{aligned} S_e &= \sum_i \sum_j (y_{ij} - \bar{y}_i)^2 \\ &= \sum_i \sum_j y_{ij}^2 - \sum_i y_i^2 / r_i \end{aligned} \tag{37}$$

となり，S_e/σ^2 は自由度 $\nu_e = n - a$ のカイ2乗分布に従う．

仮説 $H_0: \mu_1 = \mu_2 = ... = \mu_a$ のもとで，モデル $y_{ij} = \mu + \varepsilon_{ij}$ を当てはめたときの残差平方和は μ を総平均 $\bar{y}$ で推定して，

$$S_T = \sum_i \sum_j (y_{ij} - \bar{y}_i)^2 = \sum_i \sum_j y_{ij}^2 - \bar{y}_i^2/n \quad (38)$$

となる．

仮説 H_0 による残差平方和の増加分は

$$\begin{aligned}
S_A &= S_T - S_e \\
&= \sum_i y_i^2/r_i - y^2/n \\
&= \sum_i r_i(\bar{y}_i - \bar{y})^2
\end{aligned} \quad (39)$$

となる．

S_A と S_e は独立で，自由度 $\nu_A = a-1$ のカイ2乗分布に従う．

すると

$$F = \frac{S_A/\nu_A}{S_e/\nu_e} \quad (40)$$

が自由度 ν_A, ν_e の F 分布 (ν_A, ν_e) に従うことを利用して仮説検定を行うことができる．これを**分散分析検定**(ANOVA Test)と呼ぶ．(35)式から明らかなように，平均が等しいという仮説の検定を級間平方和 (S_A) に基づく分散 (S_A/ν_A) と誤差平方和 (S_e) に基づく分散 (S_e/ν_e) の比によって検定することから分散分析と呼ばれている．

1.4.2 二元配置分散分析

多因子要因実験を完全無作為化法で行う時，それを**多元配置**という．以下では因子 A, B の2つを考える二元配置モデルについて考えてみよう．

水準組み合わせ $A_i B_j$ での k 番目の観測値を y_{ijk} とする．A, B の水準数を a, b，繰り返し数を r とする．

$$y_{ijk} = \mu_{ij} + e_{ijk} \quad i=1,2,...,a;\ j=1,2,...,b;\ k=1,2,...,r \quad (41)$$

μ_{ij} は水準組み合わせ $A_i B_j$ の平均であり，実験誤差 e_{ijk} は独立して $N(0, \sigma^2)$ に従うとする．データ総数は $n=abr$ とする．

A の第 i 水準 A_i，B の第 j 水準 B_j，全体の効果をそれぞれ次のように

おく.

$$\bar{\mu}_{i\cdot} = \sum_j \mu_{ij}/b, \quad \bar{\mu}_{\cdot j} = \sum_i \mu_{ij}/a, \quad \mu \sum_i \sum_j \mu_{ij}/ab \qquad (42)$$

μ を一般平均とする.A_i, B_j の効果から μ を引いた正味効果を主効果(main effect)と呼び,次のように定義する.

$$\begin{aligned} \alpha_i &= \bar{\mu}_{i\cdot} - \mu \quad i = 1, 2, ..., a \\ \beta_j &= \bar{\mu}_{\cdot j} - \mu \quad j = 1, 2, ..., b \end{aligned} \qquad (43)$$

μ_{ij} のうち主効果と一般平均で表せない部分を因子 A, B の相互作用(interaction)と呼び,次のように表す.

$$\begin{aligned} (\alpha\beta)_{ij} &= \mu_{ij} - (\mu + \alpha_i + \beta_j) = \mu_{ij} - \bar{\mu}_{i\cdot} - \bar{\mu}_{\cdot j} + \mu \\ & i = 1, 2, ..., a;\ j = 1, 2, ..., b \end{aligned} \qquad (44)$$

(41)に(44)を代入して,

$$y_{ijk} = \mu + \alpha_i + \beta_j + (\alpha\beta)_{ij} + e_{ijk} \qquad (45)$$

これは(一般平均)+(因子 A の効果)+(因子 B の効果)+(因子 AB の交互作用)+(誤差)という形になっている.

ここで,$\sum \alpha_i = 0$,$\sum \beta_j = 0$,$\sum_i (\alpha\beta)_{ij} = 0$ $(j=1,2,...,b)$,$\sum_j (\alpha\beta)_{ij} = 0$ $(i=1,2,...,a)$ である.

一元配置モデルの場合と同様,平方和 S_A, S_B, S_{AB} の大きさを S_e を基準として判断するためには,それぞれの自由度を考慮しなければならない.

自由度は

$$\begin{aligned} v_T &= n-1, \quad v_A = a-1, \quad v_B = b-1, \\ v_{AB} &= (a-1)(b-1), \quad v_e = ab(r-1) \end{aligned} \qquad (46)$$

となり,各平方和を自由度で割って平均平方を求める.

$$V_A = S_A/v_A, \quad V_B = S_B/v_B, \quad V_{AB} = S_{AB}/v_{AB}, \quad V_e = S_e/v_e \qquad (47)$$

各仮説検定に用いられる F 統計量は，

$H_0: (\alpha\beta)_{ij} \equiv 0$ の検定は　　$F_{AB} = V_{AB}/V_e$

$H_0: \alpha_i \equiv 0$ の検定は　　　$F_A = V_A/V_e$

$H_0: \beta_j \equiv 0$ の検定は　　　$F_B = V_B/V_e$

で表せる．

とりわけ第1の仮説は交互作用がないというものであり，これを最初に調べるべきである．

交互作用が有意でありかつ繰り返しのない二元配置モデルは次のように表せる．

$$y_{ij} = \mu + \alpha_i + \beta_j + (\alpha\beta)_{ij} + e_{ij} \tag{48}$$

S_e の中に交互作用と誤差の情報が入り，分離できなくなる．この場合には分散分析検定は誤る可能性が出てくる．

第2章 パネルデータの調査方法と構造

2.1 はじめに

　パネルデータを利用した研究やその統計手法の研究は増加の一途をたどっているが，パネルデータの調査方法に関する研究は，それらに比べれば，それほど進んでいるとは言えない．そんな中でも，欧米の300人を超える専門家が1986年11月にワシントンD.C.に集まり，パネルデータの調査方法に関する国際会議がアメリカ統計学会を主要なスポンサーとして開かれた．その主要な論文はKasprzyk *et al.* (1989)に収録されている．そこでは調査方法上の問題として，調査対象の選択範囲(coverage)と非回答(non-response)，脱落サンプル(attrition)が重要であることが指摘されている．アメリカの代表的なパネルデータ調査であるThe Panel Study of Income Dynamics(PSID)では1968年に4802家族で調査を始めたが，1989年には累積で50%を超える家族が非回答となっていることからもわかるように，パネルデータ調査が長期化するに従って，調査の最初に選択された標本から多くの参加者が脱落していき，標本と母集団の関係性が歪んでくることが最大の問題となっている．

　我が国のパネルデータ調査に関する解説は林(2002)『社会調査ハンドブック』に収録されている松田年弘「パネル調査」(pp.262-267)があるが，体系的な研究は進んでいない．もちろん，これには我が国においてパネルデータ蓄積の歴史が浅く，利用実績も限られており，調査としてどのような問題が出てきているかさえ十分には理解されていないという事情がある．

　本章ではこれまでに明らかになってきているパネルデータ調査に関わる主要な問題点およびその解決方法について論じ，後半ではパネルデータ調査から得られた情報を基に，具体的にパネルデータセットをどのように作ればいいのかを解説したい．

2.2 調査方法

パネルデータ調査も基本的には統計調査法に基づいて設計され，実施されている[1]．具体的な内容は調査によって違ってくるが，一般的な流れとしては次のようになっている．

(ⅰ) **調査目標の設定と調査票の作成**　調査の目的と具体的な調査内容が設定され，それに応じて誤解なく答えられるように，後で解釈に困るようなことのないように，適切な質問項目を作る．その際，平均的な回答時間を考慮して質問の数や配列を決め，また個人属性に関する質問にも十分配慮することが必要である．調査票には調査対象者の属性に関する質問(フェイス項目と呼ぶ)が含まれる[2]．調査の内容に関わる項目は，回答内容を予め選択肢として用意した**プリコード項目**と質問に関する回答を自由に記入させる**自由記述項目**に大別できる．プリコード項目は回答しやすい反面，回答の選択肢が限定されており，予想外の答えには対応できないという問題がある．具体的には，自由記述項目は数値記入法と文字記入法がある．統計分析では数値記入法によるデータが最も用いられるが，質的情報としてプリコード項目の選択肢を用いることもある．質問の設定の仕方には気をつけるべき点もあるし，回答拒否を誘うような質問は回避し，事実と評価を区別することも重要である．

(ⅱ) **調査仕様の決定**　調査の対象となる母集団を決め，抽出単位が個人か世帯か法人かを決める．調査対象を母集団全てとする場合には**全数調査**(悉皆調査)，一部を取り出す場合を**標本調査**という．全数調査には多大な費用と労力がかかるので，一般に標本調査が行われる．また調査期間

[1) 統計調査法の詳細については，松田・伴・美添(2000，第 1-3 章)，豊田(1998)，鈴木・高橋(1998)などを参照されたい．
2) 属性を表す代表的なフェイス項目としては，性別，年齢，学歴，職業，年収，労働経験年数，婚姻形態，住居形態，住所，同居家族，兄弟姉妹の有無，職歴，父母の状況，子供の数などがある．

や費用，調査対象となる標本数も決める必要がある．

（ⅲ）**標本の抽出**　標本抽出の方法は**無作為抽出法**(random sampling)と**有為抽出法**[3](purposive selection)の2つがあり，一般には無作為抽出法が用いられることが多い．母集団の中から標本として等確率で抽出されるような方法を**無作為抽出法**と呼ぶ[4]．この無作為抽出の方法はさらに分類することができるが，ここでは代表的な**層別抽出法**(stratified sampling)と**2段抽出法**(two-stage sampling)について見ておきたい．層別抽出法は属性の構成比率の予備知識を利用して母集団を層別し，各層に対して，**住民基本台帳**などの台帳（フレーム）から乱数を用いて標本を抽出する．層別化しない単純無作為抽出法より精度が高いとされている．2段抽出法は母集団を地域によって1次抽出単位（都道府県，市町村等）に分け，まず1次抽出単位を抽出した後で，その単位から標本を抽出する．この2つの抽出方法を組み合わせた**層別2段抽出法**は母集団をいくつかの層に分け，層毎に2段抽出を行うものであり，全国規模の主要な調査がこの方法を採用している．母集団から標本を抽出するためには，母集団全ての対象が含まれている台帳が必要になるが，世帯であれば，国勢調査や住民基本台帳に基づくことが多い．企業であれば，事業所統計調査，工業統計調査，商業統計調査などの企業センサスや国税庁資料に基づく営利法人名簿，帝国データバンクのデータベース等に基づいて抽出されることが多い．

（ⅳ）**調査票による調査の実施**　調査票に答えてもらうためには一般に次のような方法がとられることが多い．①**面接調査**　この調査は調査

---

[3] 有意抽出法としては知人，同僚などに調査協力を依存する機縁法・紹介法，モニターに応募してきた人を調査する応募法，典型的な標本を選ぶ典型法，街頭で調査するインターセプト法，専門知識を要約していくデルファイ法，母集団の構成比に等しくなるように標本を集める割当法などがある．

[4] 後節で論じるようにパネルデータでは標本が時間を経るに従って徐々に脱落していく問題がある．これが特定の属性の標本に見られる現象であれば，抽出時点でこの特定の属性の標本の抽出率を高めておくといった処置が望ましいだろう．しかし，どのような属性の標本が脱落しやすいかを事前に把握することは難しいし，日本の脱落の事例を見ても，調査開始後の状況の変化によって脱落するということが多いので，標本抽出の段階で脱落問題に対処するのは実際には難しい．

員が直接調査対象者のところまで出向き，調査への協力を依頼する．②郵送調査　この調査では調査票を郵送で送りつけ一定期間後に郵送によって回収するものであるが，対象者の時間の都合に応じて答えられるし，その分時間も多少かかるような質問もできる．③電話調査　この方法は対象地域の電話帳から無作為に電話番号を抽出して対象者を選ぶものであり，調査費用は上の2つと比べるとかなり安くつく[5]．④留置調査　調査員が調査対象者の住居を訪問し，調査の主旨を説明し，調査票を配布し一定期間内に記入しておくことを頼む．一定期間後，調査員が調査票を受け取りに再び訪問し，調査票に記入漏れがないかどうかを確かめた上で，調査票を回収する．⑤集合調査　これは一定の場所に対象者を集めて回答してもらう方式で，学校，会社，病院など人が集まってくる場所が対象になることが多い．

（v）調査結果の編集・集計　回収された調査票には様々な誤差が入っており，データとして入力する前にそれらの誤差をできる限り修正する．単純な記入ミスや回答方法の誤解などで適切な回答が類推できる場合には修正を施す．質問とは関係のない答え方をしているものなどは無回答扱いとする．

　パネルデータは具体的には3種類の調査方法によって集められている．
（i）クロスセクション調査で調査対象が複数回の調査で重複しているケース　このタイプの調査はパネルデータを作成する目的で行われたわけではなく，一定の条件を満たす経済主体が必ず調査対象となるようにデザインされたものである．例えば，証券取引所に上場している全ての企業は『有価証券報告書』を財務省に提出する必要があるが，『有価証券報告書』の企業財務データを同一企業について複数年つなぎ合わせれば企業のパネルデータを作ることができる．同様に経済産業省で調査している『企業活動基本調査』は資本金2000万円，従業者数50名以上の製造業を

---

[5]　アメリカで電話調査が多用されるのはこの費用の問題が大きいと思われる．

中心とする全ての企業を調査対象としている．この調査でも，従業者数が50名未満になるか，廃業するのでなければ必ず繰り返し調査対象になるので，事後的にパネルデータとして再構成することが可能になる[6]．

これらの調査では一定の条件を満たす主体が全て調査の対象になるという意味では標本調査ではなく（ある種の全数調査・悉皆調査），調査対象が途中で理由もなく脱落するという問題もほとんどない．しかし，各年の連続性は意識されておらず，回答者も年によって交代することも多いので，場合によっては，回答者の理解の違いや記入誤差によってデータが大きくぶれることもある．このタイプのデータを利用する場合には，データの非連続性が本当の変化なのか誤差なのかを注意深く吟味する必要がある．

（ⅱ）クロスセクション調査で調査対象が一定期間継続して調査に参加し，一定の割合で調査対象が入れ替わるケース　　この調査はパネルデータ調査と考えることもできるが，一般的にはクロスセクション調査として設計されている．具体的な例としては総務省の『家計調査』がある[7]．この調査では6ヶ月間同一の家計が家計簿をつけ，毎月6分1のサンプルが入れ替わる．詳細な家計簿を6ヶ月連続してつけることには，調査対象にかなりの負担を強いることになるが，海外の同様の家計調査ではインタビュー形式ではるかに短い期間（例えば1週間分）の消費について調査しているのに過ぎないことと比べると信頼のおける調査となっている．また毎月の調査の連続性という意味でも6分の5が前月と同じ家計であることから，標本の交替による不連続性は小さい．

（ⅲ）パネルデータ調査で調査世帯の交替は行わないケース　　これは当初より同一主体を継続的に調査し，統計を蓄積することを目的に設計されている．このタイプの調査としては財団法人家計経済研究所の『消費生活に関するパネル調査』がある[8]．この調査は1993年から毎年実施さ

---

6) この調査を用いた実証研究は第7章を参照．
7) この調査を用いた実証研究は第8章を参照．
8) この調査の実証研究は第9章を参照．

れており，1993年時点で満24歳から34歳の1500人の女性をコーホートAとして，1998年時点で満24歳から27歳の500人の女性をコーホートBとして追跡調査している．調査は全国の都道府県を8ブロックに分類し，そのブロックを都市規模によって13大都市，その他の市，町村に分類した層化2段無作為抽出を行っている．また調査票を留め置いて一定期間後に回収するという留置法を用いているのでインタビュー形式に見られる記憶違いなどの問題は少ない．しかし逆に時間が経つにつれてサンプルが脱落していく問題はある．この点については後述する．

2.3 調査上の問題点

既に何度も論じてきたように，パネルデータ調査は同じ対象を繰り返し調査するということで個々の対象の時間を通じた変化を捉えることができ経済行動を分析する上で非常に有益ではあるが，そのことは同時に時間を通して回答者集団の母集団に対する代表性が次第に失われていくという問題を抱えていることも意味している．

この問題はいくつかの理由で生じる．第一にパネルデータ調査に対して慣れてくることによって回答に歪みが生じる可能性がある．第二に以前の調査の回答に縛られて正直な回答ができないということも考えられる．第三に次第に調査に参加することがわずらわしくなり回答拒否するようになり，第四に転居などによって追跡が難しくなるということも考えられる．

パネルデータ調査において代表性が確保されているかどうかは5つのレベルで検討されるべきである[9]．

（i）**標本設定時脱落による歪み**　パネルデータ調査では母集団から無作為抽出した標本に対して，調査に先立ってモニターの受諾を確認する．この時点で拒否されるケースを標本設定時脱落という．この結果，脱落した標本が以後のパネルデータ調査にもたらす歪み(偏り)を測定するこ

---

[9] 以下の議論は松田 (2002) を参照している．

とは難しい．というのは脱落した標本からは一度も調査を行っていないからである．しかし抽出過程で性別，年齢，地域などの住民代表ベースの情報が用いられていれば，それを用いて調査不能になったグループと調査回収できたグループを比較し，調査不能グループに対しても調査に対する回答を予測(推定)することが可能になる．この推定結果と実際のパネルデータ調査の結果を対照すれば，調査不能グループのもたらした歪み(偏り)が推計できる．このように，標本設定時に脱落したり，調査のかなり初期に脱落するグループに対しては母集団の同位置層から代替標本を無作為抽出して補塡することが多いが，その新たに選んだグループが調査不能グループの歪みを補正していることを確かめることが必要になる．

（ⅱ）継続時脱落による歪み　ある程度，調査を継続したのちに何らかの理由で脱落する標本もある．これが全くランダムに発生しているのであれば大きな問題ではないが，脱落が一定の理由によるシステマティックなものであれば，それは問題を含んでいる．この歪み(偏り)を評価するためには，途中で脱落した調査継続標本が脱落する前までに回答していた数値を調査継続して脱落してない標本と比較することで，その歪みを評価することができる．

（ⅲ）調査慣れがもたらす歪み　調査慣れや以前の調査の影響によって回答にどの程度歪みがもたらされているかは，新たに無作為抽出した標本と比較することで評価できる．この評価のために新たな標本を導入するということは費用もかかるし，実際の手間も大きい．この種の歪みが大きいとわかっている場合には，調査自体に慣れを生じさせないような工夫，過去の調査の影響を少なくする質問の仕方を考えるべきであろう．

（ⅳ）回答者の同一性の確認　パネルデータ調査を訪問留置法によって行う場合，標本抽出された本人ではない他の家族が回答するケースも見られる．具体的な数値データであれば，矛盾に気づくことも多いが，意識調査に対する回答に別人の回答がパネルデータとして入ってくると，深刻

な誤差を生じさせることになり，この問題に対しては回答者が本人であるかどうかの確認を調査票に入れることが重要である．

（ⅴ）回答誤差　パネルデータ調査で同一の質問を複数回にわたって行う場合，回答に誤差が見られることがある．もちろん本当に意見が変わる場合もあるだろうが，回答者が違っていたり，回答時点での心理状態が違うといったことも考えられる．パネルデータ調査における各回のマージナル分布が同じで，前回と今回のクロス表がほぼ対称という条件を満たすならば，各回答者には本来の態度があり，態度の強度に応じていくつかの集団に分類され，態度強度が異なると質問に対する回答選択の確率が異なる，各質問に対する回答誤差は独立である等を仮定して回答誤差を推計するモデルを構築することができる．

2.4　脱落サンプル問題

上述の調査上の問題点の中でも，標本が一定期間後に脱落していくケースは広範に見られるが，この問題が検討されることは，これまで統計実務家など一部の関係者に限定されていた．しかし，近年，パネルデータの利用が増えるに従い，またパネルデータの蓄積が進むに従い，脱落サンプルの問題は認知されるようになってきた．実際，*The Journal of Human Resources* の 1998 年春号 (vol. 33, no. 2) がパネルデータ調査の脱落サンプル問題を特集しているし，Fitzmaurice, Laird and Ware (2004) の教科書でも 1 章を割いて (ch. 14) この問題を論じているように，近年，計量経済学者や統計学者の間でこの問題に関心が集まっている．

2.4.1　脱落サンプルの実態

まず限定的ではあるが，脱落サンプルが実際のパネルデータ調査でどの程度起こっているのかを確認しておこう．パネルデータ調査の先進国であるアメリカでは代表的なパネルデータ調査である The Panel Study of Income Dynamics (PSID) に関して脱落サンプルの問題が詳細に検討

されている(Fitzgerald, Gottschalk and Moffitt 1998a, b; Moffit, Fitzgerald and Gottschalk 1999; Lillard and Panis 1998; Ziliak and Kniesner 1998). 彼らの研究によると，1968年には4802家族が標本抽出され[10]，翌年には88%の家族が残り，12%が脱落している．以後，1989年に至るまで年率2.5-3%が脱落し，1989年時点で49%の家族が残り，51%が累積して脱落していった．脱落の理由は転居，死亡，家族全体の非回答などが挙げられている．脱落者の属性を分類すると，(1)社会扶助，(2)未婚者，(3)高齢者，(4)有色人種，(5)低学歴，(6)労働時間が短い，(7)低賃金，(8)借家住まい，を満たす家族である可能性が高いことがわかった．これは，脱落者が一般的には社会的に低い地位にいる可能性が高いということを意味している．しかし，脱落者の中には高所得者も含まれている．

　The National Longitudinal Survey of Youth(NLSY)の脱落サンプルについてはMaCurdy, Mroz and Gritz(1998)が詳しく検討している．NLSYは1957年1月1日から1964年12月31日までに生まれたアメリカ国民から標本抽出したもので，(1)6111の一般若者家計，(2)1480のラテン系若者家計，(3)2172の黒人若者家計，(4)経済的に困窮している1643の白人若者家計，(5)1280の軍関係の若者が含まれている．調査は1979年から毎年実施されている．1991年時点で，累積の脱落率は男性に関しては，全体で11%，白人10.5%，黒人11.7%，ラテン系11.3%と極めて低い．女性に関してはさらに低く，全体で8.0%，白人7.3%，黒人8.4%，ラテン系9.1%となっている．脱落しやすい属性としては，男性では(1)無業，(2)20代の勤労者(賃金・所得には無関係)，(3)10代の勤労者で賃金所得の高い層，女性では(1)無業，(2)学歴はあまり脱落には関係がない，(3)10代の勤労者で賃金の高い層，20代ではその差は消滅する，(4)高卒，大卒の賃金所得の高い層，となっている．ここから共通して言えることは無業者に脱落が多いことと，10-20代で脱落している人の所得はむしろ高いということである．これは，PSIDの結果とは異なっている．

---

10) 4802家族の内，2930家族(5分の3)がミシガン大学のThe Institute of Social Rearch附属のSurvey Reaerch Center (SRC)の台帳(フレーム)から選択され，残りの1872家族(5分の2)がThe Bureau of the CensusのSurvey of Economic Opportunity(SEO)に含まれている低所得家計(SMSAに入っている)台帳から選ばれた．

Zabel(1998)はPSIDとThe Survey of Income and Program Participation(SIPP)の脱落率を比較している．PSIDの初年度から次年度にかけての脱落率が12%であったのに比べて1984年に始まったSIPPは次年度で6%であり，7年後の1990年でも71.4%が残っていると報告されている．

　Neumark and Kawaguchi(2001)はThe Current Population Survey (CPS)が移動した人を追跡しておらず，脱落サンプル問題が発生しているという点を指摘している．CPSと同じ標本抽出のフレームを用いているSIPPが移動した人を追跡する努力をしていることに目をつけ，CPSとSIPPを統計的にマッチングさせ，CPSに関して脱落サンプル・バイアスの調整を行った．労働組合の賃金効果には脱落サンプル・バイアスはほとんど見られないのに対して，男性の結婚プリミアム(高賃金)には統計的に有意なバイアスが見出された．しかし，その額は経済的に意味のあるほど大きなものではない．総合的に判断すると，CPSの持っている情報量は脱落サンプル・バイアスを凌駕するものであって，パネルデータ調査の価値は決して下がるものではないと結論づけている．

　Burkam and Lee(1998)はアメリカ教育省が集めているThe High School and Beyond Study(HS&B)というパネルデータを分析している．この調査は1980年に1万2000人の高校生(約1000の高校から無作為抽出)を対象に，卒業間際の成績とその後の職業生活への影響を調べる目的で行われたものである．国立教育統計センターの努力により78%のサンプルが4回の調査全てに回答している．脱落率は非常に低い．

　Van den Berg and Lindeboom(1998)はオランダのThe Labour Supply Panel Surveyを使っている．この調査はオランダの正規学生を除いた15-61歳の4020人の個人(2132家計)を対象に労働に関する情報を集める目的で1985年から始められたもので，1990年までに4回の調査が行われている．1992年時点で，元のサンプルにいた個人の34%にあたる1384人が継続して調査に参加しており，残りの2636人(66%)が脱落したことになる．1986年，1988年，1990年に追加サンプルを加えて，1992年時点でサンプル数4438人を確保している．

我が国のパイオニア的パネルデータ調査である『消費生活に関するパネル調査』(家計経済研究所)でも脱落サンプル問題が出ており，平成15年度版『消費生活に関するパネル調査(第10年度)——家計・仕事・暮らしと女性の現在』の第III部で，この調査がどの程度問題となっているかを論じている．この調査は1993年より始まっており，2003年で10回の調査が行われているが，その内訳は，1993年時点で24-34歳1500人で始まったコーホートAと1998年度から24-27歳500人で始まったコーホートBに分かれる．その内，脱落サンプルはコーホートAで471人，コーホートBで175人，合計646人となっている．脱落比率に直すとコーホートAが31.4%，コーホートBが35.0%となっている．この数字をアメリカのPSIDの10年目の数字である30.3%と比べるとほぼ同程度の脱落率であることがわかる．

村上(2003)は脱落理由を分析している．過半数を占める「詳細不明」を別にすると，コーホートAでは「多忙」(25.1%)，「転居先不明」(12.5%)，「(長期)不在」(10.6%)となり，コーホートBでは「多忙」(24.1%)，「転居先不明」「(長期)不在」「結婚」がそれぞれ12.0%となっている．さらにデータを詳しく見ると，調査の初期の段階では「家族の反対」が多く，時間がたつにつれて就職・転居・結婚などのライフイベントの発生によって脱落していく傾向がある．復活したサンプルと復活しなかったサンプルを比べると，「死亡」「転居先不明」などのように物理的に不可能な場合，調査そのものに不信感，負担感がある場合は復活していない．「結婚」「離婚・別居」「転居」「家族の反対」などの理由を挙げる人も復活していない．「結婚」「家族の反対」は結婚相手が調査に反対するケースが多いと言われている．これは質問が本人のみならず，結婚相手やその両親にまで及ぶためであると思われる[11]．「離婚・別居」「転居」を機に脱落するのはいろいろな意味で心機一転したいので，継続的な調査もやめてしまいたいというこ

---

[11] 日本の場合，広い意味で結婚を理由に脱落しているサンプルが無視できないほどある．結婚前後の労働供給や出産，育児などの行動を分析することは，女性パネルデータ分析では焦眉となるトピックであり，それに該当するサンプルが脱落していくことは統計調査としても深刻な問題である．村上(2003)が指摘しているように，対象者およびその家族に調査の意義を理解してもらい信頼関係を築くこと，対象者が多忙な場合にも回答が得られるような工夫をすること，対象者に感謝の気持ちを伝えることなど，地道な努力が必要である．

とであろう．逆に，復活しうるのは「(長期)不在」「入院中」「体調不良・病気」「多忙」「出産」「就職・転職」「家族の病気・不幸」など脱落理由が一時的なものである場合に限られる．

坂本(2003)は脱落サンプルの統計的特性を考察している．方法としては「継続回答者」と「脱落者」を分け，前年の回答データの平均値を比較している．それによると，脱落しやすい属性は，(1)年齢が若い，(2)未婚者，(3)低学歴，(4)有業者，(5)高所得者，(6)子供の人数が少ない，(7)結婚予定者，(8)核家族，となっている．これらは一部アメリカの脱落理由と重なるが，有業で高所得者ほど脱落しやすいというのは逆である．また結婚を機に調査から脱落するというのもこの調査の特徴となっている．

脱落サンプルの問題は先進国のパネルデータ調査だけではなく，開発途上国のパネルデータにも当てはまる．ここではいくつかの途上国のパネルデータの脱落サンプル問題の実態について把握しておきたい．

この問題に取り組んでいる研究としては，Thomas, Frankenberg and Smith(2001), Alderman, Behrman, Kohler, Maluccio and Watkins(2000), Maluccio(2000)などがある．Thomas et al.(2001)ではThe Indonesia Family Life Survey(IFLS)の脱落サンプルについて論じている．この調査は生活に関する実態を様々な側面から調査しようという目的で継続的に行われている．第1回調査は1993年に行われ，13地域で7000を超える世帯が調査された[12]．その後，1997年に第2回調査が行われたが，アジア金融危機の影響もあり，1998年にも一部のサンプルについて危機の影響を知るために小調査が行われた．第3回の大々的な調査は2000年に行われた．第2回調査に答えたサンプルは第1回調査の93.5%であり，脱落率はわずか6.5%にすぎない．死亡者を除けば，第3回調査の脱落率はさらに下がり5.6%になる．この数字は途上国のパネルデータ調査としては極めて低い[13]．この低脱落率の理由は対象者の移動先を追跡・確認して再調査しているためであるとされている．

---

12) このサンプルの基となったフレームは全人口の83%をカバーしている．

Alderman, Behrman, Kohler, Maluccio and Watkins(2000)が用いたボリビアの The Bolivian Pre-School Program Evaluation Household Survey Data(El Proyecto Integral de Desarrollo Infantil; PIDI)は子供の栄養摂取や知的発育が親の労働を確保するプログラムによってどの程度改善されるかを，都市部の幼児のいる世帯を対象に調査したものである．この調査の1995年と1998年の2年間隔の調査での脱落率は35%であり，ケニアで行われた The Kenyan Ideational Change Survey(KICS)は，避妊や AIDS に関する情報や行動が非公式のネットワークを通してどのように伝わるかを見るために，4つの地方村落で行われたパネルデータ調査である．この調査の1994/5年と1996/7年の2年間隔の調査での脱落率は夫婦世帯で41%，男性世帯で33%，女性世帯で28%であると報告されている．ナイジェリアのパネル家計調査では5年間隔で50%の脱落率があった．南アフリカでは1993年に行われた南アフリカ最初の全国規模の家計調査(The 1993 Project for Statistics on Living Standards and Development; PSLSD)があり，2段抽出法がとられていた．その中で最も人口密度の高い The KwaZulu-Natal 県の PSLSD に参加した標本に対して1998年に再調査を行ったのが The KwaZulu-Natal Income Dynamics Study(KIDS)である．1993年に1393世帯あった標本のうち，5年後の1998年には1171世帯が再調査に回答した．この脱落率は16%と極めて低い．修学以前の幼児のいる世帯の脱落率は22%となっている．

これらの途上国のパネルデータ調査の脱落理由としては移動のために追跡が不可能になったというものが大きい[14]．他には，不在，回答拒否，病気，多忙，死亡，離婚・別居などの理由が挙げられているが，移動と比べ

---

13) 他に，脱落率の低いパネルデータ調査としては，中国の健康栄養調査(The China Health and Nutrition Survey)が1989年に3795家計を調査し，2年後に再調査した時には95%の同一家計から回答を得たという事例がある．Alderman *et al.*(2000)によると，インドの1970/71年の地方の世帯調査は11年後の1981/82年に再調査した時でも脱落率が33%とこれも長い間隔があるにしてはそれほど高くないことが示されている．マレーシアの調査でも12年の間隔があるにもかかわらず脱落率は25%であると報告されている．アジアの国で脱落率が比較的低いのには様々な理由があると思われるが，統計調査に対する信頼・協力という側面が大きいと言われている．
14) 例えば，ケニアの KICS では，男性の47.8%，女性の37.9%が移動によって追跡が不可能になっている．

るとはるかに小さい．

Maluccio(2000)は KIDS を取り上げ，脱落に関するケース・スタディーを行っている．この調査の脱落率が低い原因として，移転した世帯を適切に追跡し，再調査できたことが大きいとされている．これによって脱落率が 25% は押さえられたと言われている(標本の 4.5%)．

このように，パネルデータからの脱落という同一の行動を見ても，それぞれの国，それぞれの調査によって脱落理由もパターンも異なっていることが明らかになった．しかし，脱落率の低い調査はいずれも調査機関が調査対象に対して積極的にアプローチし，移動しても追跡調査するなど，かなりの努力をしていることが見て取れる．これはパネルデータ調査を継続的に行う上で重要な点であり，この眼に見えない努力がパネルデータの利用価値を高めていることを認識しておく必要があるだろう．

2.4.2 脱落サンプル・バイアスの識別

次に，脱落サンプルが多く存在し，時間の経過とともにその数が増えていくとすると，そのようなパネルデータを用いた推計のバイアスを確定することが必要となってくる．

まず，統計分析に入る前に，脱落のメカニズムを整理しておこう．一般に脱落は次の3つのケースに分類できる．

(1) 完全ランダム脱落(Missing Completely At Random; MCAR)　この場合には脱落によるバイアスは無視できる．

(2) ランダム脱落(Missing At Random; MAR or Selection on Observables)　脱落は脱落以前までの観察可能なデータによって推測できる．

(3) 非ランダム脱落(Missing At No Random; MANR or Selection on Unobservables)　脱落が脱落以後の観察不可能なデータにも依存しており，観察可能データのみによって脱落を推測することは難しい．

統計的に問題がないのは(1)のケースであり，(2)は観察可能なデータを用いて何とか対処できる．(3)は対処が極めて難しい．

また脱落サンプルを含んだパネルデータをどのように扱うかという観点

からも分類することができる．(1)脱落サンプルを除去する．これには，一つでも脱落・無回答があれば消去する**リストワイズ消去法**と分析に必要な変数が脱落している時に標本を消去する**ペアワイズ消去法**に分けられる．(2)脱落箇所に数値を補完する[15]．これには最終観測値をそのまま延長したり，観測される他の主体の平均値でおきかえたりする**単一値代入法**か脱落箇所を補完した完備データをつくり，それに基づいて推計を行い[16]脱落箇所を完全に埋めた場合に得られるであろうパラメータを推測する**多重代入法**が用いられる．(3)利用可能データを最大限に生かして分析する．これには，脱落メカニズムを推計して，そのサンプル・セレクション・バイアスを調整した上で行動方程式を推計するという **Heckman**(1979)の**2段階推定法**やその拡張，脱落パターン毎の変数の分布と脱落パターンの出現頻度を表す確率分布の積である同時密度関数を推定する**パターン混合モデル**(Pattern-Mixture Model)などがある．

具体的なモデルを考えよう[17]．

$$y = \beta_0 + \beta_1 x + \varepsilon \quad y \text{は} A = 0 \text{の時観察可能} \tag{1}$$

$$A^* = \delta_0 + \delta_1 x + \delta_2 z + v \tag{2}$$

$$\begin{aligned} A &= 1 \quad if \ A^* \geq 0 \\ &= 0 \quad if \ A^* < 0 \end{aligned} \tag{3}$$

ここで A は脱落ダミーで y が観察不可能の時，$A=1$ となり，観察可能であれば $A=0$ をとる．

上述のランダム脱落と非ランダム脱落の違いは次のように表現できる．

(i) z と ε は独立しているが，ε と v は独立していない場合，非ランダム脱落あるいは Selection on Unobservables である．

---

15) この方法は統計学者の間でよく用いられ，研究されている．例えば，Little and Rubin(1987)などを参照．
16) これはさらに(1)回帰分析法，(2)傾向スコア法(Propensity Score 法)，マルコフ連鎖モンテカルロ法(Marcov Chain Monte Carlo 法; MCMC)などに分けられる．これらの方法の詳細については岩崎(2002)，和合(1998)，坂本(2004)を参照．先の分類ではランダム脱落(MAR)を想定していることになる．
17) 以下の説明は，Fitzgerald, Gottschalk and Moffitt(1998a, b), Moffit, Fitzgerald and Gottschalk(1999)に依拠している．

(ⅱ) ε と v は独立しているが，ε と z は独立していない場合，ランダム脱落あるいは Selection on Observables である．

(i)の場合，x と z が全期間観察可能であるとすると，観察可能な y に対する期待値は次のように表せる．

$$
\begin{aligned}
E(y|x,z,A) &= \beta_0 + \beta_1 x + E(\varepsilon|x,z,v < -\delta_0 - \delta_1 x - \delta_2 z) \\
&= \beta_0 + \beta_1 x + h(-\delta_0 - \delta_1 x - \delta_2 z) \\
&= \beta_0 + \beta_1 x + h'(F(-\delta_0 - \delta_1 x - \delta_2 z)) \quad (4)
\end{aligned}
$$

ここで h は誤差項 ε と v は説明変数 x と z からはそれぞれ独立していることを表したインデックスであり，h' はインデックス h を確率分布に変換したものである．h 関数あるいは h' 関数を特定化し，非線形最小2乗法で推計すれば，(4)式のパラメータも一致推計が得られる．(4)式の推計パラメータ β を識別するためには，z と ε が独立で，z のパラメータ δ_2 はゼロではないような制約を課す必要がある．実際このような変数 z を見つけることは難しい．その上，y が観察不可能な場合には，x と z も観察できないことが多く，上の方法は用いることができない．

(ⅱ)の場合，ε と z が独立していないということは非脱落サンプルに関して(4)式を最小2乗推計しても一致推計は得られない．z は脱落確率 A に影響を与えるだけでなく，y の条件付き分布にも影響を与える．これは z が y にとって内生変数であることを意味している．すなわち，y の観察可能なデータに基づく分布 $g(y|x, A=0)$ は，脱落サンプルも含めた全サンプルの分布 $f(y|x)$ とは一致しないのである．

ここで $f(y,z|x)$ を全サンプルに関する y と z の同時分布であるとし，$g(y,z|x,A=0)$ を条件付き同時分布であるとすると，

$$g(y,z|x,A) = \frac{g(y,z,A=0|x)}{\Pr(A=0|x)}$$

$$= \frac{\Pr(A=0|y,z,x)f(y,z|x)}{\Pr(A=0|x)}$$

$$= \frac{\Pr(A=0|z,x)f(y,z|x)}{\Pr(A=0|x)}$$

$$= \frac{f(y,z|x)}{w(z,x)} \tag{5}$$

ここで $w(z,x)$ は次のように定義される．

$$w(z,x) = \left[\frac{\Pr(A=0|z,x)}{\Pr(A=0|x)}\right]^{-1} \tag{6}$$

これは脱落しない確率の逆数であり[18]，これを用いると，全サンプルに関する同時分布 $f(y,z|x)$ は次のように表現できる．

$$f(y,z|x) = w(z,x)g(y,z|x,A=0) \tag{7}$$

つまり，全サンプルに関する同時分布は脱落しないサンプルの条件付き同時分布を脱落しない確率の逆数でウェイト付けして求めることができる．これを z に関して積分すると，求める全サンプルの確率分布 $f(y|x)$ を求めることができる．

$$f(y|x) = \int_z g(y,z|x,A=0)w(z,x)dz \tag{8}$$

つまり，この $w(z,x)$ によってウェイト付けした加重最小2乗法(WLS)で(1)式を推計すれば一致推定量が得られる．

この結果から，脱落サンプルによるバイアスがないための条件は以下の通りである．

- z が脱落確率 A とは無関係である場合．この場合は，(6)式のウェイトが1になり脱落サンプルの調整は必要がなくなる．
- x という条件の下で y と z が独立である場合．z は内生変数ではなく

---

18) これを逆確率ウェイト(inverse probability weight; IPW)と呼ぶ．これは脱落バイアスを取り除くためのウェイトであり，不均一分散を取り除くためにかけるウェイトとは意味が違う．Wooldridge(2002b, 2004)はIPWに基づいた推計方法の性質を明らかにしている．

なり，全サンプルの条件なし分布 $f(y|x)$ は条件付き分布の積分値と一致し，脱落サンプル・バイアスは消滅する．

2.4.3 脱落サンプル・バイアスの検定

では，脱落サンプル・バイアスはどのように検定すればいいだろうか．これにはいくつかの方法が提案されている．

最も素朴な方法ではあるが，全サンプルと脱落サンプル，継続サンプルのそれぞれの関心ある変数の平均や標準偏差を比べてみるというのは，脱落サンプルのバイアスの潜在的な大きさを直感する意味では有益である．

（ⅰ）脱落サンプルと継続サンプルの個別変数の平均値の比較．これは，t 検定を行うことによって，2つの分離したサンプルの分布が統計的に等しいかどうかを検定するものである．具体的には脱落したサンプルが継続していた期間の変数の平均と継続サンプルの変数の平均の差を t 検定することによって，その差の有意性を見ることができる．また継続サンプルの確率分布と脱落サンプルの確率分布が等しいかどうかをカイ2乗検定することもできる．また，似たようなパネルデータ調査があり，その脱落確率に違いがあるとすれば，その外部データの同じような変数を比較することで，脱落サンプルのバイアスの程度に見当をつけることができる．前節で紹介した Neumark and Kawaguchi(2001) などがその例である．

最も初期の統計的検定の提案は Hausman and Wise(1979) であり，それを Nijman and Verbeek(1992) が拡張したものである．

（ⅱ）第一の方法は，もともとの標本の一部が何らかの理由で観察不可能になった，あるいは標本に入っているべき対象者のデータが切り捨てられていると考えて，Heckman(1979) の2段階推定法を利用するということである．ヘックマンの方法はクロスセクション・データに用いられていたものであり，ここではパネルデータをプーリングして用いる．ヘックマンの方法は多くの統計パッケージに入っており，簡便な方法なので実証的には最も用いられているバイアスの検定方法である．第二の方法は，全サンプルを用いた推計パラメータと継続サンプルを用いた推計パラメータを

ハウスマン検定(Hausman Test)[19]により比較するというものである．この方法の問題点は，それぞれの推計がもともと一致推計ではないので，ハウスマン検定の検定力が低いと考えられることにある．第三の方法は，ヘックマンの方法に推計バイアスを修正する項をさらにいくつか追加して，その係数がゼロであるかどうかを検定するものである．

ここで論じられた検定方法は，さらに様々に改善された．まず，Fitzgerald, Gottschalk and Moffitt(1998a, b), Moffit, Fitzgerald and Gottschalk(1999)は代替案として次の2つの方法を提案している．

（iii）脱落サンプル・バイアスの検定は $A=0$ という事象に z が説明力を持つかということを見る．

これは，(2)式を全てのサンプルが揃っていた第1期のデータを用いて，最終的に明らかになっている脱落事象がどの程度説明できるかを見る．ここでは被説明変数が $(0,1)$ の二項選択なのでプロビット分析を行い，z の係数 δ_2 が有意であるかどうかを検定する．

$$A^* = \delta_0 + \delta_1 x + \delta_2 z + v \tag{9}$$

ここで z として y のラグ変数を用いることも可能である．

（iv）行動方程式モデルを次のようにハウスマン検定する．すなわち，次式を最小2乗法で推計し，

$$y = \beta_0 + \beta_1 x + \varepsilon \tag{10}$$

(10)式で得られたパラメータと次式を加重最小2乗法で推計し，

$$y/w = \beta_0(1/w) + \beta_1(x/w) + \varepsilon/w \tag{11}$$

(11)式で得られたパラメータを比較するものである．

ここで w は(6)式で導いた脱落しない確率の逆数である．この検定は z が内生変数であるかどうかを間接的に検定していることになる．

---

[19] ハウスマン検定については第3章で詳しく解説する．

もう一つの検定として Becketti, Gould, Lillard and Welch (1988) が提案したのは次のようなものである.

（ⅴ）被説明変数 y の第1期の値（初期値）y_0 に対して x や2期目以後の A が影響を与えていたかを見ることで，脱落サンプルがバイアスを与えたかどうかを検定しようとするものである．これは次のような関係から導かれる．すなわち，これまで見てきた(2)式あるいは(9)式の関係を逆にして期待値をとり，ベイズ定理を応用して書き直すと次のようになる．

$$E(y_0|A, X) = \int y_0 f(y_0|x) w(A, y_0, x) dy_0 \quad (12)$$

ここで

$$w(z, x) = \frac{\Pr(A|y_0, x)}{\Pr(A|x)} \quad (13)$$

このウェイトは基本的には(6)式と同じであるが，ここでは $A=0$ だけではなく，$A=1$ も含んでいる（A はダミー変数として入っている）．もし，ウェイト w が1であれば(12)式において y_0 の条件付き分布は A とは独立となり，以下の回帰式において β_2 は有意ではなくなる．

$$y_0 = \beta_0 + \beta_1 x + \beta_2 A + \varepsilon \quad (14)$$

この係数 β_2 を有意検定することで，バイアスの程度を見ることができる．しかし，この検定は(9)式の検定とペアで考えるべきもので，独立したバイアスの検定ではない．

このように脱落サンプル・バイアスの検定は様々なものが提案されているが，基本的な考え方はクロスセクション・データのセレクション・バイアスの検定問題に基づいており，パネルデータとしてサンプルが逐次脱落していくことに伴うバイアスの発生やサンプルに復帰した場合の取り扱い，サンプルの脱落が特定の時間に集中した場合のバイアスの問題など，まだまだ解決すべき問題は数多く残されている．この問題は不完備データの問題とも密接に関連しており，その点に関しては第3章で論じたい．

2.4.4 脱落サンプル・バイアスの実証結果

Becketti, Gould, Lillard and Welch(1988)はPSIDが時間とともに変容していくために，標本抽出した時点から見ると，その標本としての代表性はどの程度維持されているのかという問題を提示した．彼らは前項で提示した(14)式の推計を行い，Aの係数が有意ではないことを確認し，脱落サンプルが推計パラメータに有意な差をもたらさないと結論づけている．

Fitzgerald, Gottschalk and Moffitt(1998a)，Moffit, Fitzgerald and Gottschalk(1999)もPSIDの脱落サンプル・バイアスを統計的に検定し，(9)式のプロビット分析を行った．その結果，様々な変数を入れて推計を行うと，ほとんどの変数の係数が有意でなくなり，また決定係数も極めて低く，例え，賃金所得の係数が負に有意に効いているとしても，脱落確率そのものを説明する力はほとんどないと報告している．加えて，Becketti, Gould, Lillard and Welch(1988)らが提案した(14)式も推計し，変数にかかる推計パラメータは不変であるが，切片は異なるという仮説が棄却できないことを示した．すなわち，脱落サンプルはパラメータそのものには影響を与えないが，被説明変数のレベルに有意な差をもたらしているということである．

Fitzgerald, Gottschalk and Moffitt(1998b)では同じPSIDを使い，世代間関係に着目し，脱落サンプルが次世代の経済変数に影響を与えているか，あるいは親子間関係に影響を与えているかどうかを検討した．(9)式のプロビット分析では，脱落確率を有意に説明する変数はほとんど見つからなかった(脱落に対する教育の世代間に及ぶ負の効果は見られた)．また決定係数も低く，分析で用いられた変数で脱落確率を説明する力はほとんどないことがわかった．

Falais and Peters(1998)はThe National Longitudinal Surveys of Labor Market Experience(NLS)とThe Panel Study of Income Dynamics(PSID)を用いて，学校選択に関して常に回答してきた継続サンプルと脱落サンプルのデータに分離し，最小2乗推計を行い，パラメータの違いをF検定した．その結果，残留と脱落の違いは推計パラメータにはほと

んど影響を与えていないし，影響があるとすれば切片の推計に見られるぐらいであるという結果を導いている．またヘックマンの2段階推計法を用いて，継続するかどうかの選択モデルを推計し，次いで，教育(年齢)選択モデルを推計すると，2本の推計式の誤差項の相関 $\rho(rho)$ が統計的に有意になった．これはサンプル・セレクション・バイアスがあることを示唆していると論じている．

Zabel(1998)は PSID と The Survey of Income and Program Participation(SIPP)の脱落率を比較する目的で(9)式のロジット分析を行ったが，初年度をどの時点に設定するかによって結果が違ってくることを示している．すなわち，SIPP1984 と SIPP1990 では脱落のプロセスが違うことが示唆されている．Zabel(1998)はヘックマンの2段階推計法を拡張した労働供給モデルも推計したが脱落サンプルが推計パラメータに与えた影響は小さいと報告している．

Burkam and Lee(1998)は The High School and Beyond Study(HS&B)について，学業成績を被説明変数とする(14)式のようなモデルを推計し，脱落サンプルの効果を調べたが，もともと脱落率が低い調査ではあるが，脱落サンプル・バイアスを調整せずにデータを用いると人種による成績への負の効果を過大評価してしまう恐れがあると報告している．しかし，このバイアスは特定の人種やグループによってもたらされているものではないことも確認されている．

日本の『消費生活に関するパネル調査』の脱落サンプル問題に関しては坂本(2003, 2004)が実証分析を行っている．

脱落ダミー(脱落＝1，継続＝0)を被説明変数，前年の個人属性・変数(「学歴」「都市規模」「世代」「子供の人数」「病気・事故・災害」「親との同居」「年収」「有業・無業」「結婚が決まっている」「新婚」「世帯員が死亡」「出産」「生活時間」「夫婦関係満足度」)を説明変数とする(9)式のプロビット分析を行っている．既述のコーホートAの内，無配偶について見ると，「結婚予定」ダミーが全てのケースで有意に効いている．本人年収は高いほど脱落確率が下がる．「仕事時間」が短く，「趣味・娯楽時間」が長いほど脱落確率は

低い．有配偶サンプルでは若い「世代」ほど脱落確率が高く，「新婚」ダミーは脱落確率を高めることがわかった．経済状況は無配偶サンプルとは逆に本人収入，夫の収入が高いほど脱落確率が高くなっている．コーホートBの無配偶サンプルでは「結婚予定」が脱落確率を上昇させ，「家事・育児時間」の増加はむしろ脱落確率を低下させている．有配偶サンプルでは若い「世代」ほど脱落確率が高くなっている．日本のデータでは「結婚」を機に調査から脱落する傾向があることが確認されている．無配偶では低学歴，低収入ほど脱落確率が高いというアメリカの結果と合致しているが，有配偶では逆の結果になった．

また，ヘックマンの2段階推計によるサンプル・セレクション・バイアスの修正を施した推計と施さない推計のパラメータをハウスマン検定を行うことで比較した．ここで用いたモデルは世帯消費を世帯主の年齢，学歴，子供の数，長子の年齢などで説明するものである[20]．検定結果はパラメータが有意に違うという帰無仮説は棄却され，脱落サンプルによるバイアスは大きくないことが確認された．

途上国のパネルデータの脱落サンプル・バイアスを計量経済学的に分析した研究には，前述のAlderman, Behrman, Kohler, Maluccio and Watkins(2000)とMaluccio(2000)がある．まずAlderman *et al.*(2000)では(9)式のプロビット分析と(14)式の最小2乗推計を行ったが，ボリビア，ケニア，南アフリカではいずれも有意な脱落サンプル・バイアスは発見されなかった．Maluccio(2000)はAlderman *et al.*(2000)と同じ南アフリカのデータを使って基本的には同様の検定を家計支出モデルについて行い，脱落サンプル・バイアスが見出されると報告している．またヘックマンのセレクション・モデルを用いてセレクション・バイアスを修正すると，ハウスマン検定によってパラメータが等しいという仮説も棄却されている．これらの結果から，脱落サンプル・バイアス検定はモデルに強く依存していることがわかってきた．

---

20) これはNijman and Verbeek(1992)のモデルと検定方法を踏襲している．

これまでの実証結果を見る限り，脱落サンプル・バイアスは少なくとも統計的には大きくないという結果が多い．しかし，同時にそれは計量モデルに依存しており，検定方法自体も様々な脱落パターンに対応しておらず，かなり限定的な制約下で行われていることに注意しなければならない．PSID のように元のサンプルの 50% 以上が脱落していてもバイアスは見られないという検定結果には大いに留保が必要であると思われる．しかしながら，脱落サンプル問題があるからといってパネルデータを使うことを回避するのは建設的ではない．むしろ，そのバイアスの大きさを常に統計的に確認した上でデータを用いる注意深さが要求されているのだと考えるべきであろう．

2.5 データセットの作り方

パネルデータ調査の結果集められたデータをどのように保存し，データベースを構築していくかということは重要な問題である．もともとパネルデータ統計として設計された調査であれば，個々の調査主体の ID (認識番号) は固定されており，同じ質問項目に対しては同一の変数名，同一の選択肢順序，データベース上の配置 (location) を同一とすることで複数年の調査をマッチングすることが大幅に容易になる．逆に，ある調査だけ年度だけ特別に行った質問項目はデータベース上の配置は，他の年度の調査の他の質問項目の配置と重ならないように配慮すべきである．

もともとがクロスセクション統計であり，パネル化することが意識されていない調査では，個々の調査主体の ID は固定されていたとしても，質問項目が年によって微妙に変化したり，変数名が変更されていたり，データベース上の配置に至っては過去のデータベースとの整合性はほとんど配慮されていないことが多い．この場合，複数年のデータベースをマッチングさせてパネルデータ化するには，根気強い調整が必要になる．この部分で慎重に作業を行わないと，後でいかに高度な手法で推計しようが，実証結果の信頼性は低くなる．これまでの経験からすると，この作業を通して

データの性質もわかってくるので，ここにかなりの時間とエネルギーを用いるべきである．

2.5.1　データセットの構造

パネルデータを実証で用いる場合には次のような構造をしていることが多い．

図表 2.1　パネルデータセットの構造

ID（個体認識）	Time（年月）	Characteristics（属性）	Variable（変数）
1	1980	X_1	Y^1_{1980}
1	1981	X_1	Y^1_{1981}
1	1982	X_1	Y^1_{1982}
1	1983	X_1	Y^1_{1983}
1	1984	X_1	Y^1_{1984}
1	1985	X_1	Y^1_{1985}
2	1980	X_2	Y^2_{1980}
2	1981	X_2	Y^2_{1981}
2	1982	X_2	Y^2_{1982}
2	1983	X_2	Y^2_{1983}
2	1984	X_2	Y^2_{1984}
2	1985	X_2	Y^2_{1985}
3	1980	X_3	Y^3_{1980}
3	1981	X_3	Y^3_{1981}
⋮	⋮	⋮	⋮

パネルデータにおいて最も特徴的な変数は ID（個体認識）と Time（年月）であり，一般に，統計ソフトはこの 2 つの変数を明示することでパネルデータであると認識する．

STATA においてはパネルデータ分析のはじめに次のようなコマンドを入れる必要がある．

　　iis ID (varname$_i$)
　　tis Time (varname$_t$)
あるいは
　　tsset ID Time
とコマンドを入れることで時系列データであると同時に ID も違うデータ

であると認識する．

ラグの導入　第 4 章で詳しく解説するが，パネルデータの変数のラグをとって，ダイナミック・パネルデータとして分析する手法が多用されるようになってきている．パネルデータの場合，単純な時系列データと違い，異なった経済主体(ID)のデータが積み重なるような形でデータを構成しているので，単純に時系列データのラグの入れ方を用いると経済主体の時系列上最後の観察データが次の経済主体の時系列の最初の観察データとして入ってくる．そのような問題を回避するためには，このようなラグを導入する前に上述したようなパネルデータであることをプログラムに認識させるコマンドを書く必要がある．間違いのないパネルデータにおけるラグの作り方は次のようなコマンドを書くとよい．

gen Y_1=Y[_n-1] if ID[_n-1]==ID[_n] & Time[_n-1]+1==Time[_n]

これは Y の 1 期ラグとして Y_1 を作るときに同じ ID の主体に対してのみ時系列ラグと入れるように指定した条件を付けたものである．

時間表示　時間(Time)を表す変数は，観察間隔が一定であることが望ましいが，必ずしも物理的時間が一定である必要はない．例えば，実際の調査が特定の年月日に行われて，データベースの Time の項に年月日まで記入されている場合があるが，分析上大切なことが，ある年度に行われた何回目の調査であるということであれば，年月日が個別主体ごとに異なっていたり，調査と調査の間隔が一定でないことになり，パネルデータとして混乱が生じる可能性がある．このような場合には，時間の変数を連続した自然数に置換した方がいい．例えば，次のようなコマンドを書く．

```
replace time=1  if  time==20010811
replace time=2  if  time==20010915
replace time=3  if  time==20011009
```

時間に関しては時間ダミーを入れてその時間に各経済主体に共通に与えたマクロ・ショックを推計することがある．その場合には次のようなコマンドを用いるとよい．

```
       gen Aug2001=1      if   time==1
   replace Aug2001=0      if   time !=1
       gen Sep2001=1      if   time==2
   replace Sep2001=0      if   time !=2
       gen Oct2001=1      if   time==3
   replace Oct2001=0      if   time !=3
```

属性ダミーの作成 属性データとしては，企業データであれば，業種コード，所在都道府県コード，設立形態，設立年などが入っているし，家計データであれば住所の都道府県コード，世帯区分，世帯人員，就業人員，住居の所有関係，世帯主年齢などが入ってくる．これらの変数には設立年や世帯人員のようにそのままの数字が入っている場合はいいが，項目によっては調査側が慣例として用いている区分番号が割り振られていることがある．例えば，世帯区分が 1.勤労世帯，2.個人営業世帯，3.その他世帯とある場合，この数字の 1, 2, 3 には何ら経済的な意味はない．このような場合には勤労世帯を 1，それ以外を 0 とするような勤労世帯ダミー，個人営業世帯を 1，それ以外を 0 とするような個人営業世帯ダミーを作ることが望ましい．住居の所有関係から例を作ると次のようなコマンドになる．

```
       gen ownhouse=1     if   juukyo==1
   replace ownhouse=0     if   juukyo !=1
       gen privrent=1     if   juukyo==2
   replace privrent=0     if   juukyo !=2
                ⋮                   ⋮
       gen koudan=1       if   juukyo==5
   replace koudan=0       if   juukyo !=5
```

全く同様に産業コードも次のようにダミー化できる．

```
        gen mining=1        if   sangyou==1
        replace mining=0    if   sangyou !=1
        gen construct=1     if   sangyou==2
        replace construct=0 if   sangyou !=2
                ⋮                    ⋮
        gen retail=1        if   sangyou==6
        replace retail=0    if   sangyou !=6
```

経済変数の外れ値の処理　　一般に，経済変数 Y が実数で表示されていれば，それはダミーで表示されたカテゴリーデータより多くの情報を含んでおり，その情報をできるだけ大切に利用して統計分析を行うことが望ましい．しかし，いかに貴重な経済変数とはいえ，必ずしも全てを利用すべきであるということではない．ある経済主体は無難な質問には答えるが，分析上関心のある質問には答えていないとすれば，その経済主体を分析から外しても情報のロスにはならない．ある経済モデルに基づいて統計データを分析しようとすると，明らかにその経済モデルが前提としている経済行動にそぐわない主体が存在することに気づく．これは統計上外れ値として知られているが，桁外れの収益を上げている企業や資産家を平均的な経済主体として扱うと，統計的にそれらの外れ値が結果を歪めてしまうことがある．一般に，ミクロ計量経済学では，このような外れ値を除外して分析することが多い．外れ値の処理に関して一般的なルールがあるわけではないが，関心のあるいくつかの変数の平均から $\pm 3 \times$ 標準偏差を外れるサンプルは標本全体の 0.3% 以下であり，平均から $\pm 4 \times$ 標準偏差を外れるサンプルは標本全体の 0.01% 以下であることが知られている．我々は通常サンプルをできるだけ無駄にしないという目的で平均から $\pm 4 \times$ 標準偏差を外れるサンプルを除外している．

経済変数のカテゴリー化　　経済変数の中には，はじめに二項選択によって（購入，非購入）あるいは（参加，不参加）を決め，次に購入を決めた

場合にいくら購入するか，参加と決めた場合にどのように参加するかを考えるタイプの変数が含まれている．はじめの二項選択をダミー変数として表現して経済主体をカテゴリー化することが有益なケースがある．例えば，企業であれ家計であれ負債がある主体とない主体に分けて，負債のある主体の経済行動と負債のない主体の経済行動を比較することがある．負債には短期負債と長期負債があり，長期負債について考察する場合には調査期間中に長期負債を負えばその期間中は常に負債を負っているというカテゴリーに入る．この行動ダミーは次のように作ることができる．

gen debtdum=1　　if　　kariire>0
replace debtdum=0　　if　　kariire==0

しかしこのカテゴリー化では長期負債を調査期間中に返済して無負債になった主体は debtdum=1 から debtdum=0 に途中でシフトすることになる．経済分析の関心が負債のある主体とない主体の違いにあるのであれば，このカテゴリー化で問題はないが，はじめから負債のなかった主体と負債を返済して無負債になった主体では経済行動に違いがあるはずだという観点に立てば，ダミーを増やして(1)調査期間中一貫して無負債の主体，(2)調査期間中，無負債からスタートし，途中で負債を負いそのまま継続している主体，(3)調査期間中，はじめは負債があったが，途中で負債を返済し，その後，無負債を続けている主体，(4)調査期間中負債と無負債を繰り返している主体あるいは(1)-(3)のいずれにも該当しない主体と分けることも考えられる．

　ダミーを用いて経済主体をカテゴリー化する方法は医学や社会学，心理学の分野では多用されているが，経済学ではそれほど広範に使われてはいない．しかし経済パネルデータ分析の一つの方向性としてはカテゴリー化がデータ分析の手法の応用として重要になってくるものと思われる．とりわけパネルデータを用いて政策プログラムの評価を行う場合には処理グループと管理(非処理)グループに分離して比較検討することが必要になる．その際カテゴリカルデータ分析の手法を用いざるを得なくなる．

経済変数のダイナミックなカテゴリー化　　パネルデータにおける経済

変数は時間とともに変化しうるので,初期条件やある特定の時点でのカテゴリー化だけでは分析の目的にそぐわない場合がある.例えば,先行きに問題があると見られる企業をカテゴリー化するためには調査期間中に収益が2回連続して負になった企業をサンプルから選び出す必要がある.そのようなカテゴリーを"loss"として表現するコマンドは次のように書ける.

```
sort ID year
gen flg1=1 if ID==ID[_n-1]&year==year[_n-1]+1&profit<0
    &profit[_n-1]<0
by ID, sort: gen flg2=sum(flg1)
by ID: replace flg2=flg2[_N]
gen loss=0
replace loss=1 if flag2>0
```

収益が一度も負になったことのない健全な企業を"good"というカテゴリーで表す.

```
gen flag3=1 if profit>=0 | profit==.
by ID, sort: gen flg4=sum(flg3)
by ID: replace flg4=flg4[_N]
gen good=0
by ID, sort: replace good=1 if flag4==_N
```

収益が負になることはあるが2期続けて負にはなったことのない企業は"good"でも"loss"でもないので"alive"というカテゴリーに入れる.

```
gen alive=0
replace alive=1 if loss==0&good==0
```

これで全ての企業を3つのカテゴリーに分類することができる.

経済変数のカテゴリー化はそれぞれの研究内容,データの利用可能性に応じて決まってくるが,論理的に厳密にカテゴリー化されていれば,STATAでプログラムを書くことは容易である.

第II部　理論と手法

第3章 パネルデータ分析の基礎

3.1 はじめに

本章ではパネルデータ分析の基礎的な統計手法を概観する[1]．ここで論じる手法は基本的には分散分析の拡張であり，経済モデルで扱われる動学的な要素や意思決定に関わる選択モデルは次章以後で扱う．実際，パネルデータは調査頻度が低いことが多く，本章で論じる静学モデルを用いることが多い．

本章で強調したいことは，第一に，パネルデータ分析手法は相互に関連しているということである．考えればわかるように，パネルデータは時系列方向の情報とクロスセクション方向の情報を含んでおり，パネルデータ分析で集約する情報は，これらの情報を加重平均したものとなっている．

第二に，仮説検定の哲学に従って，誤ったモデルを残さない，あるいは誤ったモデルに基づいて結論を導くことのないように細心の注意を払うことが必要だということである．現在，多くの実証研究ではモデルの仮説検定を行わずに，様々な推定方法に基づく結果を羅列して，与えられたデータに対してどの推定が望ましいかを判断することを放棄しているように見受けられる．計量経済学の検定では(1)理論が実際の数値と矛盾しないことを検討すること，(2)与えられたデータに対して適切な分析方法を用いているかを検討すること，を主たる目的としている．パネルデータを用いることの利点は，そのデータサイズの大きさのおかげで，様々な分析手法の中から適切な手法を選び，より適切な分析ができるということにある．同時に，様々な誤差が複合的に入り込んでおり，それを解きほぐすことによって，理論の問題が明らかになるという側面もある．これらの作業の重要性を強調しておきたい．

---

[1] 本章は北村・藤木(1995)，北村・中村(1998)，Fujiki and Kitamura(1995)の成果を用いている．

第三に，パネルデータではデータが不完備になることは常に起こることであって，むしろそれが常態であると考えるべきである．本章で論じるように，多くの場合推計上あまり大きな問題にはならないが，不完備の程度について事前にチェックしておくことが大切である．

3.2 固定効果推定

第1章で論じた二元配置誤差構成要素モデルをさらに簡単化($\alpha=0$, $\lambda_t=0$ と仮定)して固定効果推定を説明する．基本的な考え方は次のようにまとめることができる．

$$y_{it} = \beta x_{it} + \mu_i + \nu_{it} \tag{1}$$

ここで μ_i は固定効果を表す．$\nu_{it} \sim iid(0, \sigma^2)$ とする．
(1)式の個々の主体 i に関して時間平均をとる．

$$\bar{y}_i = \beta \bar{x}_i + \mu_i + \bar{\nu}_i \tag{2}$$

時間とともに変化しない固定効果を(1)式から(2)式を引くことで消去すると次のようになる．

$$y_{it} - \bar{y}_i = \beta(x_{it} - \bar{x}_i) + (\nu_{it} - \bar{\nu}_i) \tag{3}$$

ここで，(3)式を最小2乗法推定すれば最良不偏推定量 $\tilde{\beta}$ を得ることができる．さらに，それを(1)式に代入して固定効果 $\tilde{\mu}_i$ を得る．

$$\tilde{\mu}_i = \bar{y}_i - \tilde{\beta}\bar{x}_i \tag{4}$$

この一連の推計方法を最小2乗ダミー変数推定(least square dummy variables; LSDV)と呼ぶ．標本数 N が大きい場合に，固定効果 $\tilde{\mu}_i$ を推計すると大幅に自由度を失うことになる．時間 T が無限大になれば，このLSDV推計の全てのパラメータは一致推計となる．しかし，T が固定されており，N が無限大になれば，β だけが一致推定となり，固定効果 μ_i は一致推定とはならない[2]．

パネルデータを用いて様々な方向の統計量を計算すると相互の関係が明らかになる[3]．まず，モデル全体(プーリング)の平均を $\tilde{x}$ と $\tilde{y}$ と定義する．

$$\tilde{x} = \frac{1}{TN}\sum_{t=1}^{T}\sum_{i=1}^{N} x_{it} \tag{5}$$

$$\tilde{y} = \frac{1}{TN}\sum_{t=1}^{T}\sum_{i=1}^{N} y_{it} \tag{6}$$

この変数から各個体の残差平方和と x と y それぞれに関する残差を相乗したものを次のように定義する．

$$S_{xx}^{pool} = \sum_{i=1}^{N}\sum_{t=1}^{T} (x_{it} - \tilde{x})^2 \tag{7}$$

$$S_{xy}^{pool} = \sum_{i=1}^{N}\sum_{t=1}^{T} (x_{it} - \tilde{x})(y_{it} - \tilde{y}) \tag{8}$$

$$S_{yy}^{pool} = \sum_{i=1}^{N}\sum_{t=1}^{T} (y_{it} - \tilde{y})^2 \tag{9}$$

同一個体内で被説明変数と説明変数の時系列平均を次のように定義する．

$$\bar{x}_i = \frac{1}{T}\sum_{t} x_{it} \tag{10}$$

$$\bar{y}_i = \frac{1}{T}\sum_{t} y_{it} \tag{11}$$

この変数からの個体内(ウィズイン)時系列平均の残差平方和と x と y それぞれに関する残差を相乗したものを次のように定義する．

$$S_{xx}^{with} = \sum_{i=1}^{N}\sum_{t=1}^{T} (x_{it} - \bar{x}_i)^2 \tag{12}$$

$$S_{xy}^{with} = \sum_{i=1}^{N}\sum_{t=1}^{T} (x_{it} - \bar{x}_i)(y_{it} - \bar{y}_i) \tag{13}$$

$$S_{yy}^{with} = \sum_{i=1}^{N}\sum_{t=1}^{T} (y_{it} - \bar{y}_i)^2 \tag{14}$$

---

[2] 経済分析上，固定効果を推計することで潜在変数を明らかにしたい場合には，固定効果推計が必要である．しかし，大量の固定効果を推計しても何ら経済学的に解釈しないのであれば，固定効果をもう少し集約した効果，例えば，産業分類や地域分類などに置き換えて経済解釈を行った方が有意義な場合もある．
[3] Greene (2003, ch. 13, pp. 289-290) を参照．

次に，個体間(ビトウィーン)の残差平方和を次のように定義する．

$$S_{xx}^{btw} = \sum_{i=1}^{N} T(\bar{x}_{it} - \tilde{x})^2 \tag{15}$$

$$S_{xy}^{btw} = \sum_{i=1}^{N} T(\bar{x}_{it} - \tilde{x})(\bar{y}_i - \tilde{y}) \tag{16}$$

$$S_{yy}^{btw} = \sum_{i=1}^{N} T(\bar{y}_i - \tilde{y})^2 \tag{17}$$

以上より，次のような関係が導かれる．

$$S_{xx}^{pool} = S_{xx}^{with} + S_{xx}^{btw} \tag{18}$$

$$S_{xy}^{pool} = S_{xy}^{with} + S_{xy}^{btw} \tag{19}$$

$$S_{yy}^{pool} = S_{yy}^{with} + S_{yy}^{btw} \tag{20}$$

推計される β に関しては，プーリング推定(β^{pool})，ウィズイン推定(β^{with})，ビトウィーン推定(β^{btw})に対しておのおのの次のような関係が導かれる．

$$\beta^{pool} = [S_{xx}^{pool}]^{-1} S_{xy}^{pool} = [S_{xx}^{with} + S_{xx}^{btw}]^{-1} [S_{xy}^{with} + S_{xy}^{btw}] \tag{21}$$

$$\beta^{with} = [S_{xx}^{with}]^{-1} S_{xy}^{with} \tag{22}$$

$$\beta^{btw} = [S_{xx}^{btw}]^{-1} S_{xy}^{btw} \tag{23}$$

これより次の式を得る．

$$S_{xy}^{with} = S_{xx}^{with} \beta^{with} \tag{24}$$

$$S_{xy}^{btw} = S_{xx}^{btw} \beta^{btw} \tag{25}$$

これを(21)式に代入すると次のように整理できる．

$$\beta^{pool} = m^{with} \beta^{with} + m^{btw} \beta^{btw} \tag{26}$$

$$m^{with} = [S_{xx}^{with} + S_{xx}^{btw}]^{-1} S_{xx}^{btw} = I - m^{btw} \tag{27}$$

(26)式はプーリング推定はウィズイン推定とビトウィーン推定の加重平均であることを示している．もしウィズイン推定の変動が小さく m^{with} が小さい場合には，ビトウィーン推定とプーリング推定は近似してくる．

3.3 ランダム効果推定

既に述べた通り,固定効果推定では各主体に対してダミーを割り当てるために,N が大きくなれば,推定すべきパラメータの数が膨大なものになり,その結果,推定における自由度は著しく低下する.固定効果 μ_i をランダム(確率変数,$\mu_i = iid(0, \sigma_\mu^2)$)だと仮定すれば,この問題は回避できる.ランダム効果推定を用いるのに適しているのは母集団から N 個を無作為に抽出したような場合である[4].

ランダム効果モデルでは,固定効果 μ_i を確率変数として扱い,μ_i は攪乱項 u_{it} から独立していると仮定する.

$$\mu_i \sim iid(0, \sigma_\mu^2) \tag{28}$$

$$u_{it} \sim iid(0, \sigma_u^2) \tag{29}$$

単純化のために説明変数は1つとし,μ_i を確率変数とする.誤差項は次のように表せる.

$$v_{it} = \mu_i + u_{it}$$

$$var(v_{it}) = \sigma_u^2 + \sigma_\mu^2$$

$$cov(v_{it}, v_{is}) = \sigma_\mu^2 \qquad for\ t \neq s$$

$$cov(v_{it}, v_{js}) = 0 \qquad for\ \forall\ t, s \quad if\ i \neq j$$

これは同一主体内の誤差項 μ_i と u_{it} が相関していることを表し,効率的な推定値を得るためには一般化最小2乗法(generalized least square; GLS)を用いる必要がある.Maddala(1971a, b)に従って以下のように簡略化できる[5].

$$\beta_{GLS}^{rnd} = F\beta^{with} + (1-F)\beta^{btw} \tag{30}$$

ここで,$F^{with} = \frac{S_{xx}^{with}}{S_{xx}^{with} + \theta S_{xx}^{btw}}$, $\theta = \frac{\sigma_u^2}{\sigma_u^2 + T\sigma_\mu^2}$ である.先の(22)(23)式より

---

[4] 家計に関するサンプル調査等がこれに相当する.
[5] Greene(2003, ch. 13, pp. 295-296)も参照している.

$$\beta^{with} = \frac{S_{xy}^{with}}{S_{xx}^{with}} \tag{31}$$

$$\beta^{btw} = \frac{S_{xy}^{btw}}{S_{xx}^{btw}} \tag{32}$$

これを(30)式に代入して整理すると，

$$\beta_{GLS}^{rnd} = \frac{S_{xy}^{with} + \theta S_{xy}^{btw}}{S_{xx}^{with} + \theta S_{xx}^{btw}} \tag{33}$$

と表せる．すなわち，ランダム効果推定は固定効果(ウィズイン)推定(LSDV)とビトウィーン推定(OLS)の加重平均であり，$\theta=1$の時には，$\sigma_\mu^2=0$であり，ビトウィーン推定と一致し，$\theta=0$の時には，$\sigma_u^2=0$であり，固定効果推定と一致する．θがそれ以外の値をとる時は，ランダム効果推定が固定効果推定とビトウィーン推定に比べてより有効である．しかし，ビトウィーン推定が一致推定でなければ，ランダム効果推定も一致推定とはならない．

3.4 不均一分散の問題

計量経済学では誤差の分散が均一でないために推計にバイアスが生じる不均一分散(heteroscedasticity)は重要な問題として取り上げられてきた．経済主体の個別の違い(heterogeneity)に分析の焦点を当てるパネルデータには常につきまとう問題である．Mazodier and Trognon(1978)やBaltagi(2001, ch.5)によれば，不均一分散が存在するときに推計を行うと，一致推定は得られるが，有効推定ではなく，推計パラメータは推計誤差のロバスト修正を行わなければ，バイアスが残ることが知られている．問題は不均一分散が固定効果μ_iから発生しているのか，攪乱項u_{it}から発生しているのかで扱いが違ってくるということである．Mazodier and Trognon(1978)では不均一分散が固定効果μ_iから発生している場合について考察している．この場合，固定効果は時間を通して固定されているので，分散がある時間に拡大するといった従来から考えられてきた不均一分散の問題を扱うのは実証的には難しい．

Baltagi(2001, ch.5)では攪乱項 u_{it} から発生している場合を扱っているが，データを $[y_{it}-(1-\sqrt{\theta_i})\bar{y}_i]$ のように変換した上で最小2乗法(OLS)を用いて推計する．ここで

$$\theta_i = \frac{\sigma_v^2}{\sigma_v^2 + T\sigma_{\mu_i}^2} \tag{34}$$

である．また，最小2乗法推計の誤差項は不偏一致推定であることを用いて，次のような平均残差平方和を求める．

$$\frac{\sum_{t=1}^{T}\hat{u}_{it}^2}{T-K} \tag{35}$$

この経済主体毎に計算される分散共分散行列と θ_i を用いて，実行可能な一般化最小2乗法(feasible generalized least square estimation; FGLS)で推計すれば，少なくとも攪乱項の不均一分散の問題は解決できる．

一般にパネルデータでは不均一分散の問題が存在しているので，パラメータの推計においては White(1980)の heteroscedasticity consisitent estimation を用いて誤差バイアスをロバスト修正しておくべきである．誤差項の持つもう一つの問題である，系列相関(autocorrelation)については第4章で論じる．

3.5 モデル選択のための検定

計量経済学の検定には一般に2つの意味がある．第一に，理論モデルが正しいかどうかを検定するということである．これは，理論的に演繹された関係式が統計的に支持されるかどうかを確認する作業であり，仮説検定の基礎にある考え方である．しかし，パネルデータ分析は多様な経済主体の多様な状況に対する反応を含んでいるという意味で，同質的な経済主体の行動関係を仮説検定するということだけでは不十分である．

第二には，与えられたデータに対して適切な推定方法が用いられているかどうかを検証するということである．これは，実験計画法あるいは分散分析を基礎にして，集められたデータから，様々なノイズやコントロールできる要因を取り除いていく作業の一環と考えることができる．一般にパ

ネルデータは時系列データやクロスセクション・データよりも多くの観察点を含み，事前に全体的な傾向を把握することが難しいことが多い．このような場合，手元にあるパネルデータをどのような手法で分析するのが望ましいかは，データ自体に決めさせるというのが正当な考え方である．そのためには，システマティックな検定手続きが必要になる[6]．

3.5.1 仮説検定

具体的なモデル選択のための検定について論じる前に，仮説検定の意義と手法について概観しておきたい．

仮説検定の理論はネイマン(Neyman, Jerzy)とピアソン(Pearson, Egon S. カール・ピアソンの息子)の共同研究によって体系づけられ[7]，今日では標準的な手続きとなっている[8]．統計パッケージでもかなり自動的に仮説検定を行うようになり，研究者が意識して帰無仮説と対立仮説を立てて検討することも少なくなっている．その結果，研究者の仮説検定に対する意識を低くしているとも言えるので，ここで再確認しておきたい．

本来，仮説検定においては，主張したいことを対立仮説にし，否定したい仮説を帰無仮説にすることが原則とされている．これには，次の2つの理由がある．

第一に，仮説検定が非対称であるということがある．すなわち，仮説が偽であることを立証することはできるが，真であることを積極的に証明することはできないということである．つまり，仮説とデータが矛盾していれば仮説は間違っているとは言えるが，矛盾しないからといって，それが正しいとは言えないということである．データと矛盾しない仮説は他にも沢山あり得るからである[9, 10]．

第二の理由として，仮説検定の過誤の問題がある．統計的検定量が決まると，次に帰無仮説を棄却して，対立仮説を採択するための基準として棄

---

[6] もちろん，データ自体に決めさせるといっても，理論モデル設定が悪く，用いられた変数に間違いがあれば，統計量は不十分となる．これらの問題は基本的にはモデルの特定化に問題があることによって生じていると考えられるので，理論モデルに戻って，検討し直す必要があり，小手先の修正は勧められない．

[7] Neyman and Pearson(1928a,b)を嚆矢として，10編の共同論文が書かれた．

[8] 仮説検定の詳細については Lehmann(1986)を参照．

却域を決める．これは有意水準1%, 5%, 10%の3段階で判断されるのが通常となっており，それに応じた水準で棄却域を決めればいいということである．このように棄却域を決めたとしても，帰無仮説と対立仮説の違いが微妙であるような場合には，仮説検定が2種類の過誤を犯す可能性が出てくる．帰無仮説が正しいときに帰無仮説を棄却してしまう誤りを**第1種の過誤**と呼び，対立仮説が正しいときに帰無仮説を採択してしまう誤りを**第2種の過誤**と呼ぶ．この過誤には非対称性がある．すなわち，第1種の過誤については有意水準 α を事前に与えて，棄却域を設定すれば，過誤を犯す確率をコントロールできるが，第2種の過誤については有意水準 α と標本数 n を所与とすれば，過誤を犯す水準 β[11] は仮説水準 μ に応じて変動し，コントロールできない．ただし，標本数 n を変化させることができれば，過誤確率 β も固定できる．もっとも，調査が終わって標本数を変動させることは現実的ではないと考えれば，やはり，帰無仮説に否定したい仮説をおいて，第1種の過誤を最小に抑えるというのが現実的な対応となる．

悩ましいのは，20-30%の有意水準であれば帰無仮説を棄却できるような場合である．この場合，第1種の過誤を犯さないためには，棄却域を厳しく設定し，帰無仮説は棄却できないという判断をすべきであるが，これは帰無仮説が正しいということではない．対立仮説を帰無仮説として検定して有意水準がさらに低くなる場合には，対立仮説も棄却できないということが起こりうる．また，総合的に判断すれば，対立仮説の方が尤もら

---

9) この考え方は，カール・ポッパーの反証可能性に通じるものがある．すなわち，仮説に矛盾する事実が出てくれば仮説を棄却し，矛盾が出てこなければ，その仮説を一つの可能性として保持しておく．しかし，それはその仮説が真理に到達したと考えるのではなく，次の矛盾が発見されるまでの間，生き延びている仮説であると考える．科学の進歩はこのような反証可能性を備えた仮説検定の繰り返しによって漸進するというのがカール・ポッパーの科学史観である．ポッパーに先行するネイマン＝ピアソンに既にその科学史観が見出されると考えてもいいだろう．
10) よく実証研究で，仮説が棄却できないということをもって，その仮説が正しいという判断をしている場面を見かけるが，これは正しくない．仮説が棄却できないということは文字通り，棄却せずに残しておくという程度の結果であって，それ以上の積極的な評価は仮説検定ではできない．
11) 従って，$1-\beta$ は過誤を犯さない確率となり，これを検定力 (power) と呼ぶ．これは，対立仮説が正しい時に，とりうる全ての μ の値に対して帰無仮説を棄却する確率を表している．

しいと考えられる場合がある．仮説検定論としてはこの両者はともに棄却できないが，現実的な判断としては棄却できない程度を勘案して，対立仮説を選択するという判断はありうる[12]．これは，先に，仮説検定によって仮説を棄却することはできても，正しい仮説を選択することにはならないと指摘したことと関連している．対立する仮説が統計的に棄却できない場合には，その中で理論や統計量に照らし合わせて尤もらしい仮説を選ぶ作業をしなければならないが，このためには，仮説検定の棄却域以外の判断基準を持ち込まなければならない．

3.5.2 具体的な検定手順

以下では様々な推定法に基づく静学モデルを対象にしたモデル選択の手順を説明する．

第一に，固定効果推定法が正当化されるかどうかは，まず，一元配置固定効果推定法(LSDV)とプーリング推定法(OLS)を比べる．これは一元配置固定効果推定法における経済主体別の定数項が全て等しいという制約が課される場合がプーリング推定法であるとして，その制約についてF検定でテストする．つまり，制約が無効であるとの帰無仮説が棄却されると，一元配置固定効果推定法が正当化される．次に，二元配置固定効果推定法がプーリング推定法や一元配置固定効果推定法に対して正当化されるかどうかも同様に係数制約問題に関するF検定を通して判断できる．

第二に，ランダム効果推定法がプーリング推定法に対して正当化されるかどうかについてはラグランジュ乗数法(Lagrange Multiplier Test)を用いる．すなわちプーリング推定法の誤差項が平均的にゼロであるとの帰無仮説についてラグランジュ乗数統計量を求めカイ2乗検定を行うのである．この結果，帰無仮説が棄却されると，誤差項に経済主体毎の異質性が存在することを意味し，ランダム効果推定法が正当化される．

第三に，固定効果推定法とランダム効果推定法の間のモデル選択はハウ

---

12) 卑近な例を用いれば，90点以上を合格ラインとしていたテストで，1人が75点，もう1人が20点だった時に，両者とも不合格ではあるが，補欠として1人選ぶとすれば75点の学生を選んだ方がいいのではないかという議論だと考えればわかりやすいかもしれない．

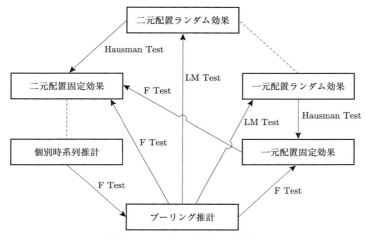

図表 3.1　モデル選択の構造

注）矢印は各検定・診断テストについて，矢の根元が帰無仮説，矢の先が
対立仮説を表している．

スマン検定を用いる．これは，個別主体要因が，説明変数と無相関であるとの帰無仮説を立て，それをカイ 2 乗検定するものである．仮説が棄却されると固定効果推定法が正当化されることとなる．

　上述の手続きをトーナメント方式で順次行っていくことによって最適な推定方法が選択できる．モデル選択の構造は図表 3.1 にまとめられている．具体的な検定テストの考え方は以下で順に説明していきたい．

3.5.3　F 検　定

　まず時系列推定法，すなわち各経済主体別の定数項および傾きが全てばらばらの場合と，それらが全て等しいという制約が課されるプーリング推定法の場合について F 検定でテストする．

　ここで用いる F 検定は分散分析で用いる F 検定に準じるものである．ある帰無仮説の下で推定される残差平方和 (RSS_0) を自由度 (ν_0) で割ったものは，その自由度のカイ 2 乗分布に従い，対立仮説の下でも同様に残差平方和 (RSS_1) を自由度 (ν_1) で割ったものを求め，帰無仮説と対立仮説の比をとったものは $F(\nu_0, \nu_1)$ 分布に従うという関係を用いる．

$$F(\nu_0, \nu_1) = \frac{RSS_0/\nu_0}{RSS_1/\nu_1} \quad (36)$$

具体的には，全ての定数項と傾きが共通であるとの帰無仮説の下に，第一自由度 $(N-1)(K+1)$，第二自由度 $(NT-N(K+1))$ の F 分布に従う．ここで K は定数項を除く説明変数の数を表している．この検定量は次のように表せる．

$$F(pool\ vs\ time\ series) = \frac{(RSS_{pool} - RSS_{TimeSeries})/(N-1)(K+1)}{RSS_{TimeSeries}/(NT - N(K+1))} \quad (37)$$

RSS_{pool} はプーリング推定法の残差平方和，$RSS_{TimeSeries}$ は時系列推定法の残差平方和を表している．他の変数は既に定義した通りである．

単純なプーリング推定法が棄却された場合，各主体の定数項はばらばらだが，傾きは等しいという一元配置固定効果推定法を帰無仮説として，時系列推定法を F 検定でテストする．具体的な F 分布は次のようになる．

$$F(oneway\ fixed\ vs\ time\ series) = \frac{(RSS_{of} - RSS_{TimeSeries})/(N-1)}{RSS_{TimeSeries}/(N(T-1) - K)} \quad (38)$$

ここで，RSS_{of} は一元配置固定効果推定法の残差平方和である．ここで帰無仮説が棄却されなければ，一元配置固定効果推定法が採択される．

さらに，一元配置固定効果推定法が時系列推定法に対して採択されたとして，これがプーリング推定法に対して正当化されるかどうかを検定する．すなわち，一元配置固定効果推定法において定数項が全て等しい場合がプーリング推定法である．このとき第一自由度 $(N-1)$，第二自由度 $(NT-(N+K))$ の F 分布に従う．

$$F(pool\ vs\ oneway\ fixed) = \frac{(RSS_{pool} - RSS_{of})/(N-1)}{RSS_{of}/(NT - (N+K))} \quad (39)$$

一元配置固定効果推定法がプーリング推定法に対して採択されたとして，これが二元配置固定効果推定法に対して正当化されるかどうかを検定する．すなわち，二元配置固定効果推定法における時間ダミーのパラメータがすべてゼロである場合が一元配置固定効果推定法となるとすると，F

分布は第一自由度 $(T-1)$，第二自由度 $(NT-(N+K)-(T-1))$ に従う．

$$F(oneway\ fixed\ vs\ twoway\ fixed) = \frac{(RSS_{of}-RSS_{tf})/(T-1)}{RSS_{tf}/(NT-(N+K)-(T-1))} \tag{40}$$

ここで，RSS_{tf} は二元配置固定効果推定法の残差平方和である．

このように，F 検定を順次行うことによって時系列(個別)推定とプーリング推定，一元配置固定効果推定，二元配置固定効果推定の間に序列をつけることができる．

3.5.4 ハウスマン検定

ハウスマン検定はモデル特定化を検証するために用いられている．帰無仮説 H_0 はモデルの特定化が正しいというものであり，対立仮説 H_1 はモデルの特定化に誤りがあるというものである．これは，簡単に言えば，2 つの仮説に基づいて推定されたパラメータが等しいかどうかを検定して，等しくなければ，モデルの特定化に問題があるということになる．

次のようなモデルを考えよう[13]．

$$y = \beta x + u \tag{41}$$

OLS 推定するためには，x は u から独立していなければならない．仮説検定の形で表すと次のようになる．

H_0: x と u は互いに独立

H_1: x と u は互いに依存

ここで，ハウスマン検定のための設定として，β に関して次のような 2 つの推定が得られたとしよう．

$\widehat{\beta_0}$ は H_0 の下で一致かつ有効推定であるが，H_1 の下では一致推定ではない．
$\widehat{\beta_1}$ は H_0 でも H_1 の下でも一致推定であるが，H_0 の下では有効推定ではない．

---

[13] 以下の説明は Maddala(2001, pp. 494-495) に従っている．

そこで $\hat{q}=\hat{\beta}_1-\hat{\beta}_0$ と定義する．ここから，ハウスマンは次の関係を導いた[14]．

$$var(\hat{q}) = var(\hat{\beta}_1) - var(\hat{\beta}_0) \quad H_0 \text{の下でそれぞれの分散を推定}$$

$\widehat{V}(\hat{q})$ を $var(\hat{q})$ の一致推定とすると，次の統計量は自由度1のカイ2乗分布に従うかどうかで帰無仮説 H_0 を検定できる．

$$m = \frac{\hat{q}^2}{\widehat{V}(\hat{q})} \sim \chi^2(1) \tag{42}$$

具体的にパネルデータ分析に関して，固定効果かランダム効果のどちらが望ましいかというテストをするためには次のような仮説を検定する．

H_0: ランダム効果は説明変数 x_{it} と相関していない

H_1: ランダム効果は説明変数 x_{it} と相関している

H_0 の下ではランダム効果推定 $(\hat{\beta}_r)$ が有効一致推定である．固定効果推定 $\hat{\beta}_f$ は帰無仮説に関係なく一致推定となる．ここで $q=\hat{\beta}_f-\hat{\beta}_r$ と定義し，$V(q)=V(\hat{\beta}_f)-V(\hat{\beta}_r)$ をハウスマン検定，$m=\hat{q}'[\widehat{V}(\hat{q})]^{-1}\hat{q}\sim\chi^2(k)$ を計算することになる．β が $k\times 1$ ベクトルであり，V_1 と V_0 が行列式で表される場合には，上のハウスマン検定量は次のように書き換えられる．

$$m = \hat{\mathbf{q}}'[\widehat{\mathbf{V}}(\hat{\mathbf{q}})]^{-1}\hat{\mathbf{q}} \sim \chi^2(k) \tag{43}$$

結果はスカラーの場合と全く同じである[15]．

3.5.5 Breusch-Pagan 検定

もう一つのモデル特定化テストとしては固定効果の分散がゼロかどうかを検定する Breusch-Pagan 検定がある．

次のようなモデルを考えよう．すなわち，定数項 μ は個別固定効果 μ_i ではなく，全ての i に対する定数である．

---

[14] まず，$var(\hat{q})=var(\hat{\beta}_1)-var(\hat{\beta}_0)$ が成り立つためには，$cov(\hat{\beta}_0,\hat{q})=0$ を証明しなければならない．この証明は Maddala(2001, pp. 495-496)で与えられている．

[15] ここで用いる k は推計すべきパラメータ β から定数項と時間ダミーを除いたパラメータの数を表している．

$$y_{it} = \mu + \mathbf{x}_{it}\beta + u_{it} \tag{44}$$

これは個別固定効果が存在しないのでプーリング最小2乗法推定ができる．その残差項を $\widehat{u}_{it}$ とすると，次のような統計量を定義できる．

$$S_1 = \sum_{i=1}^{N}\left(\sum_{t=1}^{T}\widehat{u}_{it}\right)^2 \tag{45}$$

$$S_2 = \sum_{i=1}^{N}\sum_{t=1}^{T}\widehat{u}_{it}^2 \tag{46}$$

これに対して Lagrange Multiplier(LM)統計を次のように定義すると，この統計量は自由度1のカイ2乗分布に従うはずである．

$$LM = \frac{NT}{2(T-1)}\left(\frac{S_1}{S_2} - 1\right)^2 \sim \chi^2(1) \tag{47}$$

この検定が有意であれば，プーリング推定を棄却し，ランダム効果推定を採択することが望ましいことを意味する．

ハウスマン検定と Breusch-Pagan 検定をあわせるとプーリング推定，ランダム効果推定，固定効果推定の間に序列をつけることができる．

3.6 不完備パネルデータ

3.6.1 不完備パネルデータの分類

これまで，パネルデータは全て揃っていて欠損がない完備パネルデータを想定していた．しかし，実際のパネルデータは個人や企業が回答拒否して観察値が欠落していることがある．また，さらには，企業であれば倒産したり，新規参入してくることもあるし，個人であれば，死亡したり，移転して追跡不可能になることもある．むしろ，パネルデータは不完備な状態の方が当たり前とさえ言える．では，不完備パネルデータを利用するために注意すべき問題点は何だろうか．

データの問題として，無作為(ランダム)にデータが欠測する場合と，有為に欠測する場合(例えば，企業倒産や個人のサンプルからの脱落)とでは意味が違ってくる．無作為(ランダム)欠測の場合，一般に不完備パネルデータ

であっても,その平均,分散の計算をデータサイズを適切に考慮して計算し,データサイズに応じたウェイト付けした加重最小2乗法(weighted least square; WLS)を用いて推定すれば問題はない.問題はデータの欠測に何らかの法則性(self-selection reasons)があり,残ったサンプルが元のサンプルの性格と違ってくる場合である.この場合にはいわゆるサンプル・セレクション・バイアス問題に直面する[16].

　誤差項の分散に関する推定はANOVA(分散分析)法[17]や最尤法[18]が用いられている.ANOVA法は,完備データに対しては最良不偏推定が得られることが知られている,不完備データに関しては,推定は誤差項の分散の関数として表されているが(Townsend and Searle 1971),不偏推定を得ることは可能である.しかし,等分散性,無相関性は保障されていないので,最良不偏推定とはならない.最尤法は十分統計量の関数となり,一致推定であり,漸近的に有効推定となることが示されているが,誤差項の分散を推定するために多くの自由度が失われている.

　Baltagi and Chang(1994)は不完備パネルデータを用いて一元配置誤差構成要素モデルのモンテカルロ実験を行った.その結果,次のようなことが明らかにされた.(1)推定されたパラメータに関してはANOVA法による一般化最小2乗法の推定も,最尤法の推定もほとんど変わらないこと.(2)誤差項の個別分散推定においてはANOVA法による推定は最尤法に比べて精度が低い.とりわけ,データの不完備度が高かったり,分散構成比(variance component ratio)が1より大きい場合には,それが顕著となる.(3)不完備データから完備データ部分だけを摘出して推定することは,有

---

16) よく知られている事例は,ニュージャージー(New Jersey)およびインディアナ州ギャリー(Gary)における所得維持政策実験である.ここでは,家計簿をつけることに便益を感じない参加者が脱落し,軍隊に召集された人も脱落し,さらにこの実験から何の恩恵も受けない高額所得者も脱落した.このように,一定の傾向を持った人々が脱落することで実験計画の無作為化と局所管理の原則が破られていった.Hausman and Wise(1979)はこの脱落問題の引き起こすバイアスを推計している.彼らによれば脱落のバイアスは小さいが有意であることが明らかにされている.

17) ANOVA法については,Searle(1971),Townsend and Searle(1971),Wallace and Hussain(1969),Swamy and Arora(1972),Fuller and Battese(1974),Henderson(1953)などを参照.

18) 最尤法についてはJennrich and Sampson(1976),Harville(1977),Das(1979),Corbeil and Searle(1976a,b),Hocking(1985)などを参照.

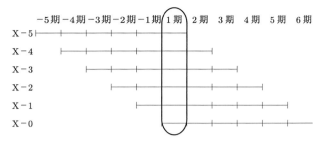

図表 3.2　ローテーション・パネルの構造

効性を大幅に失う．

　これらの結果より，不完備データだからといって，一概にそのサブセットである完備データにまで情報量を落とすことは薦められないし，現在では一般に用いられているパネルデータ推定プログラムでも不完備データに応じて自動的に推定を調整してくれるようになり，推定量が完備データと比べれば最良ではないとしても，不完備データの問題は大幅に縮小されるようになっている[19]．

　パネルデータの不完備性はいくつかの理由で発生するが，調査対象サンプルの一定比率を順次入れ替えるローテーション方式(rotating panel)が採用されている場合にも発生する．

　例えば，6期間パネル調査を行っていて，毎期6分の1サンプルずつ入れ替えるという方式である．このような調査方法をとるのは，サンプルを一度に全部取り替えると前期からの連続性が全く失われてしまうが，6分の5サンプルが残っていれば連続性はある程度確保される．このローテーションの6分の1に入るサンプルがランダムに選ばれているとすると，実際の『家計調査』では全国から選ばれているサンプルが無作為に入れ替えられる．

　もう一つの理由は，第2章で論じたようにサンプルから脱落してしまう場合である．これが特定の質問に対して拒否したい人が回答拒否ということで脱落したとすれば，これはシステマティックなものであり，ランダ

---

[19]　もちろん，不完備データにも程度があり，あまりにデータの欠落が多いようだと利用上問題が出てくることもあることには注意を要する．

ムな脱落とは違う取り扱いが必要になる.

さらに,サンプルから脱落するのではなく,一部の質問に答えないあるいは答えられないという問題(incidental truncation problem)もある.ヘックマンの賃金関数のサンプル・セレクション・バイアスの問題などがこれに入る(調査のある時点で失業して賃金所得がなくなるケースなど).

3.6.2 不完備パネルデータの推計

データの脱落が完全にランダムである場合には,不均一分散の時に論じたように,分散共分散行列を調整して実行可能な一般化最小2乗法(FGLS)で推計する.すなわち,調整係数は次のように定義できる.

$$\lambda_i \equiv 1 - \sqrt{\frac{\sigma_v^2}{\sigma_v^2 + T_i \sigma_{\mu_i}^2}} \tag{48}$$

この係数を各主体の時系列平均に掛けて,それを各変数から引いて調整した式をランダム効果推定すればよい.

$$\mathbf{y}_{it} - \lambda_i \bar{\mathbf{y}}_i = (\mathbf{x}_{it} - \lambda_i \bar{\mathbf{x}}_i)' \beta + \varepsilon_{it} \tag{49}$$

具体的な推計モデルを考えてみよう[20]

$$y_{it} = \mathbf{x}_{it}' \beta + \mu_i + u_{it} \quad t = 1, 2, ..., T \tag{50}$$

$\mathbf{x}_{it}$ は $1 \times k$ 行列,β は $k \times 1$ 行列.μ_i は $\mathbf{x}_{it}$ と相関している.

ここで,ある時点においていくつかの主体 i が観察されないケースを考えよう.具体的には $t=1$ 期には全ての主体 i がサンプルに入っているとする.主体 i がランダムに欠落する場合,$\mathbf{s}_i \equiv (s_{i1}, s_{i2}, ..., s_{iT})'$ を $T \times 1$ 行列の選択指標(selection indicators)と考える.ここで $(\mathbf{x}_{it}, y_{it})$ が観察されれば $s_{it}=1$,観察されなければ $s_{it}=0$ とする.

$\{(\mathbf{x}_i, \mathbf{y}_i, \mathbf{s}_i): i=1, 2, ..., N\}$ を母集団からランダムに選ばれたサンプルであるとする.選択指標 s_i はどの期にどの i が欠落しているかを示す.

(1)式の β の推定量は次のように表せる.

---

20) 以下は Wooldridge(2002a, ch.17, pp.578-580)を引用している.

$$\hat{\beta} = \left(N^{-1} \sum_{i=1}^{N} \sum_{t=1}^{T} s_{it} \ddot{\mathbf{x}}'_{it} \ddot{\mathbf{x}}_{it} \right)^{-1} \left(N^{-1} \sum_{i=1}^{N} \sum_{t=1}^{T} s_{it} \ddot{\mathbf{x}}'_{it} \ddot{y}_{it} \right)$$

$$= \beta + \left(N^{-1} \sum_{i=1}^{N} \sum_{t=1}^{T} s_{it} \ddot{\mathbf{x}}'_{it} \ddot{\mathbf{x}}_{it} \right)^{-1} \left(N^{-1} \sum_{i=1}^{N} \sum_{t=1}^{T} s_{it} \ddot{\mathbf{x}}'_{it} u_{it} \right) \quad (51)$$

$$\ddot{\mathbf{x}}_{it} \equiv \mathbf{x}_{it} - T_i^{-1} \sum_{r=1}^{T} s_{ir} \mathbf{x}_{ir}, \quad \ddot{y}_{it} \equiv y_{it} - T_i^{-1} \sum_{r=1}^{T} s_{ir} y_{ir}, \quad T_i \equiv \sum_{t=1}^{T} s_{it}$$

不完備パネルデータの固定効果が一致推定になるためには，全ての t に対して，$E(S_{it} \ddot{\mathbf{x}}'_{it} u_{it}) = 0$ が成り立つ必要がある．$\ddot{\mathbf{x}}_{it}$ は全ての $\mathbf{x}_i$ と $\mathbf{s}_i$ に依存しているので次のような強い外生性条件が満たされる必要がある．

条件 (a)　$E(u_{it}|\mathbf{x}_i, \mathbf{s}_i, \mu_i) = 0 \quad t = 1, 2, ..., T$

条件 (b)　$\sum_{t=1}^{T} E(s_{it} \ddot{\mathbf{x}}'_{it} \ddot{\mathbf{x}}_{it})$ が非特異行列である

条件 (c)　$E(\mathbf{u}_i \mathbf{u}'_i | \mathbf{x}_i, \mathbf{s}_i, \mu_i) = \sigma_u^2 \mathbf{I}_T$

条件 (a) と条件 (b) が満たされていれば，固定効果推定は不完備データのもとでも一致推定となる．

ランダム・ローテーション・パネルやその他のランダムな欠落パネルの場合には，$\mathbf{s}_i$ は $(\mathbf{u}_i, \mathbf{x}_i, \mu_i)$ から独立しており，一般的な固定効果推定の下では $E(\mathbf{u}_{it}|\mathbf{x}_i, \mu_i)$ が成り立つ．

ランダム効果推定が成り立つためには，$\mathbf{s}_i$ と μ_i が独立している必要がある．すなわち，選択指標 $\mathbf{s}_i$ が固定効果 μ_i と相関していると思われるような場合には，例え，$E(\mu_i|\mathbf{x}_i) = 0$ であっても，ランダム効果推定は不一致となる．

条件 (c) が加われば，固定効果の推定は有効となる．条件 (a)，(c) より

$$Var \left(\sum_{t=1}^{T} s_{it} \ddot{\mathbf{x}}'_{it} u_{it} \right) = \sigma_u^2 \left[\sum_{t=1}^{T} E(s_{it} \ddot{\mathbf{x}}'_{it} \ddot{\mathbf{x}}_{it}) \right] \quad (52)$$

固定効果推定の漸近分散は次のように表せる．

$$\hat{\sigma}_u^2 \left(\sum_{i=1}^{N} \sum_{t=1}^{T} s_{it} \ddot{\mathbf{x}}'_{it} \ddot{\mathbf{x}}_{it} \right)^{-1} \quad (53)$$

$\hat{\sigma}_u^2$ は次のように求められる．

$$E\left(\sum_{t=1}^{T} s_{it}\ddot{u}_{it}^2\right) = E\left(\sum_{t=1}^{T} s_{it}E(\ddot{u}_{it}^2 \mid \mathbf{s}_i)\right) = E\left\{T_i\left[\sigma_u^2(1-1/T_i)\right]\right\}$$
$$= \sigma_u^2 E\left[(T_i - 1)\right] \tag{54}$$

$s_{it}=1$ の時固定効果推定の誤差は $\hat{u}_{it}=\ddot{y}_{it}-\ddot{\mathbf{x}}_{it}\hat{\beta}$ とする.
$N^{-1}\sum_{i=1}^{N}(T_i-1)\xrightarrow{p}E(T_i-1)$ であるので

$$\hat{\sigma}_u^2 = \left[N^{-1}\sum_{i=1}^{N}(T_i-1)\right]^{-1} N^{-1}\sum_{i=1}^{N}\sum_{t=1}^{T} s_{it}\hat{u}_{it}^2$$
$$= \left[\sum_{i=1}^{N}(T_i-1)\right]^{-1} \sum_{i=1}^{N}\sum_{t=1}^{T} s_{it}\hat{u}_{it}^2 \tag{55}$$

したがって $\plim_{N\to\infty}\hat{\sigma}_u^2=\sigma_u^2$ が成り立つ.

これで不完備パネルデータの推計が有効一致推定となるための条件が明らかになった.現実的には,これらの条件がある程度満たされていることが確認できれば,不完備パネルデータであっても,推計上,問題になることはない.逆に,これらの条件が大幅に毀損されている場合には,サンプルを削減するなり,分析方法をパネルデータ分析から各時間毎のクロスセクション分析やプーリング推定に変更するなどしなければならない.

3.7 STATA コード

ここでは次のような簡単な生産関数を推計してみよう.

$$\ln Y_{it} = \alpha_0 + \alpha \ln K_{it} + \beta \ln L_{it} + \gamma debt/asset_{it} + \delta(debt/asset)_{it}^2$$
$$+ \zeta(own\ capital\ ratio)_{it} + \eta(sales\ share)_{it} + \varepsilon_{it} \tag{56}$$

これは,コブ=ダグラス型生産関数に全要素生産性(TFP)に相当する部分に負債資産比率やその2乗,自己資本比率などの財務関連データ[21]と売上シェアによって表される市場競争の条件を代入して,その効果を見ようとするものである.データは第7章で論じる経済産業省の『企業活動

---

21) これらはコーポレート・ガバナンス関連の変数であるとされ,債権者の関心を表す負債比率や株主資本である自己資本比率が企業生産にどのように影響を与えているかを見ようとするものである.

基本調査』を用いている．

推計式では $\ln Y_{it} = \ln rs$ (実質売上高)，$\ln K_{it} = \ln k$ (実質資本ストック)，$\ln L_{it} = \ln L$ (労働者数)，$debt/asset_{it} = darat$ (負債資産比率)，$(debt/asset)_{it}^2 = darat2$ (負債資産比率の2乗)，$(own\ capital\ ratio)_{it} = ocaprat$ (自己資本比率)，$(sales\ share)_{it} = ss$ (売上シェア)，という表示になっている．

本章で用いた推計方法と検定はSTATAでは次のように書ける．

 xtreg lnrs lnk lnL darat darat2 ocaprat ss, i(arin) fe

 xtreg lnrs lnk lnL darat darat2 ocaprat ss, i(arin) re

 xttest0

 hausman

まず，固定効果推定はSTATAでは推計式の末にfeと書けばよい．ランダム効果推定はreと入れる．Breusch-Pagan検定はxttest0と書けばよく，ハウスマン検定はhausmanと書く．ここでは固定効果を個別企業に割り振らずに産業分類(ここではarinという表示になっている)に振っている．これはi(arin)と書ける．

図表3.3は固定効果推定，ランダム効果推定の結果をまとめたものである．標本数は2万6195であり，産業分類は33種類に分かれている．推計されたパラメータは固定効果推定とほぼ同じであり，推定方法がパラメータ推計にバイアスを与えていないことがわかる．

資本と労働にかかるパラメータの合計は1.027であり，ほぼ1に近似できる．しかし，それ以外の財務変数や市場競争変数も有意に効いており，単純なコブ=ダグラス型生産関数では無視されている要因も生産に影響を与えていることが示されている．F検定は固定効果推定とプーリング推定を比較したものであるが，固定効果が有意ではないという帰無仮説は棄却されている．

Breusch-Pagan検定はプーリング推定とランダム効果推定を比較するもので，ここではプーリング推定が棄却され，ランダム効果推定が残る．ハウスマン検定はランダム効果推定が説明変数と相関していないという帰無仮説を棄却するもので，固定効果推定が残る．

これら一連の仮説検定をSTATAコードを書けば一度に行うことができ

図表 3.3 固定効果推定・ランダム効果推定の結果

Dependent Variable: lnrs	Fixed		Random	
	Estimated Coefficient	t-statistics	Estimated Coefficient	z-statistics
lnk	0.1637300	50.09	0.1641548	50.24
lnL	0.8635048	151.85	0.8632702	151.88
darat	−0.5927591	−9.42	−0.5957934	−9.47
darat2	−0.0163443	−4.51	−0.0163759	−4.52
ocaprat	−0.7173559	−11.87	−0.7204153	−11.92
ss	7.5123060	22.67	7.4631300	22.61
_cons	−0.0698154	−1.01	−0.4007013	−4.54
Diagnostic Test				
Number of observation	26195		26915	
Number of groups	33		33	
R-sq: within	0.7299		0.7299	
between	0.4554		0.4564	
overall	0.6123		0.6124	
F test that all u_i=0:	$F(32, 26156) = 527.74$ Prob > F = 0.0000			
sigma_u	0.3940		0.3103	
sigma_e	0.6337		0.6337	
rho	0.2788		0.1934	
Breusch and Pagan Lagrangian multiplier test for random effects:	$\chi^2(1) = 1.1e+07$ Prob > chi2 = 0.0000			
Hausman specification test	$\chi^2(6) = 22.06$ Prob > chi2 = 0.0012			

る．この生産関数の推計においては，固定効果推定が望ましい統計手法として残ったと言える．当然ながら，これの結果は与えられたデータの与えられた期間に関して固定効果推定が棄却されないというだけのことであり，他のサンプルでは違った結果になることは十分あり得る．

第4章　ダイナミック・パネル分析

4.1　はじめに

　経済現象は基本的には経済主体がダイナミックな枠組みの中で，最適化行動を行った結果であるという認識から，最近の経済学は，異時点間の資源分配の最適化を分析の中心にして，投資，消費，雇用，金融政策，財政政策などの議論が組み立てられている．パネルデータを用いる最大のメリットの一つに，同一経済主体の異時点間の変動，すなわち動学的最適化をデータとして捉え，それを実証的に検証できるということがある．個別経済主体の初期値を知りダイナミックな変動過程（運動方程式）を知ることができれば，将来の変動や政策反応を予測できることになる．これがパネルデータを経済学者が利用したがる大きな理由になっている．

　パネルデータの動学的側面については，Balestra and Nerlove(1966)など1960年代より意識されてきたことではあるが，1980年代の時系列分析の発展を受けて，本格的に進展してきた．とりわけ動学的最適化にマッチした形で誕生してきた一般化積率法(GMM)がArellano and Bond (1991)によってパネルデータ分析に導入されて以来，急速な発展を遂げている．

　本章ではダイナミック・パネル分析の主要な結果をサーベイしているが，限られた紙幅では限定的なものにならざるを得ない．ダイナミック・パネル分析の理論的側面について，さらに知りたい方はArellano(2003)が包括的な参考文献となっているので参照されたい．

　また，本書では全体としてクロスセクション方向のNが大きく，時系列方向のTが短いミクロ・パネルデータを扱っており，NもTも大きいマクロ・パネルデータについては扱っていない．この分野も急速に研究が進んでおり，実証上の応用も増えている．それらの研究をフォローするのは不可能に近いが，Smith and Fuertes(2004)が現在のところ最も包括的

なサーベイになっている．

さらに，生存時間解析(サバイバル分析)あるいはデュレーション・モデルとして知られている動学分析は医学，生物学を中心とした自然科学の分野で広く応用されているし，政治学，社会学の分野を中心に社会科学の分野でも最近利用されるようになってきた．これについては，日本語で読める教科書も良質のサーベイ論文もあるので，本章では明示的には扱わない[1]．ランダム係数モデル(the random coefficient model)もダイナミック・パネル分析に含まれるべき問題であるが，本章では取り扱うことができない．関心のある方は，Hsiao(2003, ch.6)，Maddala, Li, Trost and Joutz (1997)，Hsiao and Pesaran(2004)等を参照されたい．

4.2 ダイナミック・パネルデータの考え方

一般にパネルデータでダイナミックな関係とは，被説明変数のラグ項が説明変数に入っていることを指す．すなわち，

$$y_{it} = \gamma y_{it-1} + \mathbf{x}'_{it}\beta + \varepsilon_{it} \quad i=1,2,...,N; \ t=1,2,...,T \quad (1)$$

ここで，γ はスカラー，$\mathbf{x}'_{it}$ は $1 \times K$ 行列，β は $K \times 1$ 行列．ε_{it} は一元配置誤差構成要素モデルに従っているとする．

$$\varepsilon_{it} = \mu_i + u_{it} \quad (2)$$

ここで，$\mu_i \sim iid(0,\sigma_\mu^2)$ は固定効果を表しており，$u_{it} \sim iid(0,\sigma_u^2)$ は攪乱項を表し，相互に独立である．

ダイナミック・パネル推定を巡る大きな問題はラグ被説明変数が誤差項 ε_{it} と相関していること，そしてデータがクロスセクション方向(N)には大きいが，時系列方向(T)には小さいということである[2]．これは攪乱項 u_{it} が系列相関していない場合にも当てはまる．

---

1) 日本語で読める教科書として大橋・浜田(1995)，中村(2001)を挙げておきたい．英語の最新の教科書として Singer and Willett(2003, chs. 9-11)がある．また，山口(2001-02)はイベントヒストリー分析のサーベイとして有益である．サバイバル分析の手法を用いた最近の興味深い実証研究として阿部・小黒(2004)を挙げておく．

より一般的には，Maddala(2001)はダイナミック・パネル分析は次の2つのモデルに分類することが重要であることを示した．

① 系列相関モデル

$$y_{it} = \mathbf{x}'_{it}\beta + \mu_i + w_{it} \tag{3}$$

$$w_{it} = \rho w_{it-1} + u_{it} \quad |\rho| < 1 \tag{4}$$

② 状態依存モデル

$$y_{it} = \gamma y_{it-1} + \mathbf{x}'_{it}\beta + \mu_i + u_{it} \tag{5}$$

① はダイナミックな要素が誤差項にあるモデルであり，② はダイナミックな要素が被説明変数自体にあるモデルである．パネルデータ分析では後者を扱うことが多いが，前者についても研究されているので，以下では① について解説した後，② の問題に入っていきたい．

4.2.1 系列相関モデル

系列相関が問題になるのは，それがモデルの特定化において重要な説明変数を落としている可能性を示唆しているからである．しかし，実際のデータではある程度の系列相関が見出されるのはむしろ当たり前であって，その問題をいかに軽減するかというのがここでの問題である．

パネルデータ分析において系列相関の問題を最初に取り上げたのは Lillard and Willis(1978)である．彼らは誤差項が AR(1) に従うケースをライフサイクル所得に当てはめ，マルコフ連鎖に従うと仮定した所得階層移動と対比する形で検討している．Lillard and Weiss(1979)では，アメリカにおける科学者の 1960-70 年における所得のダイナミックな変動と同時点内での所得変動に関して分析している．ここでも所得変動の誤差に系列相関がある場合を検討している．

---

2) 時系列が短いという問題に対しては逆に時間軸は長くなくてもよいと考えることもできる．むしろ経済主体のダイナミックな調整パラメータは時間とともに変化する可能性が高いので，それが一定と見なされる期間（例えば 5 年）ぐらいに限定したほうがいいとも言える．調整スピードが速い場合には 1 年以内に調整が終わり，前年の実績（ラグ変数）はほとんど説明力を持たないケースもある．

Baltagi and Li(1991a), Wansbeek(1992)は(4)式のような系列相関問題に対して, the Paris-Winsten(PW) transformation を用いて, 系列相関を取り除いた後で最小2乗法で推定することを提案している.

代替的な推定方法として Maddala(2001), Nerlove(2002, ch.7)は一般化最小2乗法を提案している. (3)式を LSDV 推定し, 誤差項の推定値 $\hat{w}_{it}$ を得る. さらにそれを用いて(4)式を OLS 推定し $\hat{\rho}$ を得る. これらのパラメータを用いて(3)式を次のように変換する.

$$y_{it}^* = \mathbf{x}_{it}^{*\prime}\beta + \mu_i^* + u_{it} \qquad (6)$$

$$y_{it}^* = y_{it} - \hat{\rho} y_{it-1}$$

$$\mathbf{x}_{it}^* = \mathbf{x}_{it} - \hat{\rho}\mathbf{x}_{it-1}$$

$$\mu_i^* = \mu_i(1-\hat{\rho})$$

上式を再び LSDV 推定すれば, β および μ_i の一致推定を得ることができるというものである.

Bhargava, Franzini and Narendravathan(1982)は系列相関検定の定番である Durbin-Watson Statistic をパネルデータ用に一般化した. 誤差項の系列相関を次のように定義すると, $w_{it}=\rho w_{it-1}+u_{it}$, 帰無仮説は H_0: $\rho=0$ で対立仮説が H_1: $|\rho|<1$ として, 次の検定量を求めて判断することを提案している.

$$d = \frac{\sum_{i=1}^{N}\sum_{t=2}^{T}(\hat{w}_{wit}-\hat{w}_{wit-1})^2}{\sum_{i=1}^{N}\sum_{t=1}^{T}\hat{w}_{wit}^2} \qquad (7)$$

ここで $\hat{w}_{wit}$ はウィズイン誤差である. 誤差項が AR(1) でなく AR(n) になっても, この統計量を対応させることは容易である.

Baltagi and Li(1995)は系列相関と固定効果を同時検定するためのラグランジュ乗数検定を3つ提案している. ① AR(1) の系列相関がゼロでランダム効果を検定するための統計量, ② AR(1) の系列相関がゼロであり固定効果であることを検定するための統計量, ③ ランダム効果の下で AR(1) の系列相関がゼロかどうかを鑑定するための統計量, である. これらの統計量は誤差項が AR(1) であれ MA(1) であれ同じになることが示されている[3].

4.2.2　状態依存モデルの初期の研究

ダイナミック・パネル推定の研究は Balestra and Nerlove (1966) に始まる．彼らは① パネルデータの特色を生かさないプーリング最小2乗法推定では被説明変数のラグ項の係数が高くなるバイアスを持つ，② 固定効果推定は被説明変数のラグ項の係数を低くするバイアスを持つ，③ ダイナミック・モデルでは一般化最小2乗法は一致推定でも有効推定でもなくなる，という点をはじめて指摘し，その後のダイナミック・パネル分析の方向性を決定づけた．① についてはデータをプールするのかパネルデータとして使うのかという議論に発展した．Maddala (1971a, b) では尤度比検定を用いることを提案している．② については Nickell (1981) によって厳密に証明された．③ については代替的な推定方法として最尤法，操作変数法，一般化積率法 (GMM) など様々な推定方法の開発へと進展していった．この点については次節以後で詳しく解説する．

Maddala (2001) は最尤法推定を初期値に依存した条件付き尤度関数と初期値には依存しない条件なし尤度関数に分けることが重要であると指摘している．条件なし尤度関数を仮定するためには，初期条件が定常状態あるいは均衡にあるような長期データであることを仮定していることになる．また条件付き尤度関数では初期値が決定的に重要であり，かつ計算が大変であると論じている[4]．

Sevestre and Trognon (1996, pp. 130-133) は，Maddala (1971a) が系列相

---

3)　詳しくは Baltagi and Li (1995) あるいは Baltagi (2001, pp. 90-95) を参照されたい．

4)　ダイナミック・パネル分析において初期値をどこに取るかは実証研究上，極めて重要な問題である．例えば，経済成長を扱う時に，19世紀には世界経済の中心にあったイギリスが，英国病と呼ばれる低成長に陥っていた1970年と，戦後高度成長期を経て奇跡の復興を成し遂げていた1970年の日本と，植民地から独立してようやく国造りを始めた1970年のアフリカ諸国を並べて考えた時に，それらのデータを集めたパネルデータが1970年から始まっているからといって1970年の経済をそれぞれの国の初期値として扱っていいとは決して言えないだろう．医学や生物学では，このような初期値の問題を考えるために，それぞれの主体の初期値が等しいと考えられる状態でデータを揃え，それからどのような時間経過で変化が起こるかを捉えようとするアプローチである生存時間解析 (survival analysis) が用いられている．経済問題にもこのアプローチが使われるようにはなってきたが，医学のようにある病原体に感染した時間から死亡するまでの経過のように，きれいに初期状態が確定できないことが多く，現在のところ応用は限定されているし，実際に使われているケースでも初期値の扱いは恣意的なものが多い．

関を取り除くために変換する時に用いたウェイト λ にちなんで λ-class と名付けられたウィズイン推定, 一般化最小2乗法, プーリング最小2乗法, ビトウィーン推定に関して, $\beta=0$ の場合のラグ項の係数 $\gamma(\lambda)$ のバイアスを推定した. バイアスの大きさの順序は次のようになった.

$$p \lim_{within} \hat{\gamma}(0) < \gamma < p \lim_{GLS} \hat{\gamma}(\lambda) < p \lim_{poolingOLS} \hat{\gamma}(1) < p \lim_{between} \hat{\gamma}(\infty) \tag{8}$$

一般化最小2乗法(GLS)では系列相関の問題を取り除いたはずであるが, ラグ項がモデル変換後の誤差項と相関しているためにバイアスが残っている(Ridder and Wansbeek 1990, pp. 566-571).

Trognon(1978)は外生変数が次のような AR(1) 過程に従い, $x_{it}=\delta x_{it-1}+w_{it}$, $w_{it} \sim iid(0, \sigma_w^2)$, 初期値 y_{i0} を固定と仮定すると, 最尤法推定は端点解になり, 一致推定にはならないことを示した. また時系列 T が短く, 被説明変数のラグ項の係数 γ が負であったり, かなり小さい場合に最尤法推定は一致推定とならない可能性が高いことも示した. この研究は次節で説明する Anderson and Hsiao(1981, 1982)に引き継がれた.

4.3 最尤法推定と操作変数法推定

Anderson and Hsiao(1981, 1982)はダイナミックなパネルデータの推定問題を検討している. とりわけ, 初期値に関して様々な仮定をおいて, 推定結果の違いを比較している. 彼らは次のようなモデルを考えている.

$$w_{it} = \gamma w_{it-1} + \rho' \mathbf{z}_i + \beta' \mathbf{x}_{it} + \mu_i + u_{it} \quad i=1,2,...,N; \quad t=1,2,...,T \tag{9}$$

$$y_{it} = w_{it} + \eta_i \tag{10}$$

$$\mu_i = (1-\gamma)\eta_i \quad E(\eta_i) = 0 \quad Var(\eta_i) = \sigma_\eta^2 = \sigma_\mu^2/(1-\gamma)^2 \tag{11}$$

ここで $\mathbf{z}_i$ は時間とともに変動しない外生変数である.

最尤法と一般化最小2乗法は初期値に依存しているので, 初期値に関しては次の4つの仮定をおく.

仮定 1 y_{i0} は固定．この場合は任意の初期値から始まり，$(\mu_i+\rho'\mathbf{z}_i)/(1-\gamma)+\beta'\sum_{j=0}\mathbf{x}_{it-j}\gamma^j$ に収束すると想定されている．また固定効果 μ_i は平均ゼロで分散一定の変数がランダムに選択されたものであると想定されている．データをいつから開始するかということが y_{i0} とは無関係に任意に決定されている場合には，y_{i0} を固定と仮定することには問題がある．すなわち μ_i と y_{i0} が無相関であり，かつ $y_{i1}, y_{i2}, \ldots$ に影響を与えるような固定効果 μ_i を想定することは難しいのである．

仮定 2 y_{i0} はランダムであり，μ_i と u_{it} から独立であり，次のような関係に従っている．$y_{i0}=\bar{y}_0+\varepsilon_i$，ここで $\bar{y}_0$ は 0 期における全体の平均であり，ε_i は iid に従う．これはさらに 2 つのサブグループに分かれる．

仮定 2a y_{i0} と μ_i は独立しており，初期値の違いは時間とともに消滅する．

仮定 2b y_{i0} と μ_i は独立しておらず $cov(y_{i0},\mu_i)=\varphi\sigma_{y_0}^2$ である．この場合初期値の違いが将来の y_{it} に影響を与え，長期的には $[\varphi\varepsilon_i/(1-\gamma)]=\lim_{t\to\infty}E[y_{it}-\rho'\mathbf{z}_i/(1-\gamma)-\beta'\sum_{j=0}^{t-1}\mathbf{x}_{it-j}\gamma^j|\varepsilon_i]$ に収束する．

仮定 3 w_{i0} は固定であり，$y_{it}=w_{it}+\eta_i$ かつ $\mu_i=(1-\gamma)\eta_i$ なので，y_{it} と μ_i は相関している．y_{i0} は任意の値から始まっても $\eta_i+\rho'\mathbf{z}_i/(1-\gamma)+\beta'\sum_{j=0}^{t-1}\mathbf{x}_{it-j}\gamma^j$ に収束する．データの開始時期と確率過程の開始時期は一致している必然性はない．

仮定 4 w_{i0} はランダムであり，(3)式と同様の関係に従っている．ここでは w_{it} の性質によって，4 つのサブグループに分かれる．

仮定 4a w_{i0} はランダムで，平均は全体共通 θ_w で，分散は $\sigma_u^2/(1-\gamma^2)$ であり，均一である．

仮定 4b w_{i0} はランダムで，平均は全体共通 θ_w で，分散は任意の $\sigma_{w_0}^2$ となる．

仮定 4c w_{i0} はランダムで，平均は θ_{i0} で，分散は $\sigma_u^2/(1-\gamma^2)$ である．

仮定 4d w_{i0} はランダムで，平均は θ_{i0} で，分散は任意の σ_{w0}^2 となる．

Anderson and Hsiao(1981, 1982)はこのような仮定の下で，合計 8 通り

の推定を行っている．初期値の仮定に応じて尤度関数が違ってくるが，ここでは全てについて厳密な展開をすることはしないで，一般型で表現しておく[5]．

$$L(\gamma, \rho, \beta, \gamma, \eta, \sigma_u^2, \sigma_w^2, \sigma_\mu^2)$$
$$= (2\pi)^{-NT/2}|v|^{-N/2} \times \exp\{-\frac{1}{2\sigma^2}\sum_i\sum_t(y_{it} - \gamma y_{it-1} - \rho'\mathbf{z}_i - \beta'\mathbf{x}_{it})^2\}$$
(12)

ここで v は誤差分散共分散行列を表しており，誤差構成要素によって表現が違ってくる．

一般にはこの式を未知パラメータに関して最大化すれば，最尤法推定が得られる．最尤法推定の一致性は初期値と標本数 N と時系列数 T に依存している．ただし，この最適化は $\sigma_\mu^2=0$ の場合には端点解となる．この点は Anderson and Hsiao(1981) で検討されている．

最尤法推定では初期値の仮定によって尤度関数の形状が変わり，また推定結果も変動することがわかった．ここでは代替的に初期値に依存しない推定法である操作変数法について論じたい．

固定効果推定であれランダム効果推定であれ，上の(9)(10)式から1階の階差をとれば時間とともに変動しない z_i と μ_i は消去されてしまう．

$$y_{it} - y_{it-1} = (x_{it} - x_{it-1})'\beta + \gamma(y_{it-1} - y_{it-2}) + (u_{it} - u_{it-1}) \quad (13)$$

このモデルはラグ被説明変数の階差が誤差項 u_{it} の階差と相関しているという意味では問題が残っているが[6]，操作変数法を用いて推定することで内生性バイアスを取り除くことができる．すなわち，有効ではないが一致推定を得ることができる．

操作変数に応じて β と γ は次のように推計される[7]．

$(y_{it-2}-y_{it-3})$ を操作変数として使った場合は次のようになる．

---

5) 詳細については Anderson and Hsiao(1982) および Hsiao(2003, ch.4) を参照されたい．
6) 具体的には y_{it-1} と u_{it-1} は(1)式より明らかに相関している．
7) 以下の式の展開は Hsiao(2003, pp.85-86) を参照．

$$\begin{pmatrix} \gamma_{iv} \\ \hat{\beta}_{iv} \end{pmatrix}$$

$$= \left[\sum_{i=1}^{N}\sum_{t=3}^{T} \begin{pmatrix} (y_{i,t-1}-y_{i,t-2})(y_{it-2}-y_{it-3}) & (y_{it-2}-y_{it-3})(\mathbf{x}_{it}-\mathbf{x}_{it-1})' \\ (\mathbf{x}_{it}-\mathbf{x}_{it-1})(y_{it-2}-y_{it-3}) & (\mathbf{x}_{it}-\mathbf{x}_{it-1})(\mathbf{x}_{it}-\mathbf{x}_{it-1})' \end{pmatrix} \right]^{-1}$$

$$\times \left[\sum_{i=1}^{N}\sum_{t=3}^{T} \begin{pmatrix} y_{it-2}-y_{it-3} \\ \mathbf{x}_{it}-\mathbf{x}_{it-1} \end{pmatrix}(y_{it}-y_{it-1}) \right] \quad (14)$$

y_{it-2} を操作変数として使った場合には次のように書ける．

$$\begin{pmatrix} \gamma_{iv} \\ \tilde{\beta}_{iv} \end{pmatrix} = \left[\sum_{i=1}^{N}\sum_{t=2}^{T} \begin{pmatrix} y_{it-2}(y_{i,t-1}-y_{i,t-2}) & y_{it-2}(\mathbf{x}_{it}-\mathbf{x}_{it-1})' \\ (\mathbf{x}_{it}-\mathbf{x}_{it-1})y_{it-2} & (\mathbf{x}_{it}-\mathbf{x}_{it-1})(\mathbf{x}_{it}-\mathbf{x}_{it-1})' \end{pmatrix} \right]^{-1}$$

$$\times \left[\sum_{i=1}^{N}\sum_{t=2}^{T} \begin{pmatrix} y_{it-2} \\ \mathbf{x}_{it}-\mathbf{x}_{it-1} \end{pmatrix}(y_{it}-y_{it-1}) \right] \quad (15)$$

実証上，ラグ変数の水準であれば最小期間は2期間ですむが，階差であれば最低3期間は必要になる．また3期間以上のデータであれば，最適操作変数としては $(y_{i,t-1}-y_{i,t-2})$ と $(y_{it-2}-y_{it-3})$ あるいは y_{it-2} の相関がどれぐらいあるかで判断すれば良い[8]．

第2段階として推計した $\hat{\beta}$ と $\hat{\gamma}$ を(9)式に代入し，ρ を最小2乗法で推定する．

$$\bar{y}_{it} - \hat{\gamma}\bar{y}_{it-1} - \hat{\beta}'\bar{\mathbf{x}}_{it} = \rho'\mathbf{z}_i + \mu_i + \bar{u}_{it} \quad i=1,2,...,N \quad (16)$$

ここで，$\bar{y}_i = \sum_{t=1}^{T} y_{it}/T$, $\bar{\mathbf{x}}_i = \sum_{t=1}^{T} \mathbf{x}_{it}/T$, $\bar{u}_i = \sum_{t=1}^{T} u_{it}/T$.

第3段階として分散共分散行列 σ_u^2, σ_μ^2 を推定する．

$$\hat{\sigma}_u^2 = \frac{\sum_{i=1}^{N}\sum_{t=2}^{T}[(y_{it}-y_{it-1})-\hat{\gamma}(y_{it-1}-y_{it-2})-\hat{\beta}'(\mathbf{x}_{it}-\mathbf{x}_{it-1})]^2}{2N(T-1)} \quad (17)$$

$$\hat{\sigma}_\mu^2 = \frac{\sum_{i=1}^{N}(\bar{y}_i - \hat{\gamma}\bar{y}_{i,-1} - \hat{\rho}'\mathbf{z}_i - \hat{\beta}'\bar{\mathbf{x}}_i)^2}{N} - \frac{1}{T}\hat{\sigma}_u^2 \quad (18)$$

---

[8] Arellano(1989)は操作変数としてはラグ変数の水準 y_{it-2} や y_{it-3} を用いた方がラグの階差 $(y_{it-2}-y_{it-3})$ を用いるより望ましいとしている．

これらの推定が一致性を持つことは，初期値には依存していない．N か T あるいは両方が無限に近づくと，操作変数法パラメータ $\gamma, \beta, \sigma_u^2$ は一致推定となる．ρ, σ_μ^2 が一致推定になるのは N が無限になる場合のみであり，N が固定されている場合には，T が無限になろうと一致推定にはならない．

Anderson and Hsiao(1982)は N 固定で T が無限，T 固定で N が無限の場合に分けた上で，上述の 8 通りについて最尤法推定，固定効果推定，操作変数法推定を行った．推計結果をまとめると次のようになる．最尤法でラグ項のパラメータ γ が一致推定にならないのは(仮定 3)で T が固定，N が無限の場合のみである．時間とともに変動しない変数の係数 ρ は N 固定，T 無限の場合には常に一致推定にはならない．また(仮定 3)で T が固定，N が無限の場合にも一致推定にはならない．操作変数法では時間とともに変動しない変数の係数 ρ については最尤法と同じで N 固定，T 無限の場合には一致推定にはならない．また，ラグ項のパラメータ γ は全ての場合で一推定になる．固定効果推定法では ρ は推定できないが，ラグ項のパラメータ γ が一致推定にならないのは N 固定，T 無限の全ての場合と(仮定 3)で T が固定，N が無限の場合である．ここでの結果はダイナミック・モデル推定は誤差項の条件や初期値の仮定というより，T や N の仮定により強く依存していることを物語っている．

Hsiao, Pesaran and Tahmiscioglu(2002)や Fujiki, Hsiao and Shen(2002)では代替的に Chamberlain(1982, 1984)を嚆矢とする推定方法である最小距離推定法(Minimum Distance Estimation; MDE)を用いることを主張している[9]．基本的な考え方は，誤差項の階差 2 次式を最小化するようにパラメータ (β, γ) を決定するということである．すなわち，

$$\min[\sum_{i=1}^{N} \Delta \mathbf{u}_i^{*\prime} \Omega^{-1} \Delta \mathbf{u}_i^*] \tag{19}$$

ここで，Ω は $\Delta \mathbf{u}_i^*$ の共分散行列，$\Delta \mathbf{u}_i^* = [\Delta y_{i1} - \beta \Delta x_{i1} - \gamma \Delta y_{i0}, \Delta y_{i2} - \beta \Delta x_{i2} - \gamma \Delta y_{i1}, ...]$ である．

---

9) MDE の詳細については Chamberlain(1982, 1984)，Lee(2002, ch. 3)を参照．

この方法は誤差分布が正規分布に従うことを要求していないので，有効推定ではないが，N が大きければ漸近的に一致推定となる．しかも計算ははるかに簡単になる．

4.4　一般化積率法推定

操作変数法で推計するアプローチに対して，Arellano and Bond (1991)，Ahn and Schmidt(1995)らは操作変数法は重要な情報を用いていないので，有効でないと論じている．例えば，1階の階差モデルを想定すると，2期ラグをとった y の水準は誤差項の階差とは無相関であることを示すことができる[10]．

$$E[y_{is}, (u_{it} - u_{i,t-1})] = 0 \quad s = 0, 1, ..., t-2; \ t = 2, 3, ..., T \quad (20)$$

Arellano and Bond(1991)はこのような情報も利用した一般化積率法(GMM)を用いることを提唱している．

$$\frac{1}{n}\sum_{i=1}^{n} y_{is}[(y_{it} - y_{i,t-1}) - (y_{i,t-1} - y_{i,t-2})'\gamma - (x_{it} - x_{i,t-1})'\beta] = 0$$
$$s = 0, 1, ..., t-2; \ t = 2, 3, ..., T \quad (21)$$

被説明変数のラグ項の階差を次々にとっていくと，それに対応して使える操作変数は $(y_{i1}, y_{i2}, ..., y_{iT-2})$ と増えていく．これを行列で表現すると次のようになる[11]．

$$W_i = \begin{bmatrix} [y_{i1}] & 0 & ... & 0 \\ 0 & [y_{i1}, y_{i2}] & ... & 0 \\ 0 & 0 & ... & 0 \\ 0 & 0 & ... & [y_{i1}, ..., y_{iT-2}] \end{bmatrix} \quad (22)$$

操作変数が誤差ラグ項と無相関である条件(20)は次のようにベクトル

---

[10] すなわち直交条件が成立する．これは Holtz-Eakin(1988)，Holtz-Eakin, Newey and Rosen(1988)によって指摘された．
[11] 以下は Baltagi(2001, p.132)を参照．

形式で書き直せる.

$$E(W_i' \Delta u_i) = 0 \tag{23}$$

ここで(1)式のようなダイナミック・モデルを考えてみよう.

$$(y_{it} - y_{it-1}) = (y_{it-1} - y_{it-2})'\gamma + (x_{it} - x_{it-1})'\beta + (u_{it} - u_{it-1}) \tag{24}$$
$$\Delta y_{it} = \Delta y_{it-1}'\gamma + \Delta x_{it}'\beta + \Delta u_{it} \quad i = 1, 2, ..., N$$

この式に対して操作変数行列 W_i を掛けてパラメータを推定するのが Arellano and Bond(1991)の一般化積率法(GMM)である. (24)式を次のように書き換えて, 未知のパラメータについて積率法を当てはめる.

$$W' \Delta y_{it} = W' \Delta y_{it-1}'\gamma + W' \Delta x_{it}'\beta + W' \Delta u_{it} \tag{25}$$

γ, β について解くと次のように表せる.

$$\hat{\gamma}_{GMM} = [(\Delta y_{it-1})' W \hat{V}_N^{-1} W' (\Delta y_{it-1})]^{-1} [(\Delta y_{it-1})' W \hat{V}_N^{-1} W' (\Delta y_{it})] \tag{26}$$

$$\hat{\beta}_{GMM} = [(\Delta x_{it-1})' W \hat{V}_N^{-1} W' (\Delta x_{it-1})]^{-1} [(\Delta x_{it-1})' W \hat{V}_N^{-1} W' (\Delta y_{it})] \tag{27}$$

ここで $V_N = \sum_{i=1}^{N} W_i' (\Delta u_i)(\Delta u_i)' W_i$ である[12].

説明変数 x_{it} が厳密に外生変数であれば, $E(x_{it} u_{is}) = 0, \forall t, s = 1, 2, ..., T$ であり, x_{it} が μ_i と相関している場合には, (24)式のようなダイナミック・モデルに関して全ての x_{it} が操作変数になり得る. もし x_{it} が外生変数ではなく先決変数(predetermined)であり, $E(x_{it} u_{is}) \neq 0$ for $s<t$, $E(x_{it} u_{is}) = 0$ for $s \geq t$ の場合は, 操作変数になり得るのは $(x_{i1}, x_{i2}, ..., x_{is-1})$ までである. 先決変数と外生変数が混在しているような場合でも, 操作変数行列 W_i を適切に書き換えればよい.

Arellano and Bond(1991)の GMM 推定で重要な仮定は誤差項に系列相

---

[12] 実際, Arellano and Bond(1991, p.279)では(25)式を均一分散を仮定した一般化最小2乗法で推計した one-step 推定と初期値や誤差項の分布に制約を課さずに GMM で推計した two-step 推定を用いている. 誤差項が iid に従う場合には漸近的に等しくなる.

関がないということである．この点が確保されていなければ，操作変数として使えないものが出てくるし，その結果として GMM 推定は一致推定でなくなりバイアスを持つことになる．そこで次のような系列相関検定が Arellano and Bond(1991) で提案されている．

j 次の誤差ラグ項の自己相関係数の平均を次のように定義する[13]．

$$r_j = \frac{1}{T-3-j} \sum_{t=4+j}^{T} r_{tj} \tag{28}$$

ここで $r_{tj}=E(\Delta u_{it}\Delta u_{it-j})$ である．帰無仮説 $H_0: r_j=0$ として検定量は次のように定義する．

$$m_j = \frac{\hat{r}_j}{SE(\hat{r}_j)} \tag{29}$$

ここで $\hat{r}_j$ は標本から得られた $\Delta \hat{u}_{it}$ と $\hat{r}_{tj}=N^{-1}\sum_{i=1}^{N}\Delta \hat{u}_{it}\Delta \hat{u}_{it-j}$ に基づいて計算されたものを使う．

Arellano and Bond(1991) では操作変数に関する Sargan(1958) の過剰識別制約テストも導入している．

$$s = \Delta \hat{u}' W [\sum_{i=1}^{N} W_i'(\Delta \hat{u}_i)(\Delta \hat{u}_i)' W_i]^{-1} W'(\Delta \hat{u}) \sim \chi^2_{p-k-1} \tag{30}$$

ここで p は行列 W における行数，$\Delta \hat{u}$ は (25) 式における推定誤差を表している．Arellano and Bond(1991) では誤差ラグ構造が1階と2階の場合を考慮している．

Ahn and Schmidt(1995) は y の水準からだけではなく，y と誤差項の階差 $(u_{it}-u_{it-1})$ との間からも重要な情報 (ここでは直交条件) が得られることを示している．これは次のように表せる．

$$E(y_{is}\,\Delta u_{it}) = 0 \quad t=2,3,...,T; \ s=0,1,...,t-2 \tag{31}$$

さらに，次のような直交条件も利用できることを示した．

$$E(u_{iT}\,\Delta u_{it}) = 0 \quad t=2,3,...,T-1 \tag{32}$$

---

[13] Arellano(2003, pp. 121-123) を参照．

上の2種類の直交条件を合わせると $T(T-1)/2+(T-2)$ の制約が加わることになる．(32)式は γ が1に近いか，σ_μ^2/σ_u^2 が大きい場合には，有効な情報(パラメータの分散が小さい)を提供してくれることがモンテカルロ実験からわかった．

Ahn and Schmidt(1995)によれば，(31)(32)式は通常の誤差項が満たすべき仮定より緩やかな仮定である．すなわち次のように書ける．

仮定1　全ての i と t に対して，$cov(u_{it}, y_{i0})$ は等しい．ちなみに，従来の仮定では $cov(u_{it}, y_{i0})=0$ である．

仮定2　全ての i と t に対して，$cov(u_{it}, \mu_i)$ は等しい．ちなみに，従来の仮定では $cov(u_{it}, \mu_i)=0$ である．

仮定3　全ての i と $t \neq s$ に対して，$cov(u_{it}, u_{is})$ は等しい．ちなみに，従来の仮定では $cov(u_{it}, u_{is})=0$ である．

この(仮定1-3)に基づく GMM 推定は先に論じた Chamberlain(1982, 1984)の最小距離推定(Minimum Distance Estomator)と漸近的には等しくなり，漸近的に有効推定となることが示されている．

Blundell and Bond(1998)はこれまで GMM 推定の問題点と指摘されてきた操作変数の弱相関問題と，これは GMM 推定固有の問題ではないが Anderson and Hsiao(1981, 1982)以来，ダイナミック・パネル・モデルの本源的な課題とされてきた初期値問題とを取り上げて，それを解決する目的で従来の GMM をシステム GMM に拡張した．

まず，操作変数の弱相関問題であるが，Arellano and Bond(1991)の GMM 推定は γ が1に近づくか，固定効果 μ_i の分散が大きいときにはバイアスが大きくなることが知られている．Blundell and Bond(1998)はこの問題を明らかにするために $T=3$ と仮定し，直交条件を $E(y_{i1} \Delta u_{i3})=0$ に限定した．これによってパラメータ γ は適度識別される．この場合，GMM 推定は次のような操作変数法推定になる．

$$\Delta y_{i2} = \pi y_{i1} + \mu_i + u_{i2} \quad i = 1, 2, ..., N \qquad (33)$$

ここで γ が1に近づくか，固定効果 μ_i の分散が大きければ，パラメータ π は0に近づいても不思議はない．この場合，y_{i1} は Δy_{i2} とは弱相関

になる.このことは次の式からも明らかである.すなわち $E(y_{i1}\mu_i) > 0$ で,$\sigma_\mu^2 = var(\mu_i)$,$\sigma_u^2 = var(u_{it})$ の時,パラメータ π の確率極限は次のように表せる.

$$p\lim \hat{\pi} = (\gamma - 1)\frac{k}{(\sigma_\mu^2/\sigma_u^2) + k} \quad k = \frac{(1-\gamma)}{(1+\gamma)} \qquad (34)$$

Blundell and Bond(1998)は GMM 推定のバイアスはかなりの程度,Nelson and Startz(1990a, b)や Staiger and Stock(1997)によって論じられた操作変数の弱相関に起因していることを示したのである.

初期値の問題に関しては次のように考えている.すなわち,Ahn and Schmidt(1995)らが主張した直交条件に加えて,$T-3$ 本の直交条件を導入する.

$$E(u_{it}\,\Delta y_{it-1}) = 0 \quad t = 4, 5, ..., T \qquad (35)$$

ところで Δy_{i2} は観察可能であるから,次の直交条件も導入可能である.

$$E(u_{i3}\,\Delta y_{i2}) = 0 \qquad (36)$$

この条件は初期値 y_{i1} がどのように発生したかに依存している.すなわち初期値を次のように定義する[14].

$$y_{i1} = \frac{\mu_i}{1-\gamma} + u_{i1} \qquad (37)$$

$t=2$ 以後の関係式は与えられているので,y_{it} の全ての流列が確定し,(36)式は次のように書き換えることができる.

$$E[(\mu_i + u_{i3})(u_{i2} + (\gamma - 1)u_{i1})] = 0 \qquad (38)$$

であり,これはさらに次のような十分条件に書き換えることができる.

---

[14] これは y_{i0} がそれ以前の y_{i0-t} と全て等しくなる(定常状態)と仮定した場合に得られる値であるが,既に何度も論じてきたように,このような初期値を経済変数で実際に求めることは極めて難しい.また,初期値が個人の個体属性である固定効果と関連していると考えるのはモデルの構造上自然であるが,現実の固定効果というのは初期値の帰結として出てきたものも多く(例えば親の経済状態を反映した学歴),初期値と固定効果の関係についてはさらに深い議論が必要である.

$$E(u_{i1}\mu_i) = E(u_{i1}u_{i3}) = 0 \quad i = 1, 2, ..., N \tag{39}$$

この条件が意味しているのは,初期値 y_{i0} からの乖離 u_{i1} が初期値のレベル $\mu_i/(1-\gamma)$ とは無相関であることである.

Blundell and Bond(1998)では γ が 1 に近いか,σ_μ^2/σ_u^2 が大きい場合でも,(35)(36)式を用いることで GMM 推定のバイアスを劇的に改善できることを示した.そのために GMM 推定において操作変数行列 $\mathbf{Z}_i^+$ を次のように定義したものを使ったシステム GMM を提案した.

$$\mathbf{Z}_i^+ = \begin{bmatrix} \mathbf{Z}_i & 0 & 0 & ... & 0 \\ 0 & \Delta y_{i2} & 0 & ... & 0 \\ 0 & 0 & \Delta y_{i3} & ... & 0 \\ . & . & . & ... & 0 \\ 0 & 0 & 0 & ... & \Delta y_{iT-1} \end{bmatrix} \tag{40}$$

ここで $\mathbf{Z}_i$ は $(T-2) \times m$ 行列で従来の GMM 推定で用いられた操作変数行列である.

$$\mathbf{Z}_i = \begin{bmatrix} y_{i1} & 0 & 0 & ... & 0 & ... & 0 \\ 0 & y_{i1} & y_{i2} & ... & 0 & ... & 0 \\ . & . & . & ... & . & ... & . \\ 0 & 0 & 0 & ... & y_{i1} & ... & y_{iT-2} \end{bmatrix} \tag{41}$$

このように従来の GMM 推定を拡張することによって,$\sigma_\mu^2/\sigma_u^2=1$,$T=4$ の場合の従来の GMM 推定とシステム GMM 推定の分散比率をとると,$\gamma=0$ では 1.75,$\gamma=0.5$ では 3.26,$\gamma=0.9$ では 55.40 と γ の値が上昇するに従って,バイアスの差が拡大していくことが明らかになった.逆に言えば,システム GMM を用いることで,従来 GMM 推定が破綻すると言われてきた,γ が 1 に近いか,σ_μ^2/σ_u^2 が大きい場合でも,かなりバイアスを抑えることができることを示したのである[15].

---

15) システム GMM は STATA コマンドでは xtabond2 を用いれば推定できる.これは STATA 社のホームページからダウンロードできる.

4.5 推定方法の比較と評価

これまでの議論からも明らかなように,ダイナミック・パネル分析の手法は多岐にわたっており,一つの方法に収斂しているとは言い難い.しかし,大きく分ければ第 4.3 節で紹介した最尤法と第 4.4 節で紹介した一般化積率法(GMM)が 2 つの対立軸として残っている.実際,GMM は最小 2 乗法(OLS),一般化最小 2 乗法(GLS),操作変数法(IV),最小距離法(MDE)などを特殊型として含む極めて一般的な推定方法ではあるが,最尤法とは相容れないものがある[16].

これまでの議論に基づいて両者の利点と問題点を整理したのが図表 4.1 である.

一般に GMM は関数型を仮定せずに直交条件に基づいてパラメータを推計するので,線形,非線形にかかわらず簡便なパラメータ推定ができることが強みであるが,サンプルが小さければ母集団の直交条件に一致する保証はなくなる.また,系列相関や単位根を持つようなデータに対しては有効性が急激に低下するなどの問題点が指摘されている.

最尤法は,はじめからデータのあるべき姿がわかっているのではなく,データから尤もらしい関数パラメータを推定するという考え方に基づいている.これも線形,非線形にかかわらず使えるし,サンプルサイズにはそれほど影響されない.しかし,初期値を与えたり,通常は関数型を事前に特定化する必要がある.

これらの利点と問題点を考慮しながら,どちらの推定方法が望ましいかを決めるというのが現状であり,どちらか一方が正しく,他方が間違っているということではない.また,これらの推定上の問題は固定的なもので

---

16) 最尤法と積率法の対立は第 1 章で解説したように,フィッシャーとピアソンの対立以来延々と続いている.近年でも GMM 推定と最尤法の論争は続いているが,既に見たように Blundell and Bond(1998)に見られるように GMM の推定方法に最尤法の問題意識を取り込むようになったり,最尤法の方でも empirical likelihood といって関数型を特定せずにノンパラメトリックに尤度を求めるという方法が精力的に開発されている.ちなみに,empirical likelihood に関しては Owen(2001),Mittelhammer, Judge and Miller(2000)などを参照されたい.

図表 4.1 ダイナミック・パネル推定方法の比較

	GMM および操作変数法	最　尤　法
利　点	1) 固定効果・ランダム効果を区別する必要がない 2) 初期値や誤差項の分布に関して特定化する必要がない	1) 直交条件は時間 T に依存しない 2) 有限(小)サンプルの下でも有効推定を得られる 3) 被説明変数のラグ項のパラメータ γ に依存しない 4) 時間とともに変化しない変数を推定できる
問題点	1) 直交条件は時間 T の 2 乗の割合で増えていく 2) 有限(小)サンプルの下では有効推定が得られない可能性がある(特に T が小さい場合) 3) γ が 1 に近づくと GMM のバイアスが拡大する 4) 時間とともに変化しない変数の推定ができない(固定効果が推定できない) 5) 誤差系列相関がある場合には使えない操作変数が出てくる	1) 固定効果・ランダム効果を推定するための特定化が必要になる 2) 初期値や誤差項の分布に関する特定化が必要である

出典) Hsiao の講義録(2004 年春)より著者作成.

はなく，様々な方向から改善される余地があり，実際，GMM でも最尤法でも膨大な研究がなされている.

　計量経済学では推定バイアスを判断する方法としてモンテカルロ実験が用いられる．この実験は次のように行う[17]．事前に関心のあるパラメータの値を設定し，説明変数を乱数を用いて作り，さらに誤差項にも分散や系列相関に関して仮定をおいて乱数データを発生させる．これらを合わせて被説明変数を作り上げる．こうして人工的に作り上げたデータセットに対して各種の推定方法を適用し，そのパラメータ推定値と事前に設定した真のパラメータ値を比較することで推定方法のバイアスを調べる[18].

　これまでの議論からも明らかなように，現実のデータは完全に独立した

---

17) STATA を用いたモンテカルロ実験法の簡単な解説は Johnston and DiNardo(1997, ch. 11)を参照されたい.
18) 様々な推定方法を様々なパラメータの組み合わせの下で比較するにあたっては同じ乱数を用いる必要があるので，乱数の発生を適切にコントロールする必要がある．このためには乱数を発生させる時のコマンドである seed をきちんと管理しなければならない．STATA では seed は 123456789 に初期設定されている.

確率変数ではないし,誤差は様々な形で入ってくるので,不均一分散であったり強い系列相関があったりするので,モンテカルロ実験の結果で全ての決着がつくわけではないことには注意を要する.しかし,管理実験できない経済学において,推定方法を比較検討する手法としてはモンテカルロ実験は極めて有効であり,広範に行われている.以下ではダイナミック・パネル推定に関するモンテカルロ実験の結果を見てみよう.

まずGMMを中心とする実験としては,次のような結果が得られている.Arellano and Bond(1991)では$N=100$,$T=7$,1000回反復,誤差均一分散で系列相関はないという設定の下で実験を行っている.そこでは(1)GMM推定の小サンプル・バイアスは小さい,(2)GMM推定の分散は操作変数法(IV)の分散より小さい,(3)two-step GMM推定は下方バイアスがある,ことが報告されている.

Ziliak(1997)は直交条件を加えることで得られる有効性の改善とバイアスの増加との代替関係を論じている.Ziliak(1997)では$N=532$,$T=8$,誤差項はiidに従うモデルを考察しているが,被説明変数のラグ項が説明変数に入るという意味でのダイナミック・モデルではないことに注意されたい.ここで得られた結論は,直交条件が増加するとGMMの下方バイアスは拡大していくということである.またKeane and Runkle(1992)で論じられたforward filter (FF) 2SLS[19]が最もいいパフォーマンスを上げていることを示唆している.

Ahn and Schmidt(1999)は推定の有効性を失うことなくどこまで直交条件を削減することができるかという問題を論じている.誤差項が不均一分散の場合には,いくつかの直交条件は推定を改善しない,すなわち不要であることが明らかにされた.

関連した論文としてCrepon, Kramarz and Trognon(1997)がある.この論文では関心のあるパラメータと無関係なパラメータに分けて,無関係なパラメータを削除しても有効性を失うことはないことを示した.すなわ

---

19) この方法はHayashi and Sims(1983)が時系列で行ったforward filteringをパネルデータに適用したしたものである.この方法は先決変数の系列相関をフィルターをかけて取り除いてしまうもので,階差をとるだけの方法より有効であるとされている.

ちそれに応じた直交条件を減らすことができるということである.

Alonso-Borrego and Arellano(1999)は $N=100$, $T=4,7$, 1000回反復のモンテカルロ実験を行い,1階階差の誤差に対する直交条件を用いたGMM 推定では,操作変数の相関が弱い場合にはバイアスが大きくなることを確認している.

Alvarez and Arellano(2003)は固定効果推定,one-step GMM,制限情報最尤法(LIML)に対して N と T を変化させた時にどういうことが起こるかを考察したものである.T/N が正の定数に収束する場合には,下方バイアスはそれぞれ $1/T$, $1/N$, $1/(2N-T)$ に比例する形で生じる.固定した T に対しては GMM と LIML は漸近的に等しいが,T が増加すると LIML のバイアスの方が GMM のバイアスより小さくなる.

Blundell and Bond(1998)は既に見たように,操作変数を拡張したシステム GMM を提唱した.$N=100,200,500$, $T=4$ という条件の下でモンテカルロ実験を行い,システム GMM はバイアスを劇的に減少させることを示した.

次に,最尤法を中心とする実験からは次のような結論が得られている.

Binder, Hsiao, and Pesaran(2000), Hsiao, Pesaran and Tahmiscioglu(2002), Hsiao(2003)などでは,理論的に直交条件を加えることで GMM 推定の有効性を増すことはありうるが,有限サンプルの下ではあまりに多くの直交条件を課すことには問題があり,実証的には下方バイアスが増すと論じている.また,操作変数法と GMM 推定に関するモンテカルロ実験($T=5$, $N=50,500$, 2500回反復)の結果,最尤法は1%下方バイアスがあり,GMM は場合によっては 15-20%の下方バイアスが見られる.操作変数法にもバイアスは見られるが GMM と比べると小さいことが示されている.同じモンテカルロ実験では,MDE 推定のバイアスは少なくとも GMM 推定より小さく,推定値の平均平方誤差で比べても,MDE 推定は最尤法よりは大きいが,GMM 推定より小さいことが示されている.

Hahn, Hausman and Kuersteinerm(2002)は階差の取り方を1階ではなく例えば3階(すなわち,y_n-y_{n-3})のような長階差(long differences; LD)をとることで操作変数の説明力を高め,バイアスを引き下げることができる

と論じている.

Wansbeek and Bekker(1996)では最適操作変数を選択し，それを用いてダイナミック・モデルを推定しているが，最尤法の分散の方が操作変数法の分散よりはるかに小さいことを発見している．また操作変数法およびGMM推定と最尤法との分散の差はAhn and Schmidt(1995)で提案されている追加的な直交条件を加えれば減少することが示されている．

このようにモンテカルロ実験の結果は多岐にわたっているし，その結果も必ずしも同じ方向に出ているわけではない．その理由は第一にモンテカルロ実験のデザインにあると思われる．説明変数の自己相関や誤差項の系列相関などをどれぐらい明示的に取り入れるかで結果が大きく変わる．第二に小サンプル・バイアスについては，Alvarez and Arellano(2003)で始められていることであるが，TとNの関係，すなわちT/NあるいはN/Tの関係がパラメータへ及ぼす影響を調べる必要がある．現状ではNとTが恣意的に与えられており，両者の関係は考慮されていない．

とはいえモンテカルロ実験の手法に関しては対立があるわけではなく，包括的な実験手法が確立されれば，現状よりも確固とした結論に達し，よりバイアスの少ない有効な推定方法が共有されるようになるだろう．

4.6 パネル単位根推定

経済学で単位根を持つデータとは一般にはランダム・ウォークに従っている時系列データを指すが，ランダム・ウォークに従うとは，取引が効率的に行われ全ての情報が価格に反映されているので，今日の取引価格は昨日の価格とほぼ同じであり，違いがあるとすれば全く予想されなかった新しい情報が入ってきたためであると考えられている．

このような性格を有するデータは主として金融市場で取引されている財資産価格，例えば為替や金利などが中心になっているが，いずれもある程度長い時系列データを前提としている．

このようなアプローチがパネルデータ分析の枠組みで論じられるようになったのは，為替などの金融データが利用可能になり(例えば，Frankel and Rose 1996, Pedroni 2001), また国際機関を中心に様々なマクロ, セミマクロのクロスカントリー・パネルデータが公表され, マクロ経済学の実証分析で使われるようになってきたという背景もある(例えば, Sala-i-Martin 1996, Nerlove 2000, Quah 1996). 加えて, 地域データをパネル化して時系列変動と地域間変動という2方向の情報を用いて, 地域経済の問題を解明しようとする研究も出てきており, そこでも時系列分析から発生したパネルデータ分析の手法が用いられるようになってきた(例えば, Nagahata, Saita, Sekine and Tachibana 2004).

本節では, これらの発展のうち, 近年の時系列分析の中で標準的な手法となっている変数の定常性検定をパネルデータ分析に拡張したものを紹介するにとどめる. パネルデータが非定常な変数である場合にも時系列データと同様に見せかけの(spurious)推定の問題が出てくる.

パネルデータは一般にクロスセクション方向に膨大なサンプルがあるために, 時系列だけではサンプル数が不足して検定テストの精度が落ちるといった問題を回避できると考えられている. しかし, 時系列の仮説検定, とパネル単位根検定とでは異なっている.

最もよく知られた検定は Levin-Lin(LL) Test(1992, 1993)であるが, 他にも Im-Pesaran-Shin(IPS) Test(2003), Maddala-Wu(MW) Test(1999) などが提案されている.

次のようなモデルを考えよう.

$$y_{it} = \gamma y_{it-1} + u_{it} \quad i = 1, 2, ..., N \tag{42}$$

一般に第1主体の単位根を検定する場合, t 値による単位根検定は次のように定義される.

$$H_0: \gamma_1 = 1 \quad vs \quad H_1: \gamma_1 < 1 \tag{43}$$

このようなテストの検定力は低いので, Levin-Lin Test では次のような検定を提示した.

$$H_0: \gamma_1 = \gamma_2 = ... = \gamma_N = \gamma = 1 \quad vs \quad H_1: \gamma_1 = \gamma_2 = ... = \gamma_N = \gamma < 1 \tag{44}$$

これら2つの検定は帰無仮説も対立仮説も異なっており，代替的な検定とは言えない．O'Connell(1998)は，Levin-Lin Test は同時点のクロスセクション内での誤差相関が推定上，大きな歪みを与えていることを指摘し，そのような誤差因子をコントロールする必要性を主張している．Im-Pesaran-Shin Test は次のような検定を提案し，Levin-Lin Test の一般化であると主張している．

$$H_0: \text{全ての } i \text{ に対し } \gamma_i = 1 \quad vs \quad H_1: \text{少なくとも1つの } i \text{ に対し } \gamma_i < 1 \tag{45}$$

Maddala(2001, p.554)で指摘されているように，これは N 個の単位根検定を個別に行っていることと同値であり，Levin-Lin Test は全ての主体に対して単位根があるという複合仮説を検定していることになる．

それぞれの単位根検定が Augmented Dickey-Fuller Test によって同じラグ構造の下で検定されているとすれば，N 主体それぞれの t 統計は平均 M で分散 σ^2 の分布に従い，t 統計全体の平均 $\bar{t}$ は平均 M，分散 σ^2/N の分布に従う．Maddala-Wu Test は N 主体の独立した単位根検定を集計して検定するというもので，個別検定を集計して検定するという Fisher (1973)のアイディアを応用したものである．すなわち，P_i を i 主体の単位根検定の有意水準に関する p 値とすると，$\lambda = -2\sum_{i=1}^{N} \log_e P_i$ は自由度 $2N$ のカイ2乗分布に従うことから，N 主体単位根検定の全体的な検定はカイ2乗検定(P_λ Test)により行うというものである．Maddala and Wu(1999)のブートストラップ実験によれば，フィッシャー流のカイ2乗検定が定常性テストとしても共和分テストとしても最もパフォーマンスが良いとしている．Choi(1999)はフィッシャー検定をさらに拡張して，他の検定に対してフィッシャー検定が優位にあることを，より厳密に示した．

4.7 STATA コード

ここでは Wooldridge(2003) が教育目的で公開しているデータ (http://www.msu.edu/~ec/wooldridge/book2.htm) に入っている WAGEPAN.DTA というデータを使ってダイナミック・パネルデータ推定を行う．このデータはもともと Vella and Verbeek(1998) で用いられたものである．彼らの研究では労働組合加入率が低下している中で，労働組合に入ることによるプレミアムを測定している．しかし，組合プレミアムはその他の固定的要因に影響を受けており，その効果を確定することは難しいことを論証している．Wooldridge(2003) はこのデータを使って賃金関数を測定し，結婚することによるプレミアムを確認している．

ここで推計しているのは次のようなダイナミックな賃金関数である．

$$\ln wage_{it} = \alpha + \gamma \ln wage_{it-1} + \beta exper_{it} + \delta exper_{it}^2 + \zeta hours_{it}$$
$$+ \eta hours_{it-1} + \theta union_i + \kappa educ_i + \lambda married_i$$
$$+ \nu poorhlth_i + \mu_i + \nu_t + u_{it}$$

ここで $\ln wage=$ 賃金の対数値，$exper=$ 労働経験年数，$hours=$ 年間労働時間，$union=$ 労働組合に属していれば 1 をとるダミー変数，$educ=$ 教育年数，$married=$ 結婚していれば 1 をとるダミー変数，$poorhlth=$ 健康状態が悪い場合に 1 をとるダミー変数，$\nu_t=$ 年ダミー(d81-d87)を表している．

推計に使った STATA コードは次のようになる．

```
/**Dynamic Panel **/
/*Pooled OLS*/
reg lwage lwage_1 d81 d82 d83 d84 d85 d86 d87 exper expersq
    hours hours_1 union educ married poorhlth
/*LSDV*/
xtreg lwage lwage_1 d81 d82 d83 d84 d85 d86 d87 exper expersq
    hours hours_1 union educ married poorhlth, fe
est store fixed
```

```
xtreg lwage lwage_1 d81 d82 d83 d84 d85 d86 d87 exper expersq
    hours hours_1 union educ married poorhlth, re
xttest0
est store random
hausman fixed random
/*IV Estimation*/
xtivreg lwage lwage_1 d81 d82 d83 d84 d85 d86 exper expersq
    (hours hours_1 = union educ married poorhlth ), re ec2sls
/*Anderson-Hsiao Maximum Likelihood Estimation*/
xtreg lwage lwage_1 d81 d82 d83 d84 d85 d86 d87 exper expersq
    hours hours_1 union educ married poorhlth, mle
/*GMM Estimation*/
xtabond lwage hours hours_1 d81 d82 d83 d84 d85 d86 d87,
    lags(1) inst(exper expersq union educ married poorhlth) artests(2)
xtabond lwage hours hours_1 d81 d82 d83 d84 d85 d86 d87,
    lags(1) inst(exper expersq union educ married poorhlth) artests(2)
    robust
```

図表4.2はプーリング(OLS)推定,固定効果推定,ランダム効果推定,最尤法推定の結果を報告してある.ここでは賃金のラグ項のパラメータγがどのような値をとるかに関心がある.パラメータの順序は次のようになる.

$$FE(0.092) < MLE(0.17) < RE(0.49) = OLS(0.49)$$

通常のパネルデータ推定ではハウスマン検定により固定効果推定が選択されることになるが,推定されたパラメータは低すぎるように思われる.これは,賃金のラグ項の内生性を考慮していない可能性があり,それを改善する目的で操作変数法(IV)推定と one-step GMM 推定を行った結果が図表4.3-4.4に報告されている.ここではパラメータγは次のようになる.GMMとIVでは操作変数の入り方が違うのでサンプル数も異なるので直接比較するには注意を要するが,内生性バイアスはいずれの場合も改善されている.

$$GMM(0.31) < IV(0.57)$$

図表 4.2 賃金関数のパネル推定

Dependent Variable: lwage	Pool OLS		Fixed		Random		MLE	
	Estimated Coefficient	t-statistics	Estimated Coefficient	t-statistics	Estimated Coefficient	z-statistics	Estimated Coefficient	z-statistics
lwage_1	0.4900	44.31	0.0924	8.04	0.4900	44.31	0.1696	14.00
d81	0.3583	14.91	0.7329	4.14	0.3583	14.91	0.1518	7.04
d82	0.3121	12.18	0.0148	0.88	0.3121	12.18	0.1182	4.33
d83	0.3176	11.30	−0.0135	−0.81	0.3176	11.30	0.1188	3.41
d84	0.3453	11.37	−0.0143	−0.88	0.3453	11.37	0.1458	3.41
d85	0.3547	10.87	−0.0201	−1.25	0.3547	10.87	0.1659	3.26
d86	0.3813	10.95	−0.0115	−0.72	0.3813	10.95	0.2005	3.39
d87	0.3959	10.72	(dropped)		0.3959	10.72	0.2341	3.47
exper	0.0335	3.30	0.1406	17.73	0.0335	3.30	0.0949	7.50
expersq	−0.0016	−2.64	−0.0056	−9.88	−0.0016	−2.64	−0.0047	−8.44
hours	−0.0001	−11.72	−0.0001	−13.68	−0.0001	−11.72	−0.0001	−13.44
hours_1	0.0001	10.09	0.0001	6.18	0.0001	10.09	0.0001	7.62
union	0.0893	7.03	0.0614	4.06	0.0893	7.03	0.0764	5.39
educ	0.0489	12.45	(dropped)		0.0489	12.45	0.0765	8.68
married	0.0663	5.70	0.0320	2.22	0.0663	5.70	0.0493	3.69
poorhlth	−0.0480	−1.16	−0.0082	−0.22	−0.0480	−1.16	−0.0148	−0.41
_cons	−0.1671	−2.72	1.0394	24.87	−0.1671	−2.72	0.0701	0.56

Diagnostic Test

	Pool OLS		Fixed		Random		MLE	
Number of observation	4316		4316		4316		4316	
Number of groups (ari)	545		545		545		544	
R-sq: within	—		0.2764		0.1735		—	
between	—		0.0672		0.8268		—	
overall	0.4623		0.1484		0.4623		—	
Log Likelihood							−1149.4376	
F test that all u_i=0:			F(544, 3757) = 6.19 Prob > F = 0.0000					
sigma_u			0.3633		0		0.273	
sigma_e			0.2740		0.2740		0.2753	
rho			0.6374		0		0.4958	
Breusch and Pagan Lagrangian multiplier test for random effects:					chi2 (1) = 580.65 Prob > chi2 = 0.0000			
Hausman specification test					chi2(13) = −6324.07			
Likelihood-ratio test of sigma_u=0 for MLE							chibar2 (01) = 936.32 Prob > chibar2 = 0.000	

図表 4.3　賃金関数の操作変数法推定

Dependent Variable: lwage	IV	
	Estimated Coefficient	z-statistics
hours	0.0000	0.25
hours_1	0.0006	6.66
lwage_1	0.5692	34.36
d81	0.4165	8.83
d82	0.2822	7.38
d83	0.2314	6.03
d84	0.1848	5.56
d85	0.1491	4.90
d86	0.1509	5.06
exper	0.0702	4.43
expersq	−0.0033	−3.48
_cons	−1.1540	−7.55
Diagnostic Test		
Number of observation	4316	
Number of groups	545	
R-sq:　within	0.0532	
between	0.3976	
overall	0.1900	
Wald test	chi2(11) = 1610.58　Prob > chi2 = 0.0000	
sigma_u	0.0000	
sigma_e	0.4483	
rho	0.0000	

注 1) 被操作変数 = hours, hours_1，操作変数 = lwage_1, d81, d82, d83, d84, d85, d86, exper, expersq, union, educ, married, poorhlth.

注 2) Baltagi (2001) の the error component two-stage least square (EC2SLS) に従っている.

図表 4.4 賃金関数の GMM 推定

Dependent Variable: lwage one-step results	GMM	
	Estimated Coefficient	Robust z-statistics
lwage_1	0.3111	7.81
hours	−0.0002	−8.95
hours_1	0.0001	6.33
d82	−0.0284	−1.76
d83	−0.0187	−1.42
d84	−0.0021	−0.17
d85	−0.0100	−0.89
d86	−0.0055	−0.37
_cons	0.0382	9.59
Diagnostic Test		
Number of observation	3189	
Number of groups	545	
Sargan test	chi2(26) = 84.13 Prob > chi2 = 0.0000	
Wald test	chi2(8) = 138.34	
Arellano-Bond test for residual AR(1)	z = −8.63 Prob > z = 0.0000	
Arellano-Bond test for residual AR(2)	z = 2.20 Prob > z = 0.0280	

注 1) 操作変数 = exper, expersq, union, edu, married, poorhlth.

第5章 質的従属変数パネルデータ分析

5.1 はじめに

　ミクロ経済学の多くは選択問題を扱っている．消費者の消費財の選択，学校や就労先の企業の選択，居住地・住宅の選択，結婚・離婚の選択，出産の決定，退職の決定，再就職先の選択，保険への加入，証券投資の決定，企業の市場への参加の決定，企業の投資決定，企業の雇用決定，年金や退職給付制度の決定，公共財の供給決定，国際経済学の問題に入る通貨圏への参加の決定，貿易協定の締結など数えればきりがない．

　近年，ミクロ経済学がゲーム理論で説明されるようになってきたが，これが可能になったのはミクロ経済学の多くの問題がゲームのように次の動きを選択するという形で設定されているからであると言える．これらの選択問題あるいは意思決定問題を実証的に分析してみるということはミクロ経済理論を検証するという意味で極めて重要なことであり，かつ現実的にも興味深いものである．

　実証研究において，選択問題を扱おうとすると，選択した場合を 1，選択しなかった場合を 0 とおくことで，本質的には質的な情報を数量化して，選択行動を統計的にモデル化することが可能となる．

　このアプローチの拡張として，選択すれば任意の正の数値をとるが，選択しなければ 0 であるという場合が考えられる．例えば，株式への投資は，投資を選択しなければ 0 にとどまるが，選択すればあとは投資家の投資額は個々人で違ってくる．選択した後の量の決定が任意の場合には，このようなアプローチが有益になってくるのである．

　これまでこのような選択問題は主としてクロスセクション・データを用いて実証されてきたし，その統計手法もクロスセクション・データを中心に開発されてきた．当然予想されるようにパネルデータを用いれば，経済主体の意思決定の問題はより精緻に分析することができる．しかし，同時

に,クロスセクション・データの選択モデルが既に非線形モデルであり,その推計はかなり複雑になっているのだが,それをパネルデータに拡張するためには,かなり強い制約をおく必要がでてくる.

現在のところ,クロスセクション・データを用いた分析方法がある多項反応データを用いた順序プロビット,多項ロジット,ネステッド・ロジットなどのパネルデータ分析への応用はまだ時間がかかると思われる.これらのパネルデータ分析への拡張は将来の課題としておきたい.また,パテントの数や事故数などを数え上げるタイプのデータであるカウントデータのパネル分析については手法は開発されているが,本書では扱わない[1].

5.2 質的従属変数クロスセクション推定

これまでクロスセクション・データでよく用いられてきた質的(離散的)従属変数を用いた推定はパネルデータでも有効である[2]. 具体的に例を挙げれば,車を買うかどうか,住宅を買うかどうか,労働組合に参加するかどうか,結婚するかどうかなどの意思決定問題に計量経済学的に応えることができる.既に述べたように,従属変数 y_{it} は一般に選択しなければ0, 選択すれば1の二項選択の形をとることが多いが,経済主体 i が時間 t に意思決定をする(例えば,結婚する)確率を p_{it} と表せば,従属変数の期待値は $E(y_{it})=1 \cdot p_{it}+0 \cdot (1-p_{it})=p_{it}$ となり,これは通常,何らかの変数 (x_{it}) で説明される[3].

$$p_{it} = \Pr[y_{it} = 1] = E(y_{it}|x_{it}) = F(x_{it}) \qquad (1)$$

クロスセクション・データを用いた実証研究では $F(x_{it})$ の定式化としてプロビット・モデルとロジット・モデルがそれぞれ次のように定義され

---

1) カウントデータのパネルデータ分析については Cameron and Trivedi(1998)や Winkelmann(2003)などで扱われているが,著者の知る限り実証での応用はまだ少ない.
2) この分野における基本文献は Maddala(1983, 1987a, b)である.また,最近の文献には Gourieroux(2000), Lee(2002)がある.以下では東京大学教養学部統計学教室(1992b, 第8章)を参照している.
3) クロスセクション・データでは t が固定されており,パネルデータでは t が変動していると考えればよい.

ている．

両端で 0 と 1 をとる単調な関数として逆関数 $\Phi^{-1}(x)$ に関する線形モデルを考える．

$$\Phi^{-1}(x_{it}) = \frac{x_{it} - \bar{x}}{\sigma} \tag{2}$$

この累積密度関数は

$$F(x_{it}) = \Phi(x_{it}) = \int_{-\infty}^{z} \frac{1}{\sqrt{2\pi}} e^{-u^2/2} du \tag{3}$$

と表せる．これは標準正規分布の密度関数に他ならず，このようなモデルをプロビット・モデルと呼ぶ．

また同様にしてロジスティック分布の密度関数を考えることもできる．

$$F(x_{it}) = \frac{e^{\mu_0 + \beta_1 x}}{1 + e^{\mu_0 + \beta_1 x}} \tag{4}$$

これをロジット・モデルと呼ぶ．

これらのモデルでは，実際に何らかの意思決定がなされたとすると，従属変数が直接は観察できないある水準を超えたことを意味している．すなわち，

$$\begin{aligned} y_{it} &= 1 \quad if\ y_{it}^* > 0 \\ y_{it} &= 0 \quad if\ y_{it}^* \leq 0 \end{aligned} \tag{5}$$

ここで，$y_{it}^* = \mu_0 + \beta_1 x_{it} + v_{it}$．つまり

$$\Pr[y_{it} = 1] = \Pr[y_{it}^* > 0] = \Pr[u_{it} > -\mu_0 + \beta_1 x_{it}] = F(\mu_0 + \beta_1 x_{it}) \tag{6}$$

となる．

ところで

$$P_{0i} = \Pr(y_{it} = 0 \mid x_{it}), \quad P_{1i} = \Pr(y_{it} = 1 \mid x_{it})$$

とすると，

であるから，

$$P_{0i} = 1 - P_{1i} = \frac{1}{1 + \exp(\mu_0 + \beta_1 x_{it})}$$

$$\log(P_{1i}/P_{0i}) = \mu_0 + \beta_1 x_{it}$$

となる．ロジット・モデルは y_{it} が 0 か 1 か 2 つの確率比(オッズ)の対数(対数オッズ)が x_{it} の線形式であると想定していることになる．

標本 $\{y_{it}\}$ を得る同時確率は次のような尤度関数として表せる．

$$L(\mu_0, \beta_1) = \prod_{y_i=1} F(\mu_0 + \beta_1 x_{it}) \cdot \prod_{y_i=0} (1 - F(\mu_0 + \beta_1 x_{it})) \quad (7)$$

上式両辺の対数をとると次のような線形式に変換できる．

$$\log(\mu_0, \beta_1) = \sum_{i=1}^{n} \{y_{it} \log F(\mu_0 + \beta_1 x_{it}) + (1 - y_{it}) \log(1 - F(\mu_0 + \beta_1 x_{it}))\} \quad (8)$$

これを最大化する推定量は 1 階条件より求められる．

$$\frac{\partial \log L(\mu_0, \beta_1)}{\partial \mu_0} = 0, \quad \frac{\partial \log L(\mu_0, \beta_1)}{\partial \beta_1} = 0 \quad (9)$$

この解は関数 F の形状に依存するが，いずれにしても $L(\mu_0, \beta_1)$ は単調な凹型関数であり，最適解は一般に存在する[4]．最尤推定量 $\mu_0, \hat{\beta}_1$ は一致推定量であり，標本の大きさが増加するに従って μ_0, β_1 の真の値に近づく．不偏性は一般には成り立たない．

5.3 パネル・プロビット・モデルとパネル・ロジット・モデル

5.3.1 モデルの構造

パネルデータの場合，誤差項に固定効果 μ_i が入ることで従来のプロビット分析，ロジット分析とは異なってくる．次のような固定効果モデルを

---

[4] 最適解が β_1 無限大となる時には最尤推定量は存在しない．

考えよう.

$$y_{it}^* = x_{it}'\beta_1 + \mu_i + \nu_{it} \tag{10}$$

$$\Pr[y_{it} = 1] = \Pr[y_{it}^* > 0] = \Pr[\nu_{it} > -x_{it}'\beta_1 - \mu_i] = F(x_{it}'\beta_1 + \mu_i) \tag{11}$$

ここで,T を固定すると,固定効果 μ_i のパラメータは N に応じて増加する.これは,パラメータ μ_i は固定された T に対して一致推定を得ることができないことを意味している[5].線形パネルデータ回帰モデルでは,パラメータ μ_i はウィズイン推定によって除去して,β だけに対しては一致推定を得ることができる[6].

この問題の直感的な説明は次のようにできる.クロスセクション・データの場合,行動に変化を与える閾値 y^* は標本全体で共通の値が想定されており,$y_{it}=\mu_0+\beta_1 x_{it}+v_{it}$ と設定した場合のパラメータの関係は図表5.1のようになる.

閾値 y^* が所与の場合,$\mu_0=0$ で共通となり,関数のフィットは β_1 の値によって決まってくる.これは最尤法によって β_1 を決定することによって一致推定を得ることができる.

ところがパネルデータの場合,閾値 y^* は個別主体 i 毎に異なり得る.図表5.2で表したようにパラメータ (μ_i, β_1) において,β_1 を共通であるという制約下で N が増加するにつれて μ_i の一致推定を得ることは難しくなる.また与えられた T 期間内に各経済主体が 0 から 1 へ確率を変化させるとは限らない.期間中一貫して 0 あるいは 1 をとりつづける主体もあるのでその場合には閾値 y^* や固定効果 μ_i を確定することはできない.

クロスセクション推計であれば $\mu_i=\mu_0$ で全てのデータに対し共通であったが,パネル推計では個別 μ_i が成り立ち,しかも同時に推計するパラ

---

[5] この問題は Neyman and Scott(1948)によって古典的付随パラメータ問題(the classical incidental parameter problem)と呼ばれているものに相当する.Lancaster (2000)はこの問題は現在も解決されていないことを指摘した上で,固定効果の直交条件を見つけることが重要であると指摘している.

[6] Hsiao(2003)でも示されているように,β と μ_i が漸近的に独立であれば,線形モデルの最尤法で β の一致推計を得ることができる.これが非線形モデルの場合やプロビット・モデルの場合には一致推計を得ることができない.

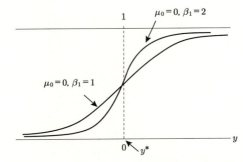

図表 5.1　ロジスティック分布関数(μ_0 共通の場合)

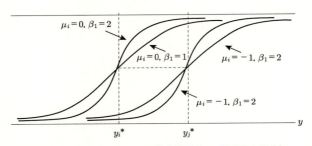

図表 5.2　ロジスティック分布関数(μ_i が可変の場合)

メータ β_1 は全てのデータに共通であると想定されている．この場合，μ_i を付随(incidental)パラメータと呼び，β_1 を構造(structural)パラメータと呼ぶ．

問題は，このような μ_i が確定(識別)できるかということと，その場合 β_1 の推定にバイアスはないかということである．

5.3.2　付随パラメータ問題

一般的な線形パネルモデルを考える．

$$y_{it} = \mu_i + \beta x_{it} + v_{it}$$

付随パラメータ μ_i と構造パラメータ β がともに適切に推計できれば問題はないが，誤差構成から μ_i が直交条件によって分離できなければ β の推計は不一致となる．

条件付け分離による解決　もし μ_i と β を条件付け関数として2つの尤度関数に分離できるとする[7]．

$$L(y \mid \mu, \beta) = L_1(s \mid \mu) L_2(y \mid s, \beta) \qquad (12)$$

尤度関数 L_1 が L_2 から完全に独立 (likelihood orthogonal) であれば，μ_i, β は一致推計となる．すなわち，

$$\frac{\partial^2 \log L(\mu, \beta)}{\partial \mu \partial \beta} = 0 \qquad (13)$$

L_1 と L_2 が完全には独立していない場合，

$$L(y \mid \mu, \beta) = L_1(s \mid \mu, \beta) L_2(y \mid s, \beta) \qquad (14)$$

s は μ には依存していないが，β には依存している．この場合でも，尤度関数 L_2 を最大化するような β を得ることは可能である．

尤度関数が次のように分離できる場合，

$$L(y \mid \mu, \beta) = L_1(s \mid \beta) L_2(y \mid s, \mu, \beta) \qquad (15)$$

s の限界分布に基づいて，β と μ を推計することが可能である (これを partial likelihood procedure と呼ぶこともある)．

もし μ_i が固定効果であり，β が共通パラメータであるとき，$\mu_i = \mu(\mu_i, \beta)$ と表せるとする[8]．ここで μ_i は β と直交しており，μ_i の代理パラメータと考える．

次のような関係が導ければ

$$\frac{\partial^2 \log L_i}{\partial \mu_i \partial \beta} = 0 \qquad (16)$$

ここで L_i は個別主体 i の尤度貢献分であると考えられる．対数尤度関数を μ^* と β について微分して，期待値をとると

---

[7]　Lancaster (2000, pp. 400-402) 参照．ここで s はある統計量で，α と β を分離 (cut) する際の指標となる．例えば，s は各個人が 1 の値をとった回数であるとか，各時点において 0 の値をとったクロスセクションの合計数とかを用いる．

[8]　Cox and Reid (1987) を参照．

$$\frac{\partial \mu_i}{\partial \beta_j} E\left(\frac{\partial^2 \log L_i}{\partial \mu_i^2}\right) + E\left(\frac{\partial^2 \log L_i}{\partial \mu_i \partial \beta_j}\right) = 0 \quad j = 1, 2, ..., k \quad (17)$$

を得る.これを解くと,μ_i が β に依存していることが明らかになる.直交条件付き固定効果 μ_i を用いて β を最尤法推定するというのが一つの解決策である.具体的には次のような尤度関数を考える.

$$L_M(\beta) = L(\beta, \mu_\beta^*)|j_{\mu^*\mu^*}(\beta, \mu_\beta^*)|^{-\frac{1}{2}} \quad (18)$$

ここで $j_{\mu^*\mu^*}(\beta, \mu^*) = -\frac{\partial^2 \log L(\beta, \mu^*)}{\partial \mu^* \partial \mu^*}$,$j_{\mu^*\mu^*}$ は個別対数尤度関数のヘシアン行列に負の符号をつけたものである.また $L(\beta, \mu_\beta^*)$ は β の最尤推定を与えるような尤度関数である.

付随パラメータ問題は未解決であるが,Chamberlain(1980)は μ_i の最小十分統計量は $\sum_{t=1}^T y_{it}$ であることを示し,次のような条件付き尤度関数を最大化して β のロジット推定を得ることを提唱した.

$$L_c = \prod_{i=1}^N \Pr(y_{i1}, y_{i2}, ..., y_{iT} \mid \sum_{t=1}^T y_{it}) \quad (19)$$

この方法では十分統計の定義により,推定されたパラメータ β は μ_i に依存しない.

パネルロジットの場合,Pr は次のように表せる.

$$\Pr(y_{it} = 1 \mid \mu_i, \beta, x_{i1}, x_{i2}, ..., x_{iT}) = \frac{1}{1 + e^{-\mu_i - \beta' x_{it}}} \quad (20)$$

μ は β と直交していない.β と直交しているような代理になる固定効果を次のように定義する.

$$\mu_i = \sum \Pr(y_{it} = 1 \mid \mu_i, \beta, x_{i1}, x_{i2}, ..., x_{iT}) \quad (21)$$

この最尤推定量は

$$\mu_i = \sum_{t=1}^T y_{it} \quad (22)$$

となる.この μ_i を用いて推計される β は一致推定量となる.ベイジアン推計として μ_i に相当する prior(事前情報)が利用可能かどうかは不明である.

このモデルは Chamberlain の提示した条件付き最尤法と固定効果を考慮しない通常のロジット推定の差をハウスマンのカイ 2 乗検定の要領で検定できる．通常のロジット推定が有効一致推定であるのは固定効果がない場合であり，固定効果がある場合には一致推定にはならない．Chamberlain の推定は固定効果の有無に関わらず一致しているが，固定効果がない場合には，有効ではなくなる[9]．

代替的なモデルとして Liang and Zeger(1986)が提案した Generalized Estimating Equations (GEE) Population-Averaged Model がある．これは，ランダム効果線形推定法であり，プロビット推定法を線形近似した簡便法である[10]．

5.4 クロスセクション・トービット・モデル

トービット・モデルは Tobin(1958)で初めて論じられ，Goldberger(1964)によってトービットと命名され，一般に広く紹介されるようになった．Amemiya(1985, ch.10)や Maddala(1983, ch.6)で包括的にサーベイされている．

このモデルは，例えば，所得が一定水準以上に達すると，海外旅行をすると考えられる時に，一定水準以下の所得の家計も含めた全サンプルの海外旅行の需要関数の推定に用いることができる．この需要の確率分布のイメージは図表 5.3 のように表せる．

このように分布の端が切断されたようなデータを用いる場合には，通常の最小 2 乗法で推計すると，誤差項が正規分布せずに推計パラメータにバイアスをもたらす．この問題を解決するために提案されたのがトービット・モデルである．

[9) これに対して，固定効果プロビット・モデルでは計算はロジット・モデルのように簡単ではない．一般に固定効果を含んだ最尤法は，N が大きく，T が固定されている場合には，一致推計量が得られない．Heckman(1981a)を参照．Manski(1987)は条件付き最尤法が適用できない場合に固定効果の下で一致推定パラメータ β を最大スコア推定法 (Manski 1975, 1985 参照)によって得られることを示した．しかしこの推定方法は収束に時間がかかり，漸近的に正規化しないと言われている(Kim and Pollard 1990)．

10) STATA コマンドでは xtgee というコマンドで推定できる．

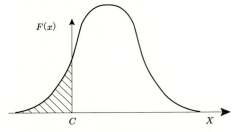

図表 5.3 C で切断されたデータの分布

トービット・モデルは次のように定式化されている[11]．

$$y_i^* = x_i'\beta + u_i \quad u_i \sim iid(0, \sigma_u^2) \tag{23}$$

$$\begin{aligned} y_{it} &= y_{it}^* \quad if\ y_{it}^* > 0 \\ y_{it} &= 0 \quad if\ y_{it}^* \leq 0 \end{aligned} \tag{24}$$

ここで $y_i>0$ に含まれる人数を N_1，$y_i=0$ に含まれる人数を N_0 とする．ここでまず，N_1 が決定されるとして，その場合の y_i の密度関数と分布関数をそれぞれ次のように定義する．

$$F_i = F(\beta'x_i, \sigma^2) = \int_{-\infty}^{\beta'x_i} \frac{1}{\sqrt{2\pi\sigma^2}} e^{-t^2/2\sigma^2} dt \tag{25}$$

$$f_i = f(\beta'x_i, \sigma^2) = \frac{1}{\sqrt{2\pi\sigma^2}} e^{-(1/2\sigma^2)(\beta'x_i)^2} \tag{26}$$

$y_i=0$ となる確率は次のように定義できる．

$$\Pr(y_i = 0) = \Pr(u_i < -\beta'x_i) = (1 - F_i)$$

$y_i>0$ となる確率は次のように定義される．

$$\Pr(y_i > 0) \cdot f(y_i|y_i > 0) = \frac{1}{\sqrt{2\pi\sigma^2}} e^{-(1/2\sigma^2)(y_i - x_i'\beta)^2}$$

この2つの確率を掛け合わせて同時確率を求める尤度関数は次のよう

---

11) 以下では Amemiya(1985, ch. 10) および Maddala(1983, ch. 6) を参照．

に書ける．

$$L = \prod_{N_0}(1-F_i)\prod_{N_1}\frac{1}{\sqrt{2\pi\sigma^2}}e^{-(1/2\sigma^2)(y_i-x_i'\beta)^2} \tag{27}$$

尤度関数を最大化することによってパラメータ β を求めることができる．

$$\beta = \beta_{OLS} - \sigma(X_1'X_1)^{-1}X_0'\gamma_0 \tag{28}$$

ここで β_{OLS} はサンプル N_1 に含まれる $y(>0)$ を最小2乗推定して得たものである．これは最尤法推定と最小2乗推定の関係を示している．

Amemiya(1985)はトービット・モデルをさらに5つのタイプに分類し，それぞれの尤度関数を導き，また当該タイプを用いた実証研究をサーベイしている．これは，トービット・タイプのモデルを分析する上で極めて有益な分類であり，多くの研究者がAmemiya(1985)の分類に従っている[12]．

図表 5.4　トービット・モデルの類型

タイプ	尤度関数	被説明変数		
		y_1	y_2	y_3
I	$\Pr(y_1<0)\cdot\Pr(y_1)$	C	–	–
II	$\Pr(y_1<0)\cdot\Pr(y_1>0, y_2)$	B	C	–
III	$\Pr(y_1<0)\cdot\Pr(y_1, y_2)$	C	C	–
IV	$\Pr(y_1<0, y_3)\cdot\Pr(y_1, y_2)$	C	C	C
V	$\Pr(y_1<0, y_3)\cdot\Pr(y_1>0, y_2)$	B	C	C

出典）Amemiya(1985, p.384)，Table 10.2，Table 10.3．
注1）C＝切断データ，B＝二値（正・負）データ．

簡単に，それぞれのタイプの特徴を要約しておこう．

(1) タイプIは標準トービット・モデルと呼ばれるもので，既に説明した通りである．データのタイプによって①途中打ち切り回帰モデルと②切断回帰モデルに分けることができる．途中打ち切りデータとは従属変数が負の値をとれないような時に得られるデータであり，切断データ

---

[12] 例えば，Honoré, Kyriazidou and Udry(1997)や縄田(1997, 2003)などを参照．

とはある値を超えるようなサンプルは調査しないような時[13]に得られるデータである．

(2) タイプIIは2つの観察不可能な従属変数を考慮している．図表5.4の記号に従えば，y_1 は正負符号だけが観察され，y_2 は y_1 が負の場合は観察されない変数である．このモデルは例えば，Gronau(1973)やMroz(1987)など労働経済学では広範に用いられてきた．例えば，Gronau(1973)では女性の時間の機会費用と市場賃金を考えて，女性が労働市場に参入した場合のみ市場賃金が観察できるという状況に応用している．このモデルを最尤法で推定することは可能であるが，必ずしも収束しなかったり，最尤値に到達しているかどうか疑わしい場合があり，現実的には問題がある．そこでタイプIIIで紹介するようにヘックマンの2段階推定法が簡便な代替的推定法として広く用いられている．

(3) タイプIIIでは，y_1 は正の場合観察され，y_2 も y_1 が正の場合観察され，負の場合は観察されない変数である．タイプIIと比べれば，情報量は多い．このタイプはHeckman(1974)で論じられている女性の労働供給・賃金関数モデルが該当する．ヘックマンはGronauのモデルに労働時間を加えて，賃金と労働時間が同時決定されるモデルを考察し，プロビット法と最小2乗法によって推定できる2段階推定法を提示した．

$$y_i = \mathbf{x}_i'\beta + \sigma\lambda(\mathbf{x}_i'\alpha) + \varepsilon_i \quad y_i > 0 \qquad (29)$$

ここで $\alpha=\beta/\sigma$, $E(\varepsilon_i)=0$, $\lambda(\mathbf{x})=f(\mathbf{x})/F(\mathbf{x})$ はミルズ比(Mill's ratio)の逆数である．

このとき誤差項の分散は次のように表せる．

$$Var(\varepsilon_i) = \sigma^2 - \sigma^2 \mathbf{x}_i'\alpha\lambda(x_i'\alpha) - \sigma^2\lambda(\mathbf{x}_i'\alpha)^2 \qquad (30)$$

ヘックマンは次の2段階の推定法を提案した．

第1ステップ：パラメータ $\hat{\alpha}$ をプロビット最尤法で推定する．

第2ステップ：パラメータ $\hat{\alpha}$ を(29)式に代入し，$y_i>0$ のサンプル

[13) 例えば就労している女性だけを対象にした調査であるとか，所得が1億円以上の家計は調査対象としない場合など，様々な場合が考えられる．

について最小2乗推定し，パラメータ $\hat{\beta}$ を得る．これは一致推定量である．

この場合，White のロバスト推定を行って不均一分散の問題に対処しておくべきである．ヘックマンの2段階推定法[14]は広く使われているが，縄田(1997)が指摘しているように，第1段階のセレクションで用いる説明変数 x_{1i} と第2段階の推定で用いる説明変数 x_{2i} がかなり重複しているような場合には，多重共線性の問題がおこりヘックマンの方法は最尤法に比べて，誤差の分散が大きくなり望ましくない．逆に x_{1i} と x_{2i} が別の変数である場合には，最尤法と比べても誤差分散は大きくなく，推定方法の簡便さを考えると，ヘックマンの方法を用いることが正当化される．

(4) タイプ IV はタイプ III に $y_1>0$ の場合，変数 y_2 が観察されるのに加えて，$y_1 \leq 0$ の場合に観察される変数 y_3 を考慮したモデルである．

推定方法はタイプ III とほぼ同様で，ヘックマンの2段階推定法を用いることができる．このタイプの応用例として，次のようなものがある．Kenny, Lee, Maddala and Trost (1979)は大学教育の所得への効果を最尤法で推定している．Nelson and Olson(1978)も教育の所得への効果を推定している．Tomes(1981)は遺産と相続人の所得を同時方程式で推定している．

(5) タイプ V はタイプ IV で y_1 の正負符号だけが観察される場合を扱っている．推定方法はタイプ IV より幾分簡単になっており，特にこのタイプ特有の推定上の問題はない．このタイプは Lee(1978, 1981a)が考察している．Lee(1978)では組合に入った場合の賃金 (y_2) と入らなかった場合の賃金 (y_3) にどちらが得になるかを正負符号だけ観察可能な y_1 とおいて，ヘックマンの2段階推定法を用いて推計している．しかし，y_1 は同時決定されるはずであり，同時性の問題はここでは無視されている．Heckman(1978)では同時方程式のタイプ V モデルが論じられている．

---

14) STATA では heckman というコマンドを用いることでヘックマンの2段階推定法を行うことができる．また heckprob というコマンドでセレクション用のプロビット最尤法推定ができる．

5.5 パネル・トービット・モデル

パネルデータでは固定効果トービット・モデルは次のように定義できる．

$$y_{it}^* = x_{it}'\beta + u_{it} \quad u_{it} = \mu_i + \nu_{it} \quad \nu_{it} \sim iidN(0, \sigma_\nu^2) \quad (31)$$

$$y_{it} = y_{it}^* \ if \ y_{it}^* > 0$$
$$y_{it} = 0 \ if \ y_{it}^* \leq 0 \quad (32)$$

ここで $d_{it}=1 \ if \ y_{it}^*>0$, $d_{it}=0 \ if \ y_{it}^*\leq 0$ とすると，対数尤度関数は次のように定義できる．

$$\log L = \sum_{i,t}(1-d_{it})\log\Phi(\frac{-x_{it}\beta-\mu_i}{\sigma})$$
$$+ \sum_{i,t} d_{it}\{-\frac{1}{2}\log\sigma^2 - \frac{1}{2\sigma^2}(y_{it}-x_{it}'\beta-\mu_i)^2\} \quad (33)$$

線形モデルとは違い β と σ は μ_i に依存する．これまで何度も論じてきたように，パラメータ μ_i は固定された T に対して一致推定を得ることができない．この不一致はパラメータ β と σ を通して発生する．

Heckman and MaCurdy(1980)は反復法(iterative methods)によって推定することを提唱した[15]．すなわち，β と σ に対して初期値を与え，それを所与として，上述の対数尤度関数を μ_i に関して最大化する．その値を再び尤度関数に代入し，今度は β と σ に関して最大化し，新たな β と σ を得る．この作業を β と σ が収束するまで繰り返すのである．

Honoré(1992)は誤差項の分布を特定化しないセミパラメトリック推定を提唱している[16]．具体的には(23)式より次のように定義する．

---

[15] 彼らは，従属変数のラグが説明変数に入っていないのならば，μ_i の一致推計を得ることができないということはそれほど大きな問題ではないと述べている(Heckman and MaCurdy 1980, p.59)．

[16] 以下は Honoré(1992)の他，Honoré and Kyriazidou(2000)，Arellano and Honoré(2001, pp.3272-3275)，Hsiao(2003, pp.243-259)を参照している．

$$u_{ist}(b) = \max\{y_{is}, (x_{is} - x_{it})b\} - \max\{0, (x_{is} - x_{it})b\} \quad (34)$$

$b=\beta$ の場合,

$$u_{ist}(\beta) = \max\{y_{is}, (x_{is} - x_{it})\beta\} - \max\{0, (x_{is} - x_{it})\beta\} \quad (35)$$
$$= \max\{\mu_i + \nu_{it}, -x_{is}\beta, -x_{it}\beta\} - \max\{-x_{is}\beta, -x_{it}\beta\}$$

ここで $u_{ist}(\beta)$ は s と t に関して対称である．ν_{it} が iid に従っているとすれば，$u_{ist}(\beta)$ と $u_{its}(\beta)$ も iid に従う．このことから，次の直交条件が導かれる．

$$E[(\xi(\psi(u_{its}(\beta)) - \psi(u_{ist}(\beta))))|x_{it}, \mu_i] = 0 \quad (36)$$

この式は次のように書き換えることができる．

$$E[(\xi(\psi(u_{its}(\beta)) - \psi(u_{ist}(\beta))))(x_{it} - x_{is})] = 0 \quad (37)$$

これはさらに次のように変換できる．

$$E[r(y_{is}, y_{it}, (x_{it} - x_{is})\beta)(x_{is} - x_{it})] = 0 \quad (38)$$

ここで $r(.,.,.)$ は第 3 変数に対して単調関数であり，第 3 変数に関して r を積分して，直交条件を最小化問題に変換する．

$$\min_b E[R(y_{is}, y_{it}, (x_{is} - x_{it})b)] \quad (39)$$

パラメータ β は上式を最小化することで s と t のペアに対して刈込最小 2 乗推定(trimmed least squares estimator)ができる．これは一致推定であり，$\sqrt{n}$ の速度で漸近的に正規化する．$\xi(d)=sign(d)$，$\psi(d)=d$ と定義すると，パラメータ β は次のように表せる．

$$\hat{\beta} = \arg\min_b \sum_i^N (1 - 1\{y_{i1} \leq \Delta x_i b, y_{i2} \leq 0\})$$
$$\times (1 - 1\{y_{i2} \leq -\Delta x_i b, y_{i1} \leq 0\})|y_{i1} - y_{i2} - \Delta x_i b| \quad (40)$$

このアプローチの意義は次のように要約できる．個人のデータ切断点が異時点で違う場合には，階差をとっても固定効果を消去することができ

ないということから，2時点のペアを作り，切断点の大きい方に揃えて，データを刈り込めば，残ったデータの分布の形状は一致するので一致パラメータ β を推定することができるということである．問題はこの方法ではデータを大幅に捨ててしまうことがあり，また，切断点が時間とともに変化すること自体に意義があり，それを強引に揃えることにも問題がある．いずれにせよ，このアプローチはまだ実証で広く使われるには至っておらず，今後の評価を待っているところである[17]．

5.6 ダイナミック・トービット・モデル

前節で解説したパネル・トービットでさえ，かなり強引な制約をおかない限り一致推定が行えなかったが，被説明変数のラグが説明変数に加わったダイナミック・トービット・モデルではさらに状況が複雑である．とりわけ厄介な問題はラグとして入ってくる変数の初期値と固定効果の関係である．データ自体が実際に経済行動の初期から観察されていれば，初期値問題は無視できるが，既に歴史が進展している途中でたまたま観察されたデータを初期値として扱うと，固定効果と複雑に関係しており一致有効推定を得ることは難しい．

ダイナミック・トービット・モデルは次のような構造をしている．

$$y_{it}^* = \gamma y_{it-1}^* + x_{it}'\beta + u_{it} \quad u_{it} = \mu_i + \nu_{it} \quad \nu_{it} \sim iid(0, \sigma_\nu^2) \quad (41)$$

$$\begin{aligned} y_{it} &= y_{it}^* \quad if \ y_{it}^* > 0 \\ y_{it} &= 0 \quad if \ y_{it}^* \leq 0 \end{aligned} \quad (42)$$

ここでは被説明変数のラグは1であるが，複数ラグに拡張できる．

Honoré(1993)は前節と同様にペアの刈り込みを行いデータの対称性を

---

[17] Honoré(1992)で用いられた推定方法のGAUSSプログラムはHonoréのホームページで公開されている(http://www.princeton.edu/~honore/pantob)．関心のある方は利用されたい．また，Kyriazidou(1997)は，固定効果があるタイプIIトービット・モデルをサンプル・セレクションが内生的に決まるようなモデルに拡張して，その推定方法を検討している．そのGAUSSプログラムは彼女のホームページで公開されている(http://www.econ.ucla.edu/kyria)．

回復させた上で，直交条件を導いた．

$$E[\psi(u_{ist}(\beta,\gamma)) - \psi(u_{its}(\beta,\gamma))|\{x_{it}\}_{t=1}^{T}] = 0 \qquad (43)$$

上式を満たすようなパラメータ (β,γ) を GMM 推定で求めることを提案している．Honoré and Hu(2004)は(43)式が成り立つための十分条件を導いている．また Hu(1999)によれば，線形 GMM 推定と上述の切断データに対応した非線形 GMM 推定とでは推定結果に有意な違いが見られることから，この推定方法の有効性を論じている．

Arellano, Bover and Labeaga(1999)は一部観察不可能なデータを含んだダイナミック・トービット・モデルを線形自己回帰 2 段階推定で解く方法を提案している．この方法は，第 1 ステップで y_{it}^* を過去全てのラグ項，$y_{i0}^*, y_{i1}^*, ..., y_{it-1}^*$ と $x_{i1}, x_{i2}, ..., x_{it}$ で説明するモデルから推定する，第 2 ステップで(41)式を最小距離法(Minimum Distance Estimator)で非線形推定する，というものである．第 1 ステップで全ての過去について $y_{it-s}>0$ を満たす個人が選択されたという仮定は強すぎる上に，第 2 ステップの非線形推定も簡単には得られないなどの問題がある．

Kyriazidou(2001)は Kyriazidou(1997)をダイナミックな選択モデルに拡張し 2 段階 GMM 推定(kernel-weighted GMM; KGMM)を提案している．

前節末で述べたように，これらの様々な推定方法は理論的正当性と同時に計算の簡便性，収束スピードなど実証上のパフォーマンスに基づいて評価されなければならない．現状では，ここで紹介した推定方法はまだ実証研究のツールとして確立されたものにはなっていない．

5.7 STATA コード

質的従属変数パネルデータ分析は現在最も活発に研究が進んでいる分野であり，新しい推定方法が次々と提案されているが，STATA で利用可能なコマンドはパネル・ロジット推定(xtlogit)，パネル・プロビット推定(xtprobit)，パネル・トービット推定(xttobit)の 3 種類である．もちろん研究者が個別に書いたプログラムで公開されているものも多いし，

STATA コードで書かれたものもある．関心のある方はそれらのプログラムを使ったり，自ら STATA コードに転換したりすることをお勧めする．

ここでは Wooldridge(2003) が教育目的で公開しているデータ(http://www.msu.edu/~ec/wooldridge/book2.htm)に入っている KEANE.DTA というデータを使ってパネル・ロジット推定，パネル・プロビット推定を行う．このデータはもともと，Keane and Wolpin(1997) で用いられたデータの一部を教育用に Wooldridge が用いているものである．Keane and Wolpin(1997) は既に紹介した The National Longitudinal Surveys of Labor Market Experience(NLS) の 1979 年コーホートのデータを用いて教育，就業選択に関するパネルデータ分析を行っている．ここでは Wooldridge(2002a, pp.498-499) が 1987 年のクロスセクション・データについて検討したモデルを 1981-87 年のパネル・データに拡張してパネル・ロジット分析，パネル・プロビット分析を行った．推計したモデルは次のようなものである．

$$enroll = \alpha_i + \beta edu_{it} + \gamma(exper)_{it} + \delta(exper)^2_{it} + \eta black_i + \varepsilon_{it}$$

ここで enroll は学校へ行って教育をうける場合に 1 となり，それ以外で 0 となる変数，edu は過去の教育年数，exper は労働経験年数を表している．expersq は労働経験年数の 2 乗，black は黒人であれば 1，それ以外は 0 となる変数である．ここで問題にしているのは社会人が追加的に教育を受けるインセンティブはどれぐらいあるかということである．元のデータには無職在宅(home)や就労(work)などの変数もあり，引きこもりや就労インセンティブなど様々な問題が分析できるが，ここでは追加的教育を選択した人のモデルを考えている．STATA コードは次の通りである．

/*Panel Logit*/
xtlogit enroll educ exper expersq, fe
xtlogit enroll educ exper expersq black, re
/*Panel Probit*/
xtprobit enroll educ exper expersq black, re

結果は図表 5.5 に載せてある．容易に想像がつくように，高い教育を受

けた人,労働経験の長い人ほど追加的な教育は受けたがらないことがわかる.パラメータの値は多少違うが,傾向はロジットもプロビットも同じである.尤度比検定の結果はプーリング・データではなくパネル・データを使った方がいいことを示唆している.

次いで,パネル・トービット分析についても Wooldridge(2002a)が教育目的で公開しているデータ(http://www.msu.edu/~ec/wooldridge/book2.htm)に入っている JTRAIN1.DTA というデータを使う.このデータはミシガン州の製造業企業の労働者の生産性向上のための職業訓練に関する 1987-89 年のパネルデータである.ここではこのような職業訓練を施している企業の傾向を見つけようというのが目的である.推計モデルは次のようなものである.

$$\ln hrsemp_{it} = \alpha_i + \beta \ln employ_{it} + \gamma union_{it} + \delta grant_{it} + \varepsilon_{it}$$

ここで $\ln hrsemp=\log(1+hrsemp)$,$hrsemp$ は 1 人当たりの訓練時間,$employ$ は企業の雇用者総数,$union$ は組合があれば 1,なければ 0 の変数,$grant$ は州政府からの職業訓練助成金を受けていれば 1,受けてなければ 0 の変数である.

データは企業の行う職業訓練が企業の生産性に寄与しているか,そして州政府の助成金はそれに貢献しているかというプログラム評価を行うためのものである.ここでは,1 人当たりの訓練時間が雇用者総数,組合ダミー,助成金ダミーでどれぐらい説明できるかを見ている.

/*Panel Random Effect Tobit Model*/
xttobit hrsemp employ union grant, i(fcode) ll(0)
xttobit lhrsemp lemploy union grant, i(fcode) ll(0)

結果は図表 5.6 に載せてある.雇用者総数はほとんど影響を与えていない.これを規模の指標と見れば,規模は職業訓練にはあまり関係がないと言えそうである.組合ダミーは負の効果を与えており,組合は職業訓練には消極的であることが示唆されている.州政府からの助成金は明らかに有意に正の効果を持っている.職業訓練は助成金を受けようが受けまいが

図表 5.5 教育選択モデル

Dependent Variable: enroll	Panel Logit		Panel Probit	
	Estimated Coefficient	z-statistics	Estimated Coefficient	z-statistics
educ	-0.1483	-3.80	-0.0695	-3.07
exper	-1.9365	-28.62	-1.0535	-30.34
expersq	0.1909	16.73	0.1069	18.27
black	-1.1899	-9.92	-0.6512	-9.96
_cons	1.4086	3.03	0.5911	2.21
Diagnostic Test				
Number of observation	12723		12723	
Number of groups	1881		1881	
Log Likelihood	-4473.4284		-4477.0404	
Wald test	chi2(4)=1087.93 Prob>chi2=0.000		chi2(4)=1236.71 Prob>chi2=0.000	
sigma_u	1.612		0.9016	
rho	0.4413		0.4484	
Likelihood ratio test for rho=0	chibar2(01)=271.84 Prob>chibar2=0.000		chibar2(01)=288.80 Prob>chibar2=0.000	

図表 5.6　職業訓練のパネル・トービット推定

Dependent Variable: lhrsemp	Panel Tobit	
	Estimated Coefficient	z-statistics
lemploy	0.0455	0.35
union	−0.5253	−1.49
grant	2.6512	13.80
_cons	0.8064	1.67
Diagnostic Test		
Number of observation	390	
Number of groups	135	
Log Likelihood	−592.0544	
Wald test	chi2(3) = 192.78 Prob > chi2 = 0.000	
sigma_u	1.3889	
sigma_e	1.1841	
rho	0.5791	

企業の意思によって行っているものではあるが，職業訓練のための助成金が訓練時間に影響を与えるのは当然であるとも言える．Wooldridge(2003, p.445)で論じられているように，このプログラムでは助成申請した企業から順に助成を出しているということなので，職業訓練に熱心に取り組んでいる企業ほど助成を受け，その結果生産性が上がっていると言えそうである．その場合，助成金から訓練時間への因果関係とは逆になることに注意しなければならない．

第6章 同時方程式パネルデータ分析

6.1 はじめに

多くの経済変数は相互依存関係にあり，完全に外生的に決まっている変数はむしろ珍しいと言ってもいいかもしれない．もちろん，これは人間の経済活動自体が相互依存関係の中で決まっているという事実を勘案すれば当然のことであろう．

しかし，現実問題として，我々は実証研究で，同じ変数をある時は被説明(内生)変数に使い，ある時は説明(外生)変数に使ってきた．例えば，企業収益は企業活動の目的であると考えれば，これは被説明(内生)変数として扱うべきであるが，投資関数の推計においては企業収益を説明(外生)変数に使うことがある．同様に，賃金も被説明(内生)変数として使ったり，労働供給関数では説明(外生)変数として使うことがある．

変数が内生的であるという議論をする場合には，暗黙の内に同時方程式あるいは経済システムを考えていることが多い．経済活動の相互依存関係を捉えるという意味で一般均衡モデルを用いることが重要であるということは，多くの経済学者に認められてきたことであるし，経済政策分析においては益々その重要性が増してきているとも言える．実証研究においても，内生変数の取り扱いに注意して，それがもたらすバイアスを適切に取り除く必要があるということは広く認識されてきている．本章ではその手法について解説することを主眼としている．

同時に 1970 年代後半以後，大型計量経済モデルに対する批判が相次ぎ，同時方程式の研究自体も少なくなってきた．同時方程式パネルデータ分析も Baltagi(1981)，Hausman and Taylor(1981) などの 1980 年代の研究から大きな進展がなく，Hsiao(2003) においても，旧版である Hisao(1986) から唯一変更がなかったのが同時方程式の章である．

本章でも同時方程式の相互依存関係を本格的に取り込んだ完全情報

3 段階最小 2 乗法(3SLS)や完全情報最小距離推定法などについては，簡単な解説にとどめ，より実用的な 2 段階最小 2 乗法(2SLS)による単一方程式に議論を絞っている．また，同時方程式といっても全ての変数が相互依存関係にあるのではなく，一部の変数が影響を与えあっており，他の変数は外生変数と扱っても問題がない場合が往々にしてある．この特殊ケースとして三角配列システムがあるが，これについてはここでは論じない[1]．

6.2 同時方程式パネルデータ分析の考え方

同時方程式パネルデータは，次のような構造をもっている．

$$\text{主体 } i \begin{cases} \boxed{1} & \boxed{Y_{1i} = \beta_{1i}X_{1i} + v_{1it}} \\ 2 & \vdots \\ \vdots & \vdots \\ g & \vdots \\ \vdots & \vdots \\ G & Y_{Gi} = \beta_{Gi}X_{Gi} + v_{Git} \end{cases}$$

$$\text{主体 } j \begin{cases} \boxed{1} & \boxed{Y_{1j} = \beta_{1j}X_{1j} + v_{1jt}} \\ 2 & \vdots \\ \vdots & \vdots \\ g & \vdots \\ \vdots & \vdots \\ G & Y_{Gj} = \beta_{Gj}X_{Gj} + v_{Gjt} \end{cases}$$

例えば $\hat{\beta}_1$ を推計したい場合，

---

[1] 三角配列システムを推計する方法は Chamberlain(1977) によって操作変数法が，Chamberlain and Griliches(1975) によって最尤法が提案されている．最尤法は有効推定ではあるが計算が難しい．操作変数法は有効ではないが，計算が簡単であり，一致推定は得られる．詳細については Hsiao(2003, ch.5, pp.129-136) を参照されたい．

1. 各主体はクロスセクションで Y_{1i} を選択すると同時に Y_{gi} ($g=1,2,...,G$) を選択している．
2. これを t 時点毎に行っている．
3. 一般の同時方程式問題では，各 i について共通の β を推計している．
4. この β_g が異なる主体 i,j で共通しているとすると，誤差項の構造の違いに配慮した推計をする必要が出てくる(固定効果 A_i を用いる)．
5. 一般のパネル推計では時系列方向の平均 $\bar{Y}=\beta\bar{X}$ を用いたが，同時方程式パネル推計では，個別主体の同時方程式制約下での β の推定量と主体間のパネル推定量の差を最小にするような推定が有効かつ一致するように求めることが問題となる．

一般に，同時方程式体系を考えたとしても，パネルデータ分析の枠組みでは，その中から，関心の高い一本の方程式を選んで，それについて内生性の問題に配慮した推計方法を考えることが多い[2]．

$$\underset{NT\times 1}{\mathbf{y}_g} = \mathbf{Y}_g\gamma_g + \mathbf{X}_g\mathbf{B}_g + \mathbf{v}_g \qquad (1)$$

$$= \mathbf{w}_g\theta_g + \mathbf{v}_g \quad g=1,2,...,G$$

しかし，この方法は基本的には制限情報推定法(limited-information estimation method)に従っており，同時方程式体系全体から得られる情報を完全に反映した推計(完全情報推定法: full-information estimation method)を行えば，より有効な推定量を得られる．

ここで

$$\mathbf{y} = (\mathbf{y}_1', \mathbf{y}_2', ..., \mathbf{y}_G')', \quad \mathbf{v} = (\mathbf{v}_1', \mathbf{v}_2', ..., \mathbf{v}_G')'$$

$$\mathbf{w} = \begin{bmatrix} \mathbf{w}_1 & \mathbf{o} & \cdots & \mathbf{o} \\ \mathbf{o} & \mathbf{w}_2 & & \mathbf{o} \\ \vdots & \vdots & \ddots & \vdots \\ \mathbf{o} & \mathbf{o} & \cdots & \mathbf{w}_G \end{bmatrix}, \quad \theta = \begin{bmatrix} \theta_1 \\ \theta_2 \\ \vdots \\ \theta_G \end{bmatrix}$$

---

[2] 以下の議論は Hsiao(2003, pp. 124-126)を参照している．

G本の構造方程式体系は次のように表すことができる.

$$\mathbf{y} = \mathbf{w}\theta + \mathbf{v} \tag{2}$$

(2)式を3段階最小2乗法(3SLS)で推計して有効なのは誤差項$(v_{1_{it}}, v_{2_{it}}, ..., v_{G_{it}})$が$i$と$t$に関して$iid$の場合のみである. 不均一分散や系列相関がある場合には, 完全情報最小距離推定(the full information minimum-distance estimator)か一般化3段階最小2乗法(G3SLS)を用いる必要がある.

完全情報最小距離推定は次のように定式化される. Tは固定, Nは無限であるとすると, T期の推計式に対して個人iのG本の構造方程式を考える.

$$\begin{aligned}\mathbf{y}_{1_i} &= \mathbf{w}_{1_i}\theta_1 + \mathbf{v}_{1i} \\ \mathbf{y}_{2_i} &= \mathbf{w}_{2_i}\theta_2 + \mathbf{v}_{2i} \\ &\vdots \\ \mathbf{y}_{G_i} &= \mathbf{w}_{G_i}\theta_G + \mathbf{v}_{G_i} \quad i=1,2,...,N\end{aligned} \tag{3}$$

最小距離推定値θは次の目的(距離)関数を最小化するように$\hat{\theta}$を選ぶことによって得られる.

$$\left[\hat{\tilde{\pi}} - \tilde{\mathbf{f}}(\theta)\right]\hat{\tilde{\Omega}}^{-1}\left[\hat{\tilde{\pi}} - \tilde{\mathbf{f}}(\theta)\right]$$

ここで$\hat{\tilde{\pi}}$は$\mathbf{y}_i$の無制約の最小2乗推定量, $\hat{\tilde{\Omega}}$は$\hat{\tilde{\pi}}$と個人iにおける$\tilde{\pi}$の差の分散共分散行列の一致推定量$(\tilde{\Omega} = \sqrt{N}(\hat{\tilde{\pi}} - \tilde{\pi}))$. もし$\mathbf{v}_i$が$iid$であれば$\sqrt{N}(\hat{\theta} - \theta)$は漸近的に正規分布となる.

G3SLSは次のように求められる.

$$\hat{\theta}_{G3SLS} = (S_{wx}\hat{\Psi}^{-1}S'_{wx})^{-1}(S_{wx}\hat{\Psi}^{-1}S_{xy}) \tag{4}$$

ここで

$$S_{wx} = \begin{bmatrix} \tilde{S}_{w1x} & \mathbf{0} & \cdots & \mathbf{0} \\ \mathbf{0} & \tilde{S}_{w2x} & \cdots & \mathbf{0} \\ \vdots & \vdots & \ddots & \vdots \\ \mathbf{0} & \mathbf{0} & \cdots & \tilde{S}_{wGx} \end{bmatrix}$$

$$\tilde{S}_{w_g\mathbf{x}} = \left[\frac{1}{N}\sum_{i=1}^{N}\mathbf{w}_{gi1}\mathbf{x}'_{i1}, \frac{1}{N}\sum_{i=1}^{N}\mathbf{w}_{gi2}\mathbf{x}'_{i2}, ..., \frac{1}{N}\sum_{i=1}^{N}\mathbf{w}_{giT}\mathbf{x}'_{it} \right]$$

$$S_{xy} = \begin{bmatrix} \mathbf{S}_{xy1} \\ \mathbf{S}_{xy2} \\ \vdots \\ \mathbf{S}_{xy\alpha} \end{bmatrix}$$

$$\underset{TK \times 1}{S_{xy_g}} = \begin{bmatrix} \frac{1}{N}\sum_{i=1}^{N}\mathbf{x}_{i1}y_{gi1} \\ \vdots \\ \frac{1}{N}\sum_{i=1}^{N}\mathbf{x}_{iT}y_{giT} \end{bmatrix}$$

G3SLS は漸近的に最小距離推定に一致する．G3SLS も 3SLS も一致推定量ではあるが，誤差項の分散共分散に誤差構成要素が入っていると有効推定ではなくなる．

6.3 単一方程式推定

前節では同時方程式パネルデータ分析の考え方を示し，同時方程式体系全体の情報を有効に使うことで，はじめて有効一致推定を得ることができると論じた．しかし，現実的に複数の連立方程式に複雑な誤差構成要素を取り込んで計算することは極めてやっかいなことであり，現実のパネルデータにおける同時方程式の推計は次のように簡便化した 2 段階で行っている．

1. 観察不可能な(latent variable)効果を 1 階の階差を取って消去する．
2. 内生変数に対して操作変数を見つけて 2SLS 推計する．この場合，操作変数は時間とともに変化する変数を用いる．

次のようなモデルを考えよう.

$$y_{it1} = \alpha_1 y_{it2} + z_{it1}\beta_1 + \alpha_{i1} + v_{it1} \tag{5}$$

$$y_{it2} = \alpha_2 y_{it1} + z_{it2}\beta_2 + \alpha_{i2} + v_{it2} \tag{6}$$

ここで z_{it1}, z_{it2} は外生変数,一般モデルでは固定効果 α_{i1} と α_{i2} は全ての説明変数と相関している.誤差項 v_{it1} と v_{it2} は z とは無相関である. y_{it2} は v_{it1} と, y_{it1} は v_{it2} と相関している.

(5)式を推計する場合, $\alpha_{i1}+v_{it1}$ は全ての説明変数と相関しているので最小2乗法推定は不適切である.そこで α_{i1} を階差を取って消去し,プーリング2段階最小2乗法(2SLS)で推計する.

$$\Delta y_{it1} = \alpha_1 \Delta y_{it2} + \Delta z_{it1}\beta_1 + \Delta v_{it1} \tag{7}$$

この場合,誤差項 Δv_{it1} は Δz_{it1} とは無相関となる.

しかし Δy_{it2} と Δv_{it1} は相関している可能性があり, Δy_{it2} に対して操作変数をあてがう必要がある.一般には z_{it2} に含まれていて z_{it1} に含まれていない変数であり,かつ時間とともに変化する変数を用いる.

このようにして2段階最小2乗法あるいは操作変数法によってパラメータ β_1 をなるべくバイアスを少なくするように推定するというのが定石である.ここでの特徴は操作変数を外から探してくるのではなく,既に同時方程式体系の中に含まれている外生変数を操作変数として用いるということである.問題は誤差項が1つの確率変数で表されているのではなく,誤差構成要素が複数あり,それぞれの誤差分布に配慮しなければならないということである.

この問題をより厳密にするために,次のような同時方程式モデルを考えよう[3].

$$y_1 = Z_1 \delta_1 + u_1 \tag{8}$$

ここで $Z_1 = [Y_1, X_1]$, $\delta_1' = (\gamma_1', \beta_1')$ である.

---

[3] 以下の議論は Baltagi(2001, pp.111-115)に依拠している.

Y_1 は要素 g_1 の内生変数,X_1 は要素 k_1 の外生変数,$X=[X_1, X_2]$ は同時方程式体系共通の外生変数である.この方程式は X_2 の式から除外されている外生変数の数 k_2 が g_1-1 と同数かそれより大きい時に識別できる[4].

誤差構成要素を次のように仮定する.

$$u_1 = Z_\mu \mu_1 + v_1 \tag{9}$$

ここで $Z_\mu=(I_N \otimes \iota_T)$,$\mu_1'=(\mu_{11},...,\mu_{N1})$ と $v_1'=(v_{111},...,v_{NT1})$ は平均ゼロの確率変数である.

$$E\begin{pmatrix}\mu_1\\v_1\end{pmatrix}(\mu_1', v_1') = \begin{bmatrix} \sigma_{\mu_{11}}^2 I_N & 0 \\ 0 & \sigma_{v_{11}}^2 I_{NT} \end{bmatrix} \tag{10}$$

(8)は次のように変換できる.$Q=I_{NT}-P$,$P=I_N \otimes \bar{J}_T$ であり

$$Qy_1 = QZ_1\delta_1 + Qu_1 \tag{11}$$

$\tilde{y}_1=Qy_1$,$\tilde{Z}_1=QZ_1$ として(11)式を 2SLS 推計する.その際 $\tilde{X}=QX$ を操作変数として用いる.

ウィズイン 2SLS 推計は

$$\tilde{\delta}_{1with2SLS} = (\tilde{Z}_1' P_{\tilde{X}} \tilde{Z}_1)^{-1} \tilde{Z}_1' P_{\tilde{X}} \tilde{y}_1 \tag{12}$$
$$var(\tilde{\delta}_{1with2SLS}) = \sigma_{v_{11}}^2 (\tilde{Z}_1' P_{\tilde{X}} \tilde{Z}_1)^{-1}$$

ウィズイン 2SLS は次の式を GLS 推計することによっても導出可能である.

$$\tilde{X}'\tilde{y}_1 = \tilde{X}\tilde{Z}_1\delta_1 + \tilde{X}'\tilde{u}_1 \tag{13}$$

$\bar{y}_1=Py_1$,$\bar{Z}_1=PZ_1$ とおき $\bar{X}=PX$ を操作変数として(5)式を 2SLS 推計するとビトウィーン 2SLS 推計が得られる.

---

[4] 識別のための必要条件は,モデル全体に含まれる外生(先決)変数 K から当該方程式に含まれる外生(先決)変数の数 k の差が,当該方程式に含まれる内生変数の数 g との間に次のような関係を持つことである.$K-k \geq g-1$

$$\hat{\delta}_{1btw2SLS} = (\bar{Z}_1' P_{\bar{X}} \bar{Z}_1)^{-1} \bar{Z}' P_{\bar{X}} \bar{y}_1 \tag{14}$$

$$var(\hat{\delta}_{1btw2SLS}) = \sigma_{1_{11}}^2 (\bar{Z}_1' P_{\bar{X}} \bar{Z}_1)^{-1}$$

$$\sigma_{1_{11}}^2 = T\sigma_{\mu_{11}}^2 + \sigma_{v_{11}}^2$$

ビトウィーン 2SLS は GLS 推計としても導出可能である.

$$\bar{X}' \bar{y}_1 = \bar{X} \bar{Z}_1 \delta_1 + \bar{X}' \bar{u}_1 \tag{15}$$

(13) と (15) を同時方程式として扱う.

$$\begin{pmatrix} \tilde{X}' \tilde{y}_1 \\ \bar{X}' \bar{y}_1 \end{pmatrix} = \begin{pmatrix} \tilde{X}' \tilde{Z}_1 \\ \bar{X}' \bar{Z}_1 \end{pmatrix} \delta_1 + \begin{pmatrix} \tilde{X}' \tilde{u}_1 \\ \bar{X}' \bar{u}_1 \end{pmatrix} \tag{16}$$

ここで

$$E \begin{pmatrix} \tilde{X}' \tilde{u}_1 \\ \bar{X}' \bar{u}_1 \end{pmatrix} = 0, \quad var \begin{pmatrix} \tilde{X}' \tilde{u}_1 \\ \bar{X}' \bar{u}_1 \end{pmatrix} = \begin{bmatrix} \sigma_{v_{11}}^2 \tilde{X}' \tilde{X} & 0 \\ 0 & \sigma_{1_{11}}^2 \bar{X}' \bar{X} \end{bmatrix}$$

(16)式を GLS 推計すると誤差構成 2 段階最小 2 乗法(the error component two-stage least squares; EC2SLS)を得る.

$$\hat{\delta}_{1,EC2SLS} = \left[\frac{\tilde{Z}_1' P_{\tilde{X}} \tilde{Z}_1}{\sigma_{v_{11}}^2} + \frac{\bar{Z}_1' P_{\bar{X}} \bar{Z}_1}{\sigma_{1_{11}}^2} \right]^{-1} \left[\frac{\tilde{Z}_1' P_{\tilde{X}} \tilde{y}_1}{\sigma_{v_{11}}^2} + \frac{\bar{Z}_1' P_{\bar{X}} \bar{y}_1}{\sigma_{1_{11}}^2} \right] \tag{17}$$

ここで

$$\hat{\delta}_{1EC2SLS} = w_1 \hat{\delta}_{1with2SLS} + w_2 \hat{\delta}_{1btw2SLS}$$

$$w_1 = \left[\frac{\tilde{Z}_1' P_{\tilde{X}} \tilde{Z}_1}{\sigma_{v_{11}}^2} + \frac{\bar{Z}_1' P_{\bar{X}} \bar{Z}_1}{\sigma_{1_{11}}^2} \right]^{-1} \left[\frac{\tilde{Z}_1' P_{\tilde{X}} \tilde{Z}_1}{\sigma_{v_{11}}^2} \right]$$

$$w_2 = \left[\frac{\tilde{Z}_1' P_{\tilde{X}} \tilde{Z}_1}{\sigma_{v_{11}}^2} + \frac{\bar{Z}_1' P_{\bar{X}} \bar{Z}_1}{\sigma_{1_{11}}^2} \right]^{-1} \left[\frac{\bar{Z}_1' P_{\bar{X}} \bar{Z}_1}{\sigma_{1_{11}}^2} \right]$$

$$\hat{\sigma}_{v_{11}}^2 = (y_1 - Z_1 \tilde{\delta}_{1with2SLS})' Q (y_1 - Z_1 \tilde{\delta}_{1with2SLS}) / N(T-1) \tag{18}$$

$$\hat{\sigma}_{1_{11}}^2 = (y_1 - Z_1 \hat{\delta}_{1btw2SLS})' P (y_1 - Z_1 \hat{\delta}_{1btw2SLS}) / N \tag{19}$$

$$\hat{\sigma}_{\mu_{11}}^2 = (\hat{\sigma}_{1_{11}}^2 - \hat{\sigma}_{v_{11}}^2)/T > 0$$

この結果は，第1章でも繰り返し論じたように，EC2SLS 推定はウィズイン推定とビトウィーン推定の加重平均になっている．

(8)式に $\Omega_{11}^{-1/2}$ を掛けて

$$y_1^* = Z_1^* \delta_1 + u_1^* \tag{20}$$

ここで $y_1^* = \Omega_{11}^{-1/2} y_1$, $Z_1^* = \Omega_{11}^{-1/2} Z_1$, $u_1^* = \Omega_{11}^{-1/2} u_1$

$$\Omega_{11}^{-1/2} = (P/\sigma_{1_{11}}) + (Q/\sigma_{v_{11}}) \tag{21}$$

$$y_{1_{it}}^* = (y_{1_{it}} - \theta_1 \bar{y}_{1i.})/\sigma_{v_{11}}, \quad \theta_1 = 1 - (\sigma_{v_{11}}/\sigma_{1_{11}})$$

$$\bar{y}_{1i.} = \sum_{t=1}^{T} y_{1it}/T$$

操作変数 A を用いて(20)式を 2SLS 推計すると

$$\hat{\delta}_{1,2SLS} = (Z_1^{*\prime} P_A Z_1^*)^{-1} Z_1^{*\prime} P_A y_1^* \tag{22}$$

ここで $P_A = A(A'A)^{-1}A'$

最適操作変数を次のように表す．

$$X^* = \Omega_{11}^{-1/2} X = \frac{QX}{\sigma_{v_{11}}} + \frac{PX}{\sigma_{1_{11}}} = \frac{\tilde{X}}{\sigma_{v_{11}}} + \frac{\bar{X}}{\sigma_{1_{11}}}$$

$A=X^*$ とすると G2SLS を得る．

$$\hat{\delta}_{1,G2SLS} = (Z_1^{*\prime} P_{X^*} Z_1^*)^{-1} Z_1^{*\prime} P_{X^*} y_1^* \tag{23}$$

(20)式に操作変数 $A=[QX, PX]=[\tilde{X}, \bar{X}]$ を用いて 2SLS 推計を行う．ここで QX は PX に直交しており，$P_A = P_{\tilde{X}} + P_{\bar{X}}$ である．

$$\begin{aligned} P_A Z_1^* &= (P_{\tilde{X}} + P_{\bar{X}}) \left[\Omega_{11}^{-1/2} Z_1 \right] \\ &= (P_{\tilde{X}} + P_{\bar{X}}) \left[\frac{Q}{\sigma_{v_{11}}} + \frac{P}{\sigma_{\ell_{11}}} \right] Z_1 = \frac{P_{\tilde{X}} \tilde{Z}_1}{\sigma_{v_{11}}} + \frac{P_{\bar{X}} \bar{Z}_1}{\sigma_{1_{11}}} \end{aligned} \tag{24}$$

ここで

$$Z_1^{*\prime} P_A Z_1^* = \left(\frac{\tilde{Z}_1' P_{\tilde{X}} \tilde{Z}_1}{\sigma_{v_{11}}^2} + \frac{\bar{Z}_1' P_{\bar{X}} \bar{Z}_1}{\sigma_{1_{11}}^2} \right)$$

$$Z_1^{*\prime} P_A y_1^* = \left(\frac{\tilde{Z}_1' P_{\tilde{X}} \tilde{y}_1}{\sigma_{v_{11}}^2} + \frac{\bar{Z}_1' P_{\bar{X}} \bar{y}_1}{\sigma_{1_{11}}^2} \right)$$

(17)式の $\hat{\delta}_{1,EC2SLS}$ は $A=[\tilde{X},\bar{X}]$ の時(23)式と同値である.

すなわち，EC2SLS は既存の 2SLS 推計法を用いて推計することが可能である.

第 1 ステップ：ウィズイン 2SLS とビトウィーン 2SLS を 2SLS で推計し，(12)と(14)式を得る.

第 2 ステップ：$\hat{\sigma}_{v_{11}}^2$ と $\hat{\sigma}_{1_{11}}^2$ を(18)(19)式によって推計し，(22)式で用いる y_1^*, Z_1^*, X^* を得る. (8)式を $\Omega_{11}^{-1/2}$ で変換して(20)式を得る.

第 3 ステップ：操作変数 $A=X^*$ か $A=[QX,PX]$ を用いて(20)式を 2SLS 推計すると，それぞれ(22)と(17)式を得る.

6.4　内生性効果

第 1 章の操作変数法の節でも解説した通り，内生性テストとしては一般には，Wu-Hausman 検定として知られているもの（最小 2 乗法推定と操作変数法推定のパラメータをハウスマン検定する）や内生変数に関するモデルを最小 2 乗推定し，その式から得られた誤差をもともとの式に代入し，そのパラメータが 0 かどうかを t 検定するという方法が提案されている.

ここでは，従来の内生性の問題とは違って，固定効果が内生であり，説明変数と相関している場合を考える[5]．はじめに全ての説明変数が固定効果に相関している場合を考え，次いで一部の説明変数のみが固定効果と相関している場合を考えよう.

---

5)　以下は Baltagi(2001, pp. 118-122)を引用している．これは賃金関数において，個人の固定効果である能力と学歴や職歴が相関している場合，生産関数において潜在変数である経営能力が労働や資本などの投入財と相関している場合など様々なケースで出てくる問題である．

$$y = \alpha \iota_{NT} + X\beta + Z_\mu \mu + v = Z\delta + Z_\mu \mu + v \tag{25}$$
$$\mu_i = \bar{X}_i' \pi + \varepsilon_i \tag{26}$$

ここで $\varepsilon_i \sim iid(0, \sigma_\varepsilon^2)$, $\bar{X}_i'$ は $1 \times K$ ベクトル.
(26)式は次のように書き換えられる.

$$\mu_i = Z_\mu' X \pi / T + \varepsilon_i \tag{27}$$

ここで $\mu' = (\mu_1, \mu_2, ..., \mu_N)$, $Z_\mu = I_N \otimes \iota_T$, $\varepsilon_i' = (\varepsilon_1, \varepsilon_2, ..., \varepsilon_N)$.
(27)式を(25)式に代入すると,

$$y = X\beta + PX_\pi + (Z_\mu \varepsilon + v) \tag{28}$$

ここで $P = I_N \otimes \bar{J}_T$, ε と v は無相関で, $(Z_\mu \mu + v)$ は平均ゼロで次のような分散共分散行列構造を持つ.

$$V = E(Z_\mu \varepsilon + v)(Z_\mu \varepsilon + v)' = \sigma_\varepsilon^2 (I_N \otimes J_T) + \sigma_v^2 I_{NT} \tag{29}$$

(28)式の GLS 推計は次のようになる.

$$\hat{\beta}_{GLS} = \tilde{\beta}_{with} = (X'QX)^{-1} X'Qy \tag{30}$$

$$\hat{\pi}_{GLS} = \hat{\beta}_{btw} - \tilde{\beta}_{with} = (X'PX)^{-1} X'Py - (X'QX)^{-1} X'Qy \tag{31}$$

$$var(\hat{\pi}_{GLS}) = var(\hat{\beta}_{btw}) + var(\tilde{\beta}_{with}) \tag{32}$$
$$= (T\sigma_\varepsilon^2 + \sigma_v^2)(X'PX)^{-1} + \sigma_v^2 (X'QX)^{-1} \tag{33}$$

Mundlak(1978)が示したように, (25)式の最良線形不偏推定量(BLUE)は固定効果(ウィズイン)推定である. ランダム効果推定は(26)式を無視しておりバイアスが残る. (28)式では全ての説明変数は固定効果に相関しているが, ランダム効果モデルでは説明変数と固定効果は無相関であることが想定されている.

Hausman and Taylor(1981)では, 一部の説明変数のみが μ_i と相関しているというモデルを考えている.

$$y_{it} = X_{it}\beta + Z_i\gamma + \mu_i + v_{it} \tag{34}$$

Hausman and Taylor(1981)は $X=[X_1;X_2]$ と $Z=[Z_1;Z_2]$ を2分割した．すなわち，X_1 は $n \times k_1$，X_2 は $n \times k_2$，Z_1 は $n \times g_1$，Z_2 は $n \times g_2$，$n=NT$ に分割し，X_1 と Z_1 は外生変数，X_2 と Z_2 は内生変数で μ_i と相関し，v_{it} とは無相関であるとする．

ウィズイン誤差項を次のように求める．

$$\hat{d}_i = \bar{y}_i - \bar{X}_i\tilde{\beta}_w \tag{35}$$

(35)式の時間平均をとり，$\hat{d}_i$ を Z_i を説明変数とし，操作変数 $A=[X_1, z_1]$ を用いて 2SLS 推計を行う．

$$\hat{\gamma}_{2SLS} = (Z'P_AZ)^{-1}Z'P_A\hat{d} \tag{36}$$

ここで $P_A = A(A'A)^{-1}A'$．$Z'P_AZ$ は非特異行列であり，次数条件 $k_1 \geq g_2-1$ を満たしている．

分散は次のように求められる．

$$\hat{\sigma}_v^2 = \tilde{y}'\bar{P}_{\tilde{X}}\tilde{y}/N(T-1) \tag{37}$$

ここで $\tilde{y}=Qy$，$\tilde{X}=QX$，$\bar{P}_A = 1 - P_A$

$$\tilde{\sigma}_1^2 = \frac{(y_{it} - X_{it}\tilde{\beta}_w - Z_i\hat{\gamma}_{2SLS})'P(y_{it} - X_{it}\tilde{\beta}_w - Z_i\hat{\gamma}_{2SLS})}{N} \tag{38}$$

(34)式を次のように変換する．

$$\hat{\Omega}^{-1/2}y_{it} = \hat{\Omega}^{-1/2}X_{it}\beta + \hat{\Omega}^{-1/2}Z_1\gamma + \hat{\Omega}^{-1/2}u_{it} \tag{39}$$

Hausman and Taylor 推定は，(39)式を $A_{HT}=[\tilde{X}, \tilde{X}_1, Z_1]$ を操作変数とした 2SLS 推計であると理解できる．

1. $k_1 < g_2-1$ であれば過小識別，$\hat{\beta}_{HT}=\tilde{\beta}_{with}$ であり $\hat{\gamma}_{HT}$ は存在しない．
2. $k_1 = g_2-1$ であれば適正識別，$\hat{\beta}_{HT}=\tilde{\beta}_{with}$，$\hat{\gamma}_{HT}=\hat{\gamma}_{2SLS}$ である．
3. $k_1 > g_2-1$ であれば過剰識別，(39)式より得られた $\hat{\beta}_{HT}$ は $\tilde{\beta}_{with}$ よ

り有効である．

過剰識別制約テストは次の統計量によってテストできる．

$$\hat{m} = \hat{q}' \left[var(\tilde{\beta}_{with}) - var(\hat{\beta}_{HT}) \right]^{-1} \hat{q} \qquad (40)$$

ここで $\hat{q}=\hat{\beta}_{HT}-\tilde{\beta}_{with}$，$\hat{\sigma}_v^2 \hat{m} \stackrel{H_0}{\to} \chi_l^2 (l=\min[k_1-g_2, NT-k])$ である．

6.5 STATA コード

ここでは第7章で紹介する『企業活動基本調査』のデータを用いて次のような雇用調整関数を考えてみよう．

$$\begin{aligned} \ln L_{it} = {} & \alpha + \beta \ln L_{it-1} + \gamma \ln Y_{it} + \delta \ln w_{it} + \zeta(debt/asset) \\ & + \eta(debt/asset)^2 + \vartheta(own\ capital\ ratio) + \varepsilon_{it} \end{aligned} \qquad (41)$$

ここで，$\ln Y_{it}=\ln rs$(実質売上高)，$\ln K_{it}=\ln k$(実質資本ストック)，$\ln L_{it}=\ln L$(労働者数)，$\ln w_{it}=\ln w$(実質賃金)，$debt/asset_{it}=darat$(負債資産比率)，$(debt/asset)^2_{it}=darat2$(負債資産比率の2乗)，$(own\ capital\ ratio)_{it}=ocaprat$(自己資本比率)，$(sales\ share)_{it}=ss$(売上シェア)，という表示になっている．

雇用調整関数にはいる説明変数の内，実質売上高は第3章では被説明変数になっていたように内生変数であると考えられる．そこで，操作変数として $\ln K_{it}$ と $sales\ share_{it}$ を用いて，2SLS推定を行う．ランダム効果推定においてはBaltagi(2001)で議論されており，本章でも紹介したEC2SLSを用いている．また，固定効果推定とランダム効果推定をハウスマン検定している．

さらに，第4章で議論したArellano-Bond推定も追加的に行っている．ここでは他の式と同じく，雇用調整ラグは1に限定している．

/*Panel Instrumental Variable Estimation*/
xtivreg lnL lnL1 lnw darat darat2 ocaprat (lnrs=lnk ss), fe i(ari1)
est store fixed
xtivreg lnL lnL1 lnw darat darat2 ocaprat (lnrs=lnk ss), re ec2sls

```
    i(ari1) nosa
  est store random
  hausman fixed random
  /*GMM Estimation*/
  xtabond lnL lnw darat darat2 ocaprat, lags(1) diffvars(lnrs)
    inst(ss lnk) artests(2)
```

まず,固定効果推定は STATA では推計式の末に fe と書けばよい.ここでは固定効果を個別企業に割り振らずに産業分類(ここでは ari1 という表示になっている)に振っている.これは i(ari1) と書ける.ランダム効果推定は STATA では re と入れる.Baltagi の EC2SLS を用いたいときは reec2sls と続けて書けばよい.nosa は Baltagi and Chang の分散共分散推定を用いることを意味している.ハウスマン検定は STATA コマンドでは hausman と書けばよい.

図表 6.1 は固定効果推定,ランダム効果推定,ハウスマン検定の結果をまとめたものである.標本数は 8 万 9925 であり,産業分類は 33 種類に分かれている.推計されたパラメータは固定効果推定とランダム効果推定でほぼ同じであり,推定方法がパラメータ推計にバイアスを与えていないことがわかる.固定効果推定を見ると,労働者数のラグにかかるパラメータは 0.872 であり,かなり雇用調整は遅いと読める.実質賃金は理論通り負の効果を持っている.それ以外の財務変数や売上高も雇用調整を促進する方向に有意に効いている.最後の行の F 検定は固定効果推定とプーリング推定を比較したものであるが,固定効果が有意ではないという帰無仮説は棄却されている.また,ハウスマン検定の結果はランダム効果推定が説明変数と相関していないという帰無仮説を棄却するもので,固定効果推定が残る.固定効果推定,ランダム効果推定ともに高い決定係数を記録しており,モデルとしてのフィットは極めて良好である.

図表 6.2 では Arellano-Bond 推定を行った.ここでは id は各企業に割り振っている.この推定方法では労働者数のラグにかかるパラメータが 0.399 と大幅に低下している.逆に実質賃金の負の効果は大きくなっている.また,財務変数や売上高の効果も大幅に小さくなるか,有意性が落ち

図表 6.1　雇用調整関数の操作変数法推定

Dependent Variable: lnL	Fixed		Random	
	Estimated Coefficient	z-statistics	Estimated Coefficient	z-statistics
lnrs	0.1064257	32.34	0.1042144	32.04
lnL1	0.8726691	250.21	0.8749978	253.60
lnw	−0.1416748	−39.50	−0.1400051	−39.22
darat	0.1969855	19.88	0.1934163	19.34
darat2	0.0046667	8.35	0.0046318	8.29
ocaprat	0.2612128	27.61	0.2576575	27.01
_cons	0.2059450	14.57	0.2274617	14.64
Diagnostic Test				
Number of observation	89925		89925	
Number of groups	33		33	
R-sq:　within	0.9676		0.9676	
between	0.9847		0.9852	
overall	0.9674		0.9675	
F test that all u_i=0:	$F(32, 89886) = 43.11$		—	
sigma_u	0.04245679		0.02351515	
sigma_e	0.17164877		0.17164304	
rho	0.05765323		0.01842330	
Hausman specification test	$chi2(6) = 24.36$		$Prob > chi2 = 0.0004$	

注1) 被操作変数=lnrs. 操作変数=lnL1, lnw, darat, darat2, ocaprat, lnk, ss.
注2) ランダム効果推計は Baltagi(2001) の the error component two-stage least square (EC2SLS) に従っている.

図表 6.2　雇用調整関数の GMM 推定

Dependent Variable: lnL	GMM	
One-step results	Estimated Coefficient	z-statistics
lnL1	0.3993	16.04
lnw	−0.2334	−51.77
darat	0.0159	0.87
darat2	0.0017	0.81
ocaprat	0.0868	7.01
lnrs	0.0020	4.67
_cons	−0.0101	−5.15
Diagnostic Test		
Number of observation	42244	
Number of groups	23300	
Sargan test	$chi2(4) = 97.92$　$Prob > chi2 = 0.00$	
Wald test	$chi2(6) = 2975.32$	
Arellano–Bond test for residual AR(1)	$z = -22.16$　$Prob > z = 0.00$	

注1) 操作変数=lnk, ss.

ているなど，通常の操作変数による 2SLS 推定の結果とは異なっている．一つの理由として，図表 6.2 の Arellano-Bond Test として表示されている誤差系列相関検定で示唆されているように，誤差系列相関があり，通常の操作変数法では一致推定が得られていない可能性が考えられる．操作変数による 2SLS 推定と Arellano-Bond 推定の優劣をつける検定方法はいまのところないので総合的に判断するほかない．

　ここでは推計の性格が違うので利用しなかったが，Hausman and Taylor(1981)の推定方法も STATA コマンドにあり，xthteylor というコマンドを使えば簡単に推定できる．

第 III 部　応　用

第7章 企業パネルデータの分析

7.1 はじめに

本章では『企業活動基本調査』を用いて，1990年代の日本の企業活動と企業財務の相互関連性について包括的な分析を行ってみたい[1]．

『企業活動基本調査』はわが国の企業活動の実態を明らかにし，企業に関する施策の基礎資料を作ることを目的として1992年(平成4年)より統計法に基づく(旧)通商産業省企業活動基本調査規則によって実施されている指定統計調査である．本調査は日本標準産業分類に掲げる大分類D(鉱業)，F(製造業)およびI(卸売・小売業，飲食店)に属する事業所を有する企業のうち，従業員50人以上かつ資本金または出資金3000万円以上の会社全てを調査対象としている．これは，サンプル調査ではなく，一定の水準を満たす全ての企業を対象としているという意味では悉皆調査である．サンプルサイズは各年おおよそ2万6000社である．調査項目としては(1)企業の設立形態，設立時期，(2)事業組織・従業員数，(3)資産・負債および資本ならびに投資，(4)企業間取引および海外取引，(5)研究開発，(6)技術の所有および取引状況，(7)親会社・子会社・関連会社の状況などを調べている．

先にこの調査は悉皆調査であると指摘したが，そのため，同一企業の調査結果を複数年にわたって追跡することができる．すなわち，同一主体のデータを複数年にわたって接続してパネルデータを作成することができる．

---

[1] 本章は日本アプライドリサーチ研究所主催「企業統治構造分析委員会」で行われた研究「市場競争と企業業績」(『我が国企業における統治構造の変化と生産性の関係に関する調査研究(2)』第5章，機械振興協会経済研究所 2002年3月)および北村(2003b)に大幅に加筆修正を加えたものである．アプライドリサーチ研究所ならびに経済産業省企業統計室より多大なご協力を得，『企業活動基本調査』の個票を利用させていただいたことに対して深く感謝する．

7.2 『企業活動基本調査』より見た1990年代の企業行動

日本経済は1990年代に入り未曾有の長期不況を経験した．その中で企業は様々な問題に直面してきた．とりわけ，資産価格の下落に伴って企業のバランスシートの状況が悪化し，それが実体経済の企業活動にも悪影響を与えたと言われている．

このいわゆる「失われた10年」をどのように見るのかという点については合意があるとは思えないが[2]，簡単化すれば，1980年代後半に発生した資産バブルが1990年代初めにはじけた結果，経済活動が通常の景気後退期以上に停滞・収縮してしまったということであろう．とりわけ，経済活動の中心的役割を果たすべき金融機関が，回収の難しい債権（不良債権）を大量に抱え込み，政府による資金注入や日本銀行の低金利政策に支えられて，かろうじて破綻を回避しつつ不良債権の償却を延々と行っているというのが現状であろう[3]．

しかし，これまでの議論は金融政策とその波及経路上に位置する銀行業の景気に与える影響に集中し，株式市場の資産バブル崩壊後の効果，とりわけ株式市場の情報発信機能についての分析や，社債市場の情報，そして金融ビッグバンの背景にあった，企業の直接金融の推進，その裏面の個人投資家・機関投資家の育成などについての評価や現状についてはあまり語られることがなかった．とりわけ，企業サイドの分析でも負債の話は出てきたが，株式市場の意義についての分析は少なかったように思える．本章はそのギャップを少しでも埋めようとする試みである．

まず，図表7.1は『企業活動基本調査』に収録されている企業数を業種

---

2) 例えば，岩田・宮川（2003）を参照．
3) この理由として，企業とそのメインバンクとしての銀行の間には長期的取引関係があり，企業が経営不振に陥ったときには救済するということが暗黙の契約事項であったがために，銀行はメインバンク関係を持つ企業に対してはなかなか思いきった不良債権処理が実行できないという側面がある．また同時に，現在不良債権を抱えているとされる，不動産関連，ゼネコン，デパート・スーパーなどの流通小売業などに多額の融資をした銀行業，その他の金融機関は，その規模ゆえに処理を行えず，追い貸しを続けているという側面もある．後者の点については小林・才田・関根（2002）を参照．

毎に分類したものである．図表より明らかなように，食料品製造業，電気機械器具製造業を中心とした機械器具製造業，卸売業，小売業などが大きなシェアを占めていることがわかる．時系列で見ると，サンプル数がほとんど変らない産業もあれば，飲食店，金融・保険業，不動産業などは大幅に増えている．上場シェアというコラムは図表 7.1 に含まれている企業のうち証券市場に上場している企業のシェアを求めたものである．『企業活動基本調査』に含まれる企業の約 9% が上場企業であることがわかる．産業別に見ればそのシェアは変動しているが企業数の多い産業の中では化学工業のシェアが高い (20% 強)．また，図表 7.1 では企業の参入，退出についても調べてある．この数字については，2 つの解釈が可能である．一つは実際に産業組織上の新規参入と退出である可能性ともう一つは統計サンプル上の変動ということである．すなわち，これらの産業は資本金 3000 万円以上かつ雇用者 50 人以上の企業という条件の下で調査されているがために，この条件を上下するだけで，実際の企業活動に変化はなくとも参入，退出が起こったように見えるということである．またこの期間中に金融・保険業やサービス業などで調査サンプルの大幅な増加を行っていることにも注意されたい．

　図表 7.2 は以下で用いる変数名の定義を表にしたものである．固定資産，負債などの変数は，必要に応じてそれぞれ適切なデフレータで実質化して用いている[4]．

　いくつかの変数について説明しておきたい．財務関係の指標としては，流動性比率 ($liqratio$) は流動性資産を流動性負債で割ったものである．平均は 1.60 であり，平均的には企業は十分な流動性準備を持っているということである．自己資本比率 ($ocratio$) は自己資本 (総資本−負債) を総資産で割ったものであり，一般的には自己資本比率が高いほど安全性が高いことを意味している．全サンプルの平均は 0.27 である．自己資本比率の裏返しの指標が負債資産比率 ($daratio$) である．これは平均 0.76 で自己資本比率

---

[4] 実際には，『国民経済計算年報平成 14 年版 (2002)』(内閣府) より産業別 GDP デフレータ，家計部門デフレータ，マクロ GDP デフレータなどを用いた．基準年は 1995 年である．

図表 7.1 産業別企業数

ARIコード 業種名	合計企業数	上場シェア(%)		1991	1994	1995	1996	1997	1998	1999	2000
1 農林水産業	90	8.89	企業数	11	13	15	14	11	9	8	9
			変化なし	0	3	10	10	10	7	6	5
			新規参入	11	10	5	4	1	2	2	4
			退出	—	8	3	5	4	4	3	3
			純増	11	2	2	−1	−3	−2	−1	1
50 鉱業	481	6.24	企業数	53	53	60	63	64	63	62	63
			変化なし	0	32	42	49	53	51	57	48
			新規参入	53	21	18	14	11	12	5	15
			退出	—	21	11	11	10	13	6	14
			純増	53	0	7	3	1	−1	−1	1
90 建設業	3,463	9.70	企業数	242	494	511	488	459	464	418	387
			変化なし	0	140	370	393	376	375	364	296
			新規参入	242	354	141	95	83	89	54	91
			退出	—	102	124	118	112	84	100	122
			純増	242	252	17	−23	−29	5	−46	−31
120 食料品製造業	11,244	7.19	企業数	1,302	1,325	1,430	1,413	1,420	1,461	1,479	1,414
			変化なし	0	972	1,087	1,203	1,182	1,239	1,289	1,228
			新規参入	1,302	353	343	210	238	222	190	186
			退出	—	330	238	227	231	181	172	251
			純増	1,302	23	105	−17	7	41	18	−65
130 飲料・たばこ・飼料 製造業	1,754	13.11	企業数	232	222	227	223	209	216	217	208
			変化なし	0	179	192	195	186	186	193	186
			新規参入	232	43	35	28	23	30	24	22
			退出	—	53	30	32	37	23	23	31
			純増	232	−10	5	−4	−14	7	1	−9
140 繊維工業	3,536	8.14	企業数	626	480	457	428	433	404	375	333
			変化なし	0	386	383	375	376	356	344	299
			新規参入	626	94	74	53	57	48	31	34
			退出	—	240	97	82	52	77	60	76
			純増	626	−146	−23	−29	5	−29	−29	−42
150 衣服・その他の繊維製品 製造業	3,894	2.85	企業数	519	556	563	532	502	457	410	355
			変化なし	0	343	417	451	421	382	353	298
			新規参入	519	213	146	81	81	75	57	57
			退出	—	176	139	112	111	120	104	112
			純増	519	37	7	−31	−30	−45	−47	−55
160 木材・木製品製造業 (家具を除く)	1,419	2.68	企業数	189	172	193	175	184	177	169	160
			変化なし	0	123	139	154	143	148	143	135
			新規参入	189	49	54	21	41	29	26	25
			退出	—	66	33	39	32	36	34	34
			純増	189	−17	21	−18	9	−7	−8	−9
170 家具・装備品製造業	1,584	5.56	企業数	228	206	200	198	194	192	185	181
			変化なし	0	141	154	166	151	148	156	147
			新規参入	228	65	46	32	43	44	29	34
			退出	—	87	52	34	47	46	36	38
			純増	228	−22	−6	−2	−4	−2	−7	−4
180 パルプ・紙・紙加工品 製造業	3,592	7.18	企業数	426	452	464	454	458	451	447	440
			変化なし	0	348	388	402	397	403	400	386
			新規参入	426	104	76	52	61	48	47	54
			退出	—	78	64	62	57	55	51	61
			純増	426	26	12	−10	4	−7	−4	−7
190 出版・印刷・同関連産業	6,288	4.21	企業数	670	722	785	784	806	848	848	825
			変化なし	0	512	618	687	695	726	752	727
			新規参入	670	210	167	97	111	122	96	98
			退出	—	158	104	98	89	80	96	121
			純増	670	52	63	−1	22	42	0	−23
200 化学工業	7,645	20.43	企業数	920	942	982	986	956	944	971	944
			変化なし	0	762	843	886	873	857	876	841
			新規参入	920	180	139	100	83	87	95	103
			退出	—	158	99	96	113	99	68	130
			純増	920	22	40	4	−30	−12	27	−27
210 石油製品・石炭製品 製造業	463	14.25	企業数	61	59	57	58	57	59	57	55
			変化なし	0	47	50	51	53	52	52	53
			新規参入	61	12	7	7	4	7	5	2
			退出	—	14	9	6	5	5	7	4
			純増	61	−2	−2	1	−1	2	−2	−2

153

図表 7.1 産業別企業数（つづき）

ARIコード 業種名	合計企業数	上場シェア(%)		1991	1994	1995	1996	1997	1998	1999	2000
220 プラスチック製品製造業	5,377	7.48	企業数	607	639	673	683	692	686	709	688
			変化なし	0	444	505	573	582	591	614	577
			新規参入	607	195	168	110	110	95	95	111
			退出	—	163	134	100	101	101	72	132
			純増	607	32	34	10	9	−6	23	−21
230 ゴム製品製造業	1,206	13.10	企業数	152	151	155	154	155	151	145	143
			変化なし	0	111	125	137	130	132	133	124
			新規参入	152	40	30	17	25	19	12	19
			退出	—	41	26	18	24	23	18	21
			純増	152	−1	4	−1	1	−4	−6	−2
240 なめし革・同製品・毛皮製造業	367	1.91	企業数	58	52	47	43	43	46	38	40
			変化なし	0	39	37	36	36	34	34	31
			新規参入	58	13	10	7	7	12	4	9
			退出	—	19	15	11	7	9	12	7
			純増	58	−6	−5	−4	0	3	−8	2
250 窯業・土石製品製造業	4,943	9.75	企業数	644	647	655	643	624	604	572	554
			変化なし	0	486	537	562	532	538	512	479
			新規参入	644	161	118	81	92	66	60	75
			退出	—	158	110	93	111	86	92	93
			純増	644	3	8	−12	−19	−20	−32	−18
260 鉄鋼業	3,383	13.30	企業数	456	421	443	430	426	408	388	411
			変化なし	0	314	345	377	361	350	346	336
			新規参入	456	107	98	53	65	58	42	75
			退出	—	142	76	66	69	76	62	52
			純増	456	−35	22	−13	−4	−18	−20	23
270 非鉄金属製造業	2,675	11.25	企業数	331	336	350	335	323	340	332	328
			変化なし	0	247	276	292	284	280	290	280
			新規参入	331	89	74	43	39	60	42	48
			退出	—	84	60	58	51	43	50	52
			純増	331	5	14	−15	−12	17	−8	−4
280 金属製品製造業	8,153	7.98	企業数	997	987	1,052	1,036	1,015	1,043	1,022	1,001
			変化なし	0	650	778	862	838	840	884	828
			新規参入	997	337	274	174	177	203	138	173
			退出	—	347	209	190	198	175	159	194
			純増	997	−10	65	−16	−21	28	−21	−21
290 一般機械器具製造業	13,036	12.83	企業数	1,555	1,575	1,654	1,662	1,676	1,654	1,628	1,632
			変化なし	0	1,120	1,266	1,385	1,359	1,382	1,402	1,361
			新規参入	1,555	455	388	277	317	272	226	271
			退出	—	435	309	269	303	294	252	267
			純増	1,555	20	79	8	14	−22	−26	4
300 電気機械器具製造業	16,410	11.36	企業数	1,960	1,991	2,104	2,113	2,092	2,069	2,049	2,032
			変化なし	0	1,450	1,631	1,785	1,774	1,782	1,794	1,688
			新規参入	1,960	541	473	328	318	287	255	344
			退出	—	510	360	319	339	310	275	361
			純増	1,960	31	113	9	−21	−23	−20	−17
310 輸送用機械器具製造業	9,333	11.60	企業数	1,098	1,154	1,201	1,189	1,188	1,199	1,183	1,121
			変化なし	0	856	958	1,035	1,024	1,036	1,043	983
			新規参入	1,098	298	243	154	164	163	140	138
			退出	—	242	196	166	165	152	156	200
			純増	1,098	56	47	−12	−1	11	−16	−62
320 精密機械器具製造業	2,891	10.93	企業数	365	337	357	379	365	367	367	354
			変化なし	0	240	262	306	297	300	307	292
			新規参入	365	97	95	73	68	67	60	62
			退出	—	125	75	51	82	65	60	75
			純増	365	−28	20	22	−14	2	0	−13
340 その他の製造業	2,386	10.73	企業数	292	305	334	333	286	299	270	267
			変化なし	0	152	191	233	212	210	222	188
			新規参入	292	153	143	100	74	89	48	79
			退出	—	140	114	101	121	76	77	82
			純増	292	13	29	−1	−47	13	−29	−3
350 電気・ガス・熱供給・水道業	200	23.00	企業数	2	24	14	13	15	14	14	104
			変化なし	0	2	10	11	11	13	12	9
			新規参入	2	22	4	2	4	1	2	95
			退出	—	0	14	3	2	2	2	5
			純増	2	22	−10	−1	2	−1	0	90

図表 7.1 産業別企業数(つづき)

ARIコード 業種名	合計企業数	上場シェア(%)		1991	1994	1995	1996	1997	1998	1999	2000
400 運輸・通信業	613	5.06	企業数	35	82	88	81	94	77	76	80
			変化なし	0	17	66	66	70	65	59	52
			新規参入	35	65	22	15	24	12	17	28
			退出	—	18	16	22	11	29	18	24
			純増	35	47	6	−7	13	−17	−1	4
480 卸売業	55,165	6.97	企業数	6,838	6,938	7,120	7,122	7,028	6,908	6,803	6,408
			変化なし	0	5,023	5,614	5,998	5,926	5,845	5,825	5,495
			新規参入	6,838	1,915	1,506	1,124	1,102	1,063	978	913
			退出	—	1,815	1,324	1,122	1,196	1,183	1,083	1,308
			純増	6,838	100	182	2	−94	−120	−105	−395
540 小売業	28,259	6.98	企業数	3,197	3,293	3,638	3,735	3,606	3,680	3,587	3,523
			変化なし	0	2,389	2,741	3,070	3,001	3,053	3,038	2,903
			新規参入	3,197	904	897	665	605	627	549	620
			退出	—	808	552	568	734	553	642	684
			純増	3,197	96	345	97	−129	74	−93	−64
600 飲食店	1,895	10.18	企業数	43	72	65	58	383	425	427	422
			変化なし	0	27	39	36	39	298	336	320
			新規参入	43	45	26	22	344	127	91	102
			退出	—	16	33	29	19	85	89	107
			純増	43	29	−7	−7	325	42	2	−5
620 金融・保険業	141	17.02	企業数	7	7	9	11	6	2	3	96
			変化なし	0	4	4	8	3	1	2	2
			新規参入	7	3	5	3	3	1	1	4
			退出	—	3	3	1	8	5	0	1
			純増	7	0	2	2	−5	−4	1	93
700 不動産業	224	12.05	企業数	17	27	27	25	23	31	28	46
			変化なし	0	4	16	16	15	14	19	17
			新規参入	17	23	11	9	8	17	9	29
			退出	—	13	11	11	10	9	12	11
			純増	17	10	0	−2	−2	8	−3	18
715 サービス業	6,365	7.49	企業数	212	544	526	492	484	522	554	3,031
			変化なし	0	124	359	365	318	369	399	370
			新規参入	212	420	167	127	166	153	155	2,661
			退出	—	88	185	161	174	115	123	184
			純増	212	332	−18	−34	−8	38	32	2,477
計	208,475	8.80		24,345	25,278	26,456	26,353	26,277	26,270	25,841	27,655

と足し合わせるとほぼ1になる．いま一つの負債指標は負債比率($dqratio$)であり，負債を自己資本で割ったものである．平均は5.46であり，負債は自己資本のおよそ5.5倍あるということを意味している．

収益性に関する指標としては，代表的なものとして，総資産利益率(ROA＝経常利益/総資産)[5]がある．ROAは分母に株主から拠出された自己資本(株主資本)と債権者から拠出された他人資本の合計である総資産を用い，分子には営業利益に財務活動の成果である受取利子，配当金などの営業外利益が入る経常利益を用いる．これは，企業が保有している資産をどれだけ効率的に運用したかを知る有益な指標である．全サンプルの平均で

---

[5] 小田切(2000, pp. 15-17)によれば，より厳密な総資産利益率の定義は次のように与えられる．総資産利益率＝(経常利益＋営業外費用)/総資産．本研究ではこれまでの慣習に従った定義を用いるが，このことは慣習的な定義が正しいことを主張するものではない．

図表7.2 変数名の定義

変数名	定義
emp	常時従業者数合計(L)
K	固定資産
Asset	資産合計
Debt	負債合計
sh1	商品売上シェア
hi1	ハーフィンダール指数
roa	総資産利益率(ROA)
profit1	売上高収益率＝税引後当期利益/売上高合計
profit2	総資産収益率＝税引後当期利益/資産合計
tax	実効税率
tax2	実効税率の2乗
daratio	負債資産比率(Debt/Asset)
daratio2	負債資産比率の2乗(Debt/Asset)^2
dqratio	負債自己資本比率
dqratio2	負債自己資本比率の2乗
liqratio	流動性比率
ocratio	自己資本比率
cper	株価総額/総資産(MtoB)のパーセント表示
roa2	税引後当期利益/総資産(ROA2)
roe1	税引後当期利益/自己資本(ROE1)
roe2	税引後当期利益/株価総額(ROE2)
market	上場＝1，非上場＝0

0.03である．総資産には無形固定資産など必ずしも生産活動に直接使われていないものも含まれているが[6]，総じて実質資本収益率が3％程度であることを意味している．これは，1990年代後半の値であることを考えると，むしろ高い値であろう．この時期，名目金利は0.5％程度であり，デフレ率が1-1.5％程度であるとすれば，事後的な実質金利は1.5-2.0％ということになるが，実物経済の資本収益率はそれをかなり超えていたということを意味する．

その他2つほど収益性指標を考慮した．売上高収益率($=profit1=$税引後当期利益/売上高合計)および総資産収益率($=profit2=$税引後当期利益/資産合計)である．これはROAとROE(＝税引後当期利益/自己資本)の中間的な指標であり，税引後当期利益を自己資本以外の資本概念で割ってその収益率

---

[6] すなわち，営業権やのれん，特許権，著作権などは，企業にとっては資産であるが，それを用いるためのレンタル・コストはかからない．その意味で，総資産で経常利益を割ると資本収益率を低く見積もることになることには注意を要する．

を求めたものである．売上高収益率も総資産収益率も平均は 0.01 となっており，ROA より格段に低い．

これらの指標のうち，企業経営者がどれを見ているかは，それぞれの企業によって違うだろうし，極めて実証的な問題ではあるが，一般には近年の経営やファイナンスの世界では ROA や ROE に関心が払われている．しかし第 7.4 節の議論で明らかになるように収益率の指標として我々の問題意識に合致しているのは売上高収益率（$profit1$）であり，本章では売上高収益率に焦点を当てて，議論を進めていきたい．

生産財・サービス市場の売上競争条件について調べたのが，商品売上シェア（$sh1$）とそのハーフィンダール指数（$hi1$）である．売上シェアの平均は 0.0027 であり，最小が 0，最大が 0.74 となっている[7]．売上シェアの 2 乗を加算したものがハーフィンダール指数であり，集中度を測る簡便な指標として用いられている．平均が 0.0289 で，最小が 0，最大が 0.74 である．一般に，個別企業の直面する市場競争の条件を見るには売上シェアを，産業全体の企業集中度を見るにはハーフィンダール指数を用いる．

以下の議論ではサンプルの異質性をコントロールする意味でコア製造業に分析を集中している．すなわち，化学工業（ARI コード=200），石油製品・石炭製品製造業（210），プラスチック製品製造業（220），ゴム製品製造業（230），窯業・土石製品製造業（250），鉄鋼業（260），非鉄金属製造業（270），金属製品製造業（280），一般機械器具製造業（290），電気機械器具製造業（300），輸送用機械器具製造業（310），精密機械器具製造業（320）の 12 業種である[8]．既に図表 7.1 で見たように『企業活動基本調査』には卸業，小売業，サービス業など第三次産業が多く含まれており，ここで用いる 12 業種のコア製造業は全サンプル数で見れば約 3 分の 1 を占めているに過ぎないが，生産高ではコア製造業が大きな割合を占めている．

---

[7] ある商品に対しては独占的な供給を行っている企業もあるかもしれないが，ここでの商品売上シェアは各企業の販売している全ての商品の売上を加重平均したシェアであり，実際，全ての商品で完全独占している企業は存在しないので，シェアの最大値が 1 となることはない．

[8] 製造業には，食料品製造業（120）をはじめ繊維，木材，家具，パルプ・紙，出版・印刷や，なめし革・同製品・毛皮製造業（240）とその他の製造業（340）などが含まれているが，比較的規模が小さく，変動が大きいために除外した．

7.3 ミクロ経済学からのアプローチ

第7.2節で述べてきたような企業行動を理論的, 実証的に検証するにはどのようなアプローチが適切であろうか. 本章での主要な関心事は市場競争や企業財務, コーポレート・ガバナンスを通した経営規律が収益率で測られる企業業績にどのような影響を与えるのかということにある.

市場に参加している企業の数が限られており, 他社の行動が自社に影響を与えるような財市場の市場競争を扱ったモデルは寡占競争モデルとして既に理論的には確立されている. 本章でも, 寡占市場モデルをベースに議論をすすめていく.

コーポレート・ガバナンス関連の要因としては, 資本調達あるいは財務選択が企業業績にどのような影響を与えているのかを見ることが重要である. すなわち, 資本調達については, 貸し渋りや政策的低金利, 株式市場など様々な要因が制約となっている. 上場企業は株式市場にアクセスがあり, 資金調達の選択肢が広いことを意味する反面, 株式市場を通した企業評価や投資家からのプレッシャーが経営を難しくすることがある. 従って, 企業の中には非上場にとどまることを意図的に選択するものもある. 本章では株式市場への上場・非上場が企業収益率にどのような違いをもたらしているのか, 株式市場からの資金調達と負債の関係は代替的なのか補完的なのか, その収益率への影響はどうなっているのかを調べたい.

この側面に関しては, 本章ではモジリアーニ=ミラー定理を再検討することによって資本構成が最適水準からどのようにずれているのかを直接扱うことにする. その際, 比較静学的な分析ではなく, ダイナミックな分析が必要であることを強調したい.

7.3.1 財市場競争モデル

ここでは n 社の寡占産業を考える[9]. 簡単化のために, 財は同質的で,

---

9) ここでのモデルは Martin(2002)および小田切(2001, 第3章)を参照している.

企業の参入退出はないものとする．退出がないということはnが固定されていることを意味し，参入がないということは需要価格が総生産量Qのみに依存することを意味する．

企業の利潤は次のように定義される．

$$\pi_i = p(Q)q_i - C_i(q_i) \tag{1}$$

ここでq_iが企業i社の生産高とすると，$Q=\sum_{i=1}^n q_i$は総生産量，$p(Q)$は総需要より求められる価格，C_iは生産費用関数である．

利潤最大化条件は次のように与えられる．

$$\frac{\partial \pi_i}{\partial q_i} = \frac{\partial p}{\partial Q}(1+\lambda_i)q_i + p(Q) - \frac{\partial C_i}{\partial q_i} = 0 \tag{2}$$

ただし$\lambda_i \equiv \frac{\partial Q_{-i}}{\partial q_i}$，$Q_{-i}=Q-q_i$とする．

寡占モデルの特徴は，限界収入が他社の生産量および他社生産量の自社生産量への反応に依存していることであり，この反応はλ_iで表されており，自社が生産量を1単位増やしたときに，ライバル企業を合わせて何単位の生産量変化が生じるかについてのi社の予測を示すもので，推測的変動(conjectural variation)と呼ばれている[10]．

市場構造は集中度で測られることがある．最も簡単な指標は生産財の売上シェアであろう．

$$S_i = \frac{q_i}{Q} \tag{3}$$

代替的な指標はハーフィンダール＝ハーシュマン指数(Herfindahl-Hirschman Index．以下ではハーフィンダール指数(H)と表記する)と呼ばれているもので(3)式の売上シェアを2乗して足し合わせたものである．

---

10) $\lambda_i=0$であれば，i社は自社が生産量を変更してもライバル企業は今まで通りの生産量を維持するだろうと予測していることを意味し，全ての企業がこの仮定を満たしている場合にはクルノー均衡に達する(クルノーのケース)．$\lambda_i=-1$であれば，i社は自社が生産量を増やすとライバル企業が同じ量だけ生産量を減らし，産業全体の供給量は変らないと予想していることになる．この時の均衡は完全競争均衡と一致する(完全競争のケース)．$\lambda_i=1$の時にはi社の生産量の変化に対してライバル企業も全く同量変化させるので，売上シェアは不変である(結託のケース)．推測的変動では$-1\leq\lambda_i\leq 1$を包括的に考慮しており，上述の3ケースは全て特殊ケースとして扱うことができる．

$$H \equiv \sum_{i=1}^{n} S_i^2 \qquad (4)$$

ここでハーフィンダール指数(H)の経済学的な意味を理解するために，当該産業の売上シェアの平均 μ と分散 σ^2 を次のように定義する．

$$\mu \equiv \frac{\Sigma S_i}{n} = \frac{1}{n} \quad (\because \Sigma S_i = 1) \qquad (5)$$

$$\sigma^2 \equiv \frac{\Sigma (S_i - \mu)^2}{n} = \frac{\Sigma S_i^2 - n\mu^2}{n} = \frac{H}{n} - \frac{1}{n^2} \qquad (6)$$

(6)式より，次の関係式が導ける．

$$H = n\sigma^2 + \frac{1}{n} \qquad (7)$$

H が増加するのは企業数 n が減るか，売上シェアの分散が大きくなるかのいずれかの場合である．また $\sigma^2 \geq 0$，$H \leq 1$ より，次の関係が導ける．

$$\frac{1}{n} \leq H \leq 1 \qquad (8)$$

売上シェアを実証的に推計する場合，いくつかの問題がある．第一に，生産財は市場価値で測るのか，数量で測るのか，数量の場合，財の質の違いはどうするのか，といった問題がある．第二に，企業は多角化しており，多くの企業は非常に多くの種類の財を生産しており，教科書的に1財のシェアだけを求める場合は少ない．むしろ現実的には，それぞれの財のシェアを計算して，企業毎の売上比率により加重平均するという方法が採られることが多いが[11]，指数論的には企業毎のバスケットの中身が違うので，比較可能性という意味では問題が残る．第三に，売上シェアは国内生産だけで計算するのか，外国との貿易も含めた総売上で計算するのかという問題がある．これはマーケットをどの範囲まで考えるのかという問題でもあるが，統計データとして世界中の企業の生産財を捕捉することは不可能であり，何らかの妥協が必要になる．

(2)式は次のように書き換えることができる．

---

11) 本章でも売上シェアは各財の企業毎の売上シェアを求めて，それを企業内の売上比率にウェイト付けして，各企業の売上シェアとハーフィンダール指数を計算している．

$$\frac{p - MC_i}{p} = \frac{S_i(1 + \lambda_i)}{\eta} \qquad (9)$$

ここで，$MC_i = \frac{\partial C_i}{\partial q_i}$(限界費用)，$S_i = \frac{q_i}{Q}$(売上シェア)，$\eta = -\frac{\partial Q}{\partial p} \cdot \frac{p}{Q}$(需要の価格弾力性)とする．

もし $\lambda_i = \lambda \ \forall i$ であれば，$MC_i < MC_j$ のとき $S_i > S_j$ である．すなわち，均衡では限界費用のより低い企業が生産量が多く，より大きな売上シェアを得るということである[12]．

完全競争の枠組みでは利潤最大化と費用最小化は一致する．しかし本章では寡占モデルを考えており，需要も労働や資本といった投入財も他社の行動に制約されている．完全競争下では生産量は限界費用曲線と需要曲線が一致する点で決まり，寡占市場では生産量は完全競争下より低く，価格は高いところで均衡することが知られている．

ところで，(9)式は均衡条件を表しているのであって，MC_i と S_i との因果関係について述べているわけではない[13]．(9)式の左辺はプライス・コスト・マージン(PCM)と呼ばれる．これは限界費用に関するものであり限界PCMと呼ぶこともある．平均PCMは(価格−平均可変費用 AC)/価格と定義でき，線形モデルでは MC_i は一定で，限界PCMと平均PCMは一致する．ここで，限界PCMの代わりに平均PCMを使い，(9)式の分子・分母に生産量を乗じて次のような関係を得る．

$$\frac{pq_i - AC_i \cdot q_i}{pq_i} = \frac{SA - VC}{SA}$$

$$= \frac{PR + FC}{SA} \qquad (10)$$

ここで，SA=売上高，VC=可変費用，PR=収益，FC=固定費用である．

これは(収益＋固定費用)/売上高を表しており，一種の収益性指標と見ることができる．(9)(10)式よりPCMと売上シェアは正の相関があることがわかる．実証データでこの平均PCMに近い収益性指標は次の定義に

---

[12] 小田切(2001, p.38)の定理 3．
[13] 一般的には費用関数が所与であるとすれば，因果関係は左辺から右辺，すなわち，限界費用が売上シェアを決めていると考えられる．

なるだろう．

$$売上高収益率(profit1) = \frac{税引後当期利益}{売上高合計} \tag{11}$$

$profit1$ を(9)式と(10)式に代入して整理すると，ミクロ・パネルデータを用いた実証用の推計式を得ることができる．

$$profit1_{it} = \alpha_i + \beta S_{it} + \sum_i \gamma_i X_{it} \tag{12}$$

ここで X_{it} は他の説明変数である．

$\beta>0$ であれば，売上シェアが高ければ高いほど，収益率は高いことを意味する．この結果の精度はいかに適切に売上シェア S_i が測定できるかにかかっている．

7.3.2 最適資本構成モデル
──モジリアーニ＝ミラー定理と租税・倒産リスク

企業価値と企業財務の中立性を明らかにした研究に Modigliani and Miller(1958, 1963) がある．彼らの基本的な結果はモジリアーニ＝ミラー定理として知られ，企業の資本構成は企業価値とは無関係であるというもので，企業の投資行動や営業活動と資金調達の方法は分離して考えていいということを示唆したものである．

しかしこの結果が成立するためにはいくつかの条件を満たす必要がある．(1)資本市場が完全情報と完全競争の状況にある，(2)法人所得税も個人所得税もない，(3)倒産リスクはなく，それに伴うコストも考えない，(4)企業の投資計画は所与，(5)資本市場の取引コストはなく，常に裁定が働く．

このうち(1)(2)(3)(4)については Modigliani and Miller(1958)でも議論されている．実際，彼らはこれらの条件を緩和させて，現実に近づけるとどうなるかということを考えるための出発点としてモジリアーニ＝ミラー定理を提示したと明確に述べている．

Modigliani and Miller(1958)の議論の中で中立性を導くために最も重要な役割を果たしているのが，負債のある会社とない会社の間の株式の組

み換えによる裁定を投資家が行い，その結果として株価が調整され中立的な均衡が成り立つというメカニズムである．一般に企業価値は株価総額などで測られるが，全ての企業が証券市場に上場しているわけではないし，株式取引が広く行われて，適切な市場評価が与えられているとは限らない．後に the pecking order theory として知られるようになったが，銀行借入，株式発行，社債発行は企業の財務状況に応じて，適正基準があり，企業借入はその適正に応じて順序だって行われるものであって，株式調達も社債調達も自由に選択できる企業は限られているという現実がある．また，裁定取引の限界として，様々な取引コストや情報の非対称性に伴うエージェンシー・コストを考える必要があることも認識されてきた．

先に挙げた条件の中で，(2)(3)についてはある程度実証上の問題であり，租税や倒産リスクを考慮して，企業価値と企業財務間の代替関係を捉えようとする研究の中から，資本構成の最適性を求めることができるという考え方が支持されるようになってきた．

すなわち，租税を考慮すれば，負債に対する利払いが所得控除の対象となる．それに対して，株式発行に関しては配当に課税されるだけではなく，株式発行は所得控除の対象にはならない．従って，他の条件が同じであれば，負債で資金調達する方が，安上がりにつき，企業価値を上げるだろう．しかし，いくら負債金利が税制上控除されるといっても，資金調達を100%負債で行えば，返済負担が上昇し，倒産確率も上昇するので，負債コストの上昇を勘案すれば，どこか中間に最適な資本構成比が存在するはずであるというのが基本的なアイディアである[14]．

この関係を表すと次のようになる．

$$V_l^\tau = V_u^\tau + 節税効果の現在価値 - 企業経営（倒産リスク）の期待コスト$$
$$= V_u^\tau + \tau Debt - (\psi Debt + \omega Debt^2) + \alpha_i \quad (13)$$

ここで V_l^τ=負債下(levered)での企業価値，V_u^τ=無負債下(unlevered)で

---

14) Miller(1977)では法人税だけではなく個人所得税，とりわけ利子所得税，配当所得税，キャピタルゲイン所得税を考慮する必要があり，それを勘案すると，社会的な最適負債比率は決めることはできるが，資本コストという観点からは，各企業にとっての資金調達の中立性が成り立つことを示している．

の企業価値[15]，節税効果の現在価値は$\tau Debt$，τ=法人所得税率，$Debt$=負債残高，企業経営（倒産リスク）の期待コストは，例えば，負債の2次関数，$\psi Debt + \omega Debt^2$として表せ[16]，$\alpha_i$=観察不可能な倒産リスクの期待コストである．

これまでの実証研究では，主として個別企業のクロスセクション・データを用いて，(13)式を推計し，その係数の有意性を見ることで，中立性命題と最適資本構成命題を検証するということが行われてきた．

しかし，1980年代に最適資本構成であったとしても，1990年代にはそれは超過負債構成になっている可能性がある．すなわち，費用関数と市場収益率，倒産リスク，資本コストなどが変化する結果，最適資本構成も変化する．実際に，負債の返済が速やかに行われるのであれば，新しい最適資本構成に修正することは可能であるが，不況になると，多くの企業が負債を返済しようとするが，企業が同時にそのような資本構成の再構成を行おうとする結果，負債の返却のために資産を処分することが難しくなり（資産価値が低下し），質の悪い債権はますます不良化するというようなメカニズムが見られるようになる[17]．

このような状況は，これまでのようにクロスセクションの静学的な分析ではなく，パネルデータを使った，ダイナミックな分析を用いなければ解明できない[18]．図表7.3はそのようなダイナミックな関係を描いたものである．すなわち，1990年代には，一連の法人税改革で税率が引き下げられる一方で，株価やその他の資産価値はバブル崩壊後大きく低下し，不況による倒産リスクは高まり，企業のリストラが進められ，その結果として，資本構成も負債を大幅に減らす内生的な調整が必要になったと考えら

---

15) この価値には，企業のファンダメンタルズ，例えば，資本ストック，雇用者数，技術，経営手法，市場競争力などが含まれていると考えられる．
16) 理論的にはリスクの期待コストなので，将来のリスク予想に基づく変数があれば望ましいのだが，実証的にはそれらの変数は観察不可能な latent variable である．ここでは Modigliani and Miller (1958, p. 277) の Eq.(15) の定式化に従っている．
17) 資産の流動性の問題を明示的に分析している一連の研究に Holmström and Tirole (1993, 1996, 1997, 1998, 2001) がある．
18) Mayer and Sussman (2002) はコーポレート・ファイナンスの諸理論を再検討し，the pecking order theory，静学的最適資本構成モデルを否定した後で，唯一，否定できないモデルは動学的最適資本構成モデルであることを示している．

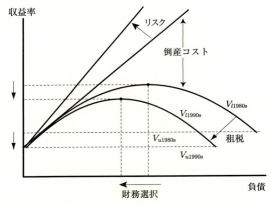

図表 7.3　収益率と負債のダイナミックな代替関係

れるのである．

近年，企業行動に関するパネルデータが利用可能になり，これらのダイナミックな要因を適切に取り込んだパネル推計を行うことができるようになった．次節ではその結果を報告する．

7.4　実証結果とその解釈

第7.3節の議論をふまえ，(12)式と(13)式を実証用にさらに特定化したものが，(14)式，(15)式である．(14)式と(15)式の違いは，(14)式は標準的なパネル推計モデルであり，(15)式は説明変数の内生性を考慮した操作変数法パネル推定モデルだということである．

$Profit1$の分布は業種によって違うが，ほぼ対称分布に従っている．説明変数の分布も調べたが，成長率および各種の財務指標は対称分布に従っており，統計学的には少なくとも不偏推定は可能である．また，既に論じたように，データ・サンプルから被説明変数($profit1$)の外れ値(4σの外)を除外するという処理を行って有効性も高めた．

標準的なパネル推定モデルとして次式を固定効果，ランダム効果，ビトウィーン推定についてそれぞれ推計する．

$$profit1_{it} = \alpha + \alpha_i + \beta\Delta\ln K_{it} + \gamma\Delta\ln emp_{it} + \phi sh1_{it} + \delta tax_{it} + \zeta tax_{it}^2$$
$$+\eta daratio_{it} + \theta daratio2it + \varphi market$$
$$+ \psi MtoB + \epsilon_{it} \qquad (14)$$

ここで，$profit1$＝売上高収益率，$\Delta\ln K$＝資本ストック成長率，$\Delta\ln emp$＝常時従業者数成長率，$sh1=S_{it}$＝商品売上シェア，tax＝実効税率＝租税公課/(租税公課＋税引後当期利益)，tax^2＝実効税率の2乗，$daratio$＝$Debt/Asset$＝負債資産比率，$daratio2=(Debt/Asset)^2$＝負債資産比率の2乗，$MtoB$＝市場評価資産(市価簿価)比率(％)の対数(上場＝実数＝$lncper$; 非上場＝0)である[19]．$market$ と $MtoB$ は代替的に用いる．

1990年代の日本企業が直面している財務上の問題としては(1)1980年代に上場企業に対して，過剰な融資が与えられ，その結果として，上場企業が最適資本構成から逸脱して過剰な負債を抱えることになっている，あるいは(2)株価バブルの崩壊後，株式市場から企業経営に対して発せられる何らかの負の情報が企業収益率を引き下げていることが考えられる．これを計量経済学的に検定すると，(1)に関しては負債資産比率とその2乗項の符号の有意性を検定する．(2)に対しては上場企業に対して，株式市場からの評価として市場評価資産比率($lncper$)を入れた回帰式を推計し，そのパラメータが有意かどうかを検定すればよい．

$MtoB$($lncper$)は株式市場の企業に対する評価の指標であり，対数をとる前の比率が1より大きければ市場が企業を資産価値以上に評価していることを意味し，1より小さければ市場は企業を資産価値以下にしか評価していないことを意味している[20]．

ここで用いた説明変数として資本ストック成長率，常時従業者数成長率，商品売上シェア，実効税率，実効税率の2乗については外生変数と

---

19) 実際には，市場評価資産比率をパーセント表示し，その対数をとると，1観察点を除いて全て正となる．その1点を除外し，上場企業に対しては対数値を用い，非上場企業には0を割り当てている．変数としては $lncper$ を用い，カテゴリー分類する時は $MtoB$ と表示する．

20) 株価の市場価値自体が収益率の割引現在価値であるという考え方もあるので，$MtoB$ も内生変数として扱うべきだという議論もできる．ここでは，市場評価は企業の意思決定の外で行われるものだということで外生変数として扱っている．

して扱うことは可能だが，負債資産比率と負債資産比率の2乗に関しては企業の内生変数であると考えられる．第7.3.2節で論じたように，負債が租税の非線形関数であるとして，負債に関する追加的な操作変数として実効税率(tax)およびその2乗(tax^2)を用いて，負債資産比率とその2乗を内生変数(被操作変数)として扱う，操作変数法パネル推定を行う．

$$profit1_{it} = \alpha + \alpha_i + \beta\Delta\ln K_{it} + \gamma\Delta\ln emp_{it} + \phi sh1_{it}$$
$$+ \eta daratio_{it} + \theta daratio2_{it} + market + \epsilon_{it} \quad (15)$$

全体の推計結果は図表7.4に載せてある．パネルAは標準パネル推定の結果であり，パネルBは操作変数法パネル推定の結果である．パネルAでは全体として固定効果推定が選択されるが，パラメータやその有意性は固定効果推定もランダム効果推定もほぼ同じである．負債資産比率とその2乗項はそれぞれ有意でしかも符号が変わっており，売上収益率がそれらの変数から非線形の影響を受けていることを示唆している．より厳密には1乗項は負で2乗項が正なのは，この負債比率が下に凸のコスト関数として入っており，ある程度の負債比率を超えると，コストが増加していくことを意味している．もっとも，負債資産比率の1乗項が大きく負の影響を与えており，これが2乗項の正の影響を凌駕しており，全体としては負債資産比率は収益率に負の影響を与えていると言える．すなわち，負債資産比率は既に最適水準を超えていることを意味している．

実効税率は1乗項が正の効果を与えているが，2乗項は有意ではない．ここでは実効税率が高いほど収益率が高いことになるが，既に論じたように，租税自体は外生的に政府が決定しているとしても，節税効果を通して負債に影響を与えており，負債の内生性の問題に結びついていることに注意する必要がある．

また株式市場上場ダミーは強い負の効果を与えていることが確認された．これは，上場企業は株式市場に上場していることで，資金調達のオプションを握っているという正の効果より，株式市場の厳しい判断で経営が大きく負の影響を受けていることを意味している．

資本ストック成長率も常時従業者数成長率も収益率には正の効果を与え

図表 7.4 売上高収益率推計式(全体)

パネル A: 標準パネル推計

Dependent Variable: Profit1

	Fixed		Random		Between	
	Estimated Coefficient	t-statistics	Estimated Coefficient	z-statistics	Estimated Coefficient	t-statistics
Δlnk	0.0037	4.89	0.0037	4.93	0.0565	1.56
Δlnemp	0.0493	27.00	0.0494	27.04	0.2857	1.31
sh1	0.1619	6.97	0.1601	6.95	−0.0691	−0.16
daratio	−0.0730	−53.90	−0.0731	−54.06	−0.2419	−2.21
daratio2	0.0065	13.56	0.0065	13.64	0.0489	0.73
tax	0.0008	6.13	0.0008	6.12	0.0806	1.17
tax2	0.0000	0.53	0.0000	0.53	0.0004	0.58
market	−0.0136	−17.63	−0.0136	−17.62	−0.0307	−0.60
_cons	0.0600	73.41	0.0594	51.10	0.1355	4.00

Diagnostic Test

Number of observation	49338	49338	49338
Number of groups (ari)	12	12	12
R-sq: within	0.1120	0.1120	0.018
between	0.7652	0.7677	0.9363
overall	0.1174	0.1174	0.0187
F test that all u_i=0:	$F(11, 49318) = 23.64$	—	—
sigma_u	0.0042	0.0028	—
sigma_e	0.0495	0.0495	—
rho	0.0073	0.0031	—
Breusch and Pagan Lagrangian multiplier test for random effects:	$\text{chi2}(1) = 1652.45$ Prob > chi2 = 0.0000		—
Hausman specification test	$\text{chi2}(6) = 24.71$ Prob > chi2 = 0.0009		—

パネル B: 操作変数法パネル推計

Dependent Variable: Profit1

	Fixed		Random		Between	
	Estimated Coefficient	t-statistics	Estimated Coefficient	z-statistics	Estimated Coefficient	t-statistics
Δlnk	−0.0807	−0.14	−0.2430	−9.30	−0.0919	−0.01
Δlnemp	−0.2201	−1.56	0.0748	4.03	0.0141	0.00
sh1	−0.0150	−1.09	0.0062	4.70	0.0227	0.01
daratio	−0.0022	−0.04	0.0483	15.96	0.4518	0.11
daratio2	0.1963	1.03	0.1905	6.93	0.4248	0.04
market	−0.0795	−0.73	−0.0277	−11.50	−0.0011	0.00
_cons	0.2049	0.50	0.1426	14.44	0.0712	0.02

Diagnostic Test

Number of observation	49338	49338	49338
Number of groups (ari)	12	12	12
R-sq: within	—	0.0487	0.0467
between	0.4392	0.8213	0.8199
overall	0.0508	0.0527	0.0492
F test that all u_i=0:	$F(11, 49320) = 0.95$	—	—
sigma_u	0.0101	0.0000	—
sigma_e	0.1806	0.1806	—
rho	0.0031	0.0000	—
Hausman specification test	$\text{chi2}(6) = 4.83$ Prob > chi2 = 0.5659		—

注1) 被操作変数=daratio, daratio2. 操作変数=Δlnk, Δlnemp, sh1, tax, tax2, market.
注2) ランダム効果推計は Baltagi(2001) の the error component two-stage least square (EC2SLS) に従っている.

ており，企業が成長することは収益率を高めることを示唆している．本章での課題である，市場競争の企業業績への効果であるが，商品売上シェアは正の効果を持っており，理論通りの結果が得られている．

　パネルBはハウスマン検定の結果，ランダム効果が選択されている．固定効果推定では有意でなかった説明変数がランダム効果推定では強く有意に効いている．パネルAの固定効果推定の結果と比較すると，負債資産比率とその2乗項を内生変数として扱うことで，その負の効果がさらに強く出ている．他の変数のパラメータの値や有意性はほぼ同じである．

　北村(2003b)では『企業活動基本調査』の全サンプルを用いて同様のパネル推定を行ったが，そこでは，企業の異質性があまりに大きく，とりわけ負債要因を内生とした場合には，ファンダメンタルな変数も説明力を失った．そこで本章では，企業をコア製造業に絞って，異質性をコントロールした結果，推計結果の有意性が確保できた．

　図表7.5ではサンプルを実績に応じて3種類のグループに分けて，それぞれのグループの売上高収益率を推定した．3つのグループとは，(1)good：サンプル期間中一度も経常利益が負になったことのない企業，(2)alive：サンプル期間中経常利益が負になったことはあるが，2期続けて負になったことはない企業，(3)loss：サンプル期間中2期続けて経常利益が負になったことのある企業，である．北村(2003b)では経常利益が正か負でサンプルを分けたが，企業実績をより厳密に分類するという意味で上記の3分類を行った．

　図表7.4と同様に，パネルAが標準パネル推定の結果であり，パネルBは操作変数法パネル推定の結果が報告されている．図表7.5パネルAでは業績のいいgood企業では，ランダム効果推定が選択されるが，パラメータやその有意性は固定効果推定とランダム効果推定でほぼ同じである．具体的には，図表7.4のパネルAと比べると，売上シェアと上場ダミーの効果が低下し，負債資産比率の負の効果がより強く出ている．また，実効税率の1次項は係数が有意に負に効いており，これは図表7.4の結果と違っている．パネルBではランダム効果推定が強く選択されており，図表7.4パネルBと比較した場合，パラメータの値と符号はほぼ同

図表 7.5　売上高収益率推計式（業績別）（1）Good 企業

パネル A：標準パネル推計

Dependent Variable: Profit1	Fixed		Random	
	Estimated Coefficient	t-statistics	Estimated Coefficient	z-statistics
Δlnk	0.0060	8.99	0.0060	9.01
Δlnemp	0.0216	13.13	0.0216	13.15
sh1	0.0398	2.61	0.0387	2.55
daratio	−0.1123	−46.37	−0.1124	−46.40
daratio2	0.0366	20.26	0.0366	20.27
tax	−0.0034	−11.58	−0.0034	−11.59
tax2	0.0000	4.74	0.0000	4.75
market	−0.0086	−14.17	−0.0086	−14.15
_cons	0.0815	94.38	0.0807	61.74
Diagnostic Test				
Number of observation	24860		24860	
Number of groups (ari)	12		12	
R-sq: within	0.2126		0.2126	
between	0.7708		0.7719	
overall	0.2221		0.2221	
F test that all u_i=0:	$F(11, 24840) = 30.72$		—	
sigma_u	0.0038		0.0033	
sigma_e	0.0295		0.0295	
rho	0.0165		0.0124	
Breusch and Pagan Lagrangian multiplier test for random effects:	chi2(1) = 4943.48　Prob $>$ chi2 = 0.0000			
Hausman specification test	chi2(7) = 10.14　Prob $>$ chi2 = 0.1807			

パネル B：操作変数法パネル推計

Dependent Variable: Profit1	Fixed		Random	
	Estimated Coefficient	t-statistics	Estimated Coefficient	z-statistics
Δlnk	−2.1259	−0.52	−0.3509	−6.40
Δlnemp	1.6191	0.48	0.1533	3.44
sh1	0.0417	0.56	0.0091	7.55
daratio	0.0357	1.38	0.0254	11.97
daratio2	0.3272	0.67	0.1138	5.53
market	−0.0267	−2.83	−0.0255	−16.70
_cons	0.6421	0.61	0.1801	11.97
Diagnostic Test				
Number of observation	24860		24860	
Number of groups (ari)	12		12	
R-sq: within	—		0.1987	
between	0.2708		0.7546	
overall	0.0306		0.2074	
F test that all u_i=0:	$F(11, 24842) = 0.29$		—	
sigma_u	0.0078		0.0000	
sigma_e	0.1669		0.1669	
rho	0.0022		0.0000	
Hausman specification test	chi2(6) = 0.21　Prob $>$ chi2 = 0.9998			

注 1 ）被操作変数＝daratio, daratio2. 操作変数＝Δlnk, Δlnemp, sh1, tax, tax2, market.
注 2 ）ランダム効果推計は Baltagi (2001) の the error component two-stage least square (EC2SLS) に従っている。

図表 7.5 売上高収益率推計式(業績別) (2) Alive 企業

パネル A: 標準パネル推計

Dependent Variable: Profit1	Fixed		Random	
	Estimated Coefficient	t-statistics	Estimated Coefficient	z-statistics
Δlnk	−0.0009	−0.84	−0.0008	−0.68
Δlnemp	0.0333	11.87	0.0336	11.97
sh1	0.0869	1.57	0.0667	1.25
daratio	−0.0306	−14.37	−0.0306	−14.42
daratio2	0.0031	4.97	0.0031	4.98
tax	0.0007	3.14	0.0006	3.06
tax2	0.0000	0.16	0.0000	0.11
market	−0.0114	−8.36	−0.0112	−8.28
_cons	0.0297	20.92	0.0293	19.80
Diagnostic Test				
Number of observation	13705		13705	
Number of groups (ari)	12		12	
R-sq: within	0.0324		0.0324	
between	0.0843		0.1184	
overall	0.0330		0.0331	
F test that all u_i=0:	$F(11, 13685) = 3.75$		—	
sigma_u	0.0028		0.0014	
sigma_e	0.0404		0.0404	
rho	0.0048		0.0011	
Breusch and Pagan Lagrangian multiplier test for random effects:	$chi2(1) = 40.77$ $Prob > chi2 = 0.0000$			
Hausman specification test	$chi2(7) = 32.75$ $Prob > chi2 = 0.0000$			

パネル B: 操作変数法パネル推計

Dependent Variable: Profit1	Fixed		Random	
	Estimated Coefficient	t-statistics	Estimated Coefficient	z-statistics
Δlnk	1.5678	0.27	−0.0342	−1.58
Δlnemp	−0.7430	−0.34	−0.0005	−0.04
sh1	0.0094	0.29	−0.0004	−0.32
daratio	−0.0091	−0.07	0.0337	11.51
daratio2	−0.5665	−0.13	0.0687	1.15
market	0.0984	0.15	−0.0132	−3.28
_cons	−0.7148	−0.23	0.0351	2.58
Diagnostic Test				
Number of observation	13705		13705	
Number of groups (ari)	12		12	
R-sq: within	—		0.0282	
between	0.0402		0.1319	
overall	0.0003		0.0288	
F test that all u_i=0:	$F(11, 13687) = 0.04$		—	
sigma_u	0.0491		0.0000	
sigma_e	0.4175		0.4174	
rho	0.0136		0.0000	
Hausman specification test	$chi2(6) = 0.13$ $Prob > chi2 = 1.0000$			

注1) 被操作変数=daratio, daratio2. 操作変数=Δlnk, Δlnemp, sh1, tax, tax2, market.
注2) ランダム効果推計は Baltagi(2001) の the error component two-stage least square (EC2SLS) に従っている。

図表 7.5　売上高収益率推計式（業績別）（3）Loss 企業

パネル A: 標準パネル推計

Dependent Variable: Profit1	Fixed		Random	
	Estimated Coefficient	t-statistics	Estimated Coefficient	z-statistics
Δlnk	0.0015	0.59	0.0015	0.60
Δlnemp	0.0767	13.61	0.0767	13.61
sh1	0.6080	3.26	0.5758	3.18
daratio	−0.0247	−5.67	−0.0247	−5.66
daratio2	−0.0037	−3.06	−0.0037	−3.07
tax	0.0010	3.91	0.0010	3.91
tax2	0.0000	1.83	0.0000	1.83
market	−0.0248	−8.75	−0.0247	−8.78
_cons	0.0084	2.78	0.0064	1.64
Diagnostic Test				
Number of observation	10773		10773	
Number of groups (ari)	12		12	
R-sq:　within	0.0503		0.0503	
between	0.1563		0.1634	
overall	0.0499		0.0499	
F test that all u_i=0:	F(11, 10753) = 2.78		—	
sigma_u	0.0083		0.0081	
sigma_e	0.0789		0.0789	
rho	0.0108		0.0104	
Breusch and Pagan Lagrangian multiplier test for random effects:			chi2(1) = 4.36　Prob > chi2 = 0.0368	
Hausman specification test			chi2(7) = 2.33　Prob > chi2 = 0.9393	

パネル B: 操作変数法パネル推計

Dependent Variable: Profit1	Fixed		Random	
	Estimated Coefficient	t-statistics	Estimated Coefficient	z-statistics
Δlnk	−3.9736	−0.05	0.1990	1.44
Δlnemp	0.5692	0.03	−0.0969	−1.45
sh1	−0.1140	−0.14	−0.0089	−0.89
daratio	−0.2503	−0.05	0.0787	9.45
daratio2	6.8229	0.06	0.1606	0.53
market	−0.6080	−0.06	−0.0152	−2.08
_cons	2.9048	0.06	−0.1025	−1.61
Diagnostic Test				
Number of observation	10773		10773	
Number of groups (ari)	12		12	
R-sq:　within	—		0.0161	
between	0.1577		0.1409	
overall	0.0161		0.0160	
F test that all u_i=0:	F(11, 10755) = 0.03		—	
sigma_u	0.1359		0.0000	
sigma_e	0.8346		0.8343	
rho	0.0258		0.0000	
Hausman specification test			chi2(6) = 0.10　Prob > chi2 = 1.0000	

注 1) 被操作変数＝daratio, daratio2. 操作変数＝Δlnk, Δlnemp, sh1, tax, tax2, market.
注 2) ランダム効果推計は Baltagi (2001) の the error component two-stage least square (EC2SLS) に従っている。

じになっている．

次に，何とか正常に経営している alive 企業について見ると，パネル A では固定効果推定が強く選択されている．図表 7.4 のパネル A と比べると，資本ストック成長率のパラメータが負で有意でなくなっている他は，ほぼ同じになっている．パネル B ではランダム効果推定が強く選択されている．図表 7.4 のパネル B や図表 7.5 の good 企業と比べると，負債資産比率の 2 乗項と資本ストック成長率のパラメータが負となり，有意でなくなっている．その他のパラメータの値や符号はほぼ同じである．このことは，alive 企業は good 企業とほぼ同じような売上高収益率関数に従っていることを意味している．

経営上問題があった loss 企業について見ると，パネル A ではランダム効果推定が選択されている．ここでは資本ストック成長率のパラメータは正となっているが，有意でない．負債資産比率とその 2 乗項はそれぞれ負で有意になっており，負債が収益率を強く引き下げる効果を持っていることがわかる．また実効税率とその 2 乗項は正の効果を持つようになっている．ここでの大きな特徴は上場ダミーのパラメータの符号は負で他のケースと同じであるが，その絶対値が good 企業や alive 企業と比べて 2 倍から 3 倍の収益率引き下げ効果があることである．これは，企業経営が困難になった場合，株式市場からのプレッシャーが収益率を引き下げる方向に働いてることを示している．パネル B でもランダム効果推定が選択されている．ここでは負債資産比率とその 2 乗項がそれぞれ正と負で逆の符号になっており，good 企業と比べた場合には，負債が収益率を引き下げる効果はそれほど大きくなくなっている．また資本ストック成長率と売上シェアのパラメータは有意でなくなっている．これは，経営が困難になった企業では市場競争によるシェアや資本ストックなどのファンダメンタルな要素は収益率にそれほど影響を与えず，むしろ負債や株式市場での評価などのガバナンス変数が強い影響を与えていることがわかる．

図表 7.6 は図表 7.5 の 3 つのグループをさらに株式市場に上場しているか非上場かで分類してそれぞれ推計したものである．図表 7.5 との考え方の違いは，図表 7.5 では上場ダミーを加えて株式市場から収益率への効果

を見たが，その際には，他の説明変数のパラメータは上場・非上場で等しいという仮定をおいていたことになる．しかし，上場企業と非上場企業とでは，規模や安定性などで大きく違っていることが確認されており，上場・非上場にデータを事前に分類して，パラメータに制約を課さない形で推計して見ることも必要だと考えられる．さらに上場企業に対しては株式市場からの評価の情報として $MtoB(lncper)$ を加えた推計を追加的に行っている．

　まずパネル A について見てみよう．Good 企業について上場・非上場の別に推計した結果，固定効果推定もランダム効果推定もほぼ同じパラメータ値を示しており，解釈上の違いはない．上場・非上場の別に見ると，資本ストックや従業員数，商品シェアなどのファンダメンタルズに関してはパラメータの値にそれほど大きな違いは見られないのに対して，負債資産比率の負の効果が上場企業では倍増している．逆に実効税率の負の効果が非上場企業で強く見られる．このことは非上場企業では税負担が重くのしかかっていることを意味している．また上場企業に $MtoB(lncper)$ を加えたモデルでは，負債資産比率のパラメータには大きな違いは生じていないが，商品シェアのパラメータは有意でなくなり，$MtoB(lncper)$ は常に有意に効いていることがわかる．実効税率はあまり有意には効いていない．

　Alive 企業でも固定効果推定とランダム効果推定のパラメータはほぼ同じである．ここでは，資本ストックと実効税率（特に 2 乗項）はパラメータが有意でなくなっている．上場・非上場の違いとしては，上場企業で負債資産比率とその 2 乗項が有意でなくなっているのに対して，非上場企業では強い負の効果が残っていることである．$MtoB(lncper)$ を加えたモデルでは商品シェアのパラメータは有意でなくなり，推計式の中では常時従業者数成長率と $MtoB(lncper)$ だけが正に有意に効いている．

　Loss 企業でも固定効果推定とランダム効果推定のパラメータには大きな違いはない．上場・非上場の違いは，資本ストックの符号が逆になっていること，負債資産比率とその 2 乗項の効果が上場企業でははるかに大きいことなどである．$MtoB(lncper)$ を加えたモデルでは，$MtoB$ のパラ

(1) Good 企業

パネル A: 標準パネル推計

図表 7.6 売上高収益率推計式(業績・上場・非上場別)

Dependent Variable: **Profit1**	Market=0				Market=1				MtoB			
	Fixed		Random		Fixed		Random		Fixed		Random	
	Estimated Coefficient	t-statistics	Estimated Coefficient	z-statistics	Estimated Coefficient	t-statistics	Estimated Coefficient	z-statistics	Estimated Coefficient	t-statistics	Estimated Coefficient	z-statistics
Δlnk	0.0054	8.19	0.0054	8.20	0.0117	3.85	0.0125	4.19	0.0099	3.38	0.0090	3.14
Δlnemp	0.0177	10.83	0.0177	10.85	0.0519	7.65	0.0536	7.85	0.0412	6.28	0.0427	6.48
sh1	0.0433	1.36	0.0416	1.32	0.0538	2.39	0.0664	3.10	−0.0190	−0.86	−0.0015	−0.07
daratio	−0.1002	−41.40	−0.1003	−41.44	−0.2208	−12.95	−0.2292	−13.62	−0.2089	−12.73	−0.2122	−13.10
daratio2	0.0301	17.12	0.0301	17.13	0.1173	6.60	0.1229	7.02	0.1325	7.74	0.1348	8.01
tax	−0.0041	−13.43	−0.0041	−13.45	0.0009	0.90	0.0009	0.90	0.0010	1.02	0.0012	1.22
tax2	0.0000	3.08	0.0000	3.10	0.0000	−1.23	0.0000	−1.21	0.0000	−1.19	0.0000	−1.40
lncper									0.0177	16.23	0.0176	16.67
_cons	0.0768	87.72	0.0761	60.62	0.1031	27.01	0.1055	27.87	0.0214	3.44	0.0226	3.67
Diagnostic Test												
Number of observation	21576		21576		3284		3284		3284		3284	
Number of groups (ari)	12		12		12		12		12		12	
R-sq: within	0.2118		0.2118		0.2423		0.2422		0.2988		0.2987	
between	0.7156		0.7169		0.8182		0.8300		0.7939		0.8049	
overall	0.2216		0.2216		0.2584		0.2584		0.3162		0.3164	
F test that all u_i=0:	$F(11, 21557) = 29.36$		—		$F(11, 3265) = 4.92$		—		$F(11, 3264) = 3.78$		—	
sigma_u	0.0037		0.0030		0.0064		0.0000		0.0055		0.0000	
sigma_e	0.0279		0.0279		0.0372		0.0372		0.0358		0.0358	
rho	0.0175		0.0115		0.0283		0.0000		0.0227		0.0000	

パネル B: 操作変数法パネル推計

Dependent Variable: Profit1

	Market=0				Market=1				MtoB			
	Fixed		Random		Fixed		Random		Fixed		Random	
	Estimated Coefficient	t-statistics	Estimated Coefficient	z-statistics	Estimated Coefficient	t-statistics	Estimated Coefficient	z-statistics	Estimated Coefficient	t-statistics	Estimated Coefficient	z-statistics
daratio	−6.4661	−0.18	−0.3462	−5.44	−1.3013	−0.73	−0.6769	−4.12	−0.7365	−0.57	−0.1233	−0.49
daratio2	5.1369	0.18	0.1476	2.92	1.3248	0.69	0.5298	3.25	0.7797	0.57	0.0897	0.41
Δlnk	0.1272	0.18	0.0088	6.34	0.0138	2.28	0.0126	3.75	0.0098	2.13	0.0089	2.76
Δlnemp	0.0842	0.24	0.0239	10.47	0.0657	3.16	0.0459	5.28	0.0471	4.52	0.0440	6.14
sh1	0.7555	0.19	0.0883	2.12	0.0473	0.76	0.0980	3.34	−0.0822	−0.95	−0.0502	−0.90
lncper									0.0284	2.46	0.0227	3.50
_cons	1.8028	0.19	0.1798	10.07	0.3053	0.85	0.2128	5.74	0.0625	0.24	−0.0274	−0.32

Diagnostic Test

	Market=0				Market=1				MtoB			
	Fixed		Random		Fixed		Random		Fixed		Random	
Number of observation	21576		21576		3284		3284		3284		3284	
Number of groups (ari)	12		12		12		12		12		12	
R-sq: within	—		0.1944		—		0.2130		—		0.2721	
between	0.0273		0.6832		0.2630		0.4633		0.0243		0.7662	
overall	0.0074		0.2035		0.0491		0.2275		0.1284		0.2888	
F test that all u_i=0:	F(11, 21559) = 0.03		—		F(11, 3267) = 1.27		—		F(11, 3266) = 2.27		—	
sigma_u	0.0224		0.0000		0.0319		0.0000		0.0179		0.0032	
sigma_e	0.5536		0.5536		0.0585		0.0584		0.0446		0.0445	
rho	0.0016		0.0000		0.2293		0.0000		0.1392		0.0051	

注1) 被操作変数＝daratio, daratio2, 操作変数＝Δlnk, Δlnemp, sh1, tax, tax2, market.
注2) ランダム効果推計は Baltagi (2001) の the error component two-stage least square (EC2SLS) に従っている。

(2) Alive 企業
パネル A：標準パネル推計

Dependent Variable: Profit1

	Market=0				Market=1				MtoB			
	Fixed		Random		Fixed		Random		Fixed		Random	
	Estimated Coefficient	t-statistics	Estimated Coefficient	z-statistics	Estimated Coefficient	t-statistics	Estimated Coefficient	z-statistics	Estimated Coefficient	t-statistics	Estimated Coefficient	z-statistics
Δlnk	−0.0010	−0.94	−0.0009	−0.80	0.0006	0.08	0.0019	0.27	0.0010	0.14	0.0012	0.18
Δlnemp	0.0318	11.23	0.0320	11.32	0.0540	3.80	0.0571	4.06	0.0393	2.82	0.0411	2.99
sh1	0.3487	3.31	0.2605	2.70	0.0217	0.26	0.0057	0.07	−0.0426	−0.52	−0.0406	−0.53
daratio	−0.0294	−13.60	−0.0293	−13.62	−0.0207	−0.57	−0.0344	−0.99	−0.0077	−0.22	−0.0194	−0.57
daratio2	0.0029	4.67	0.0029	4.68	−0.0159	−0.48	−0.0036	−0.11	−0.0116	−0.36	0.0015	0.05
tax	0.0006	2.72	0.0006	2.63	0.0012	1.75	0.0011	1.67	0.0010	1.58	0.0010	1.55
tax2	0.0000	−0.40	0.0000	−0.43	0.0000	0.95	0.0000	0.96	0.0000	0.94	0.0000	0.98
lncper									0.0192	8.38	0.0192	8.77
_cons	0.0285	19.71	0.0281	17.98	0.0207	2.21	0.0242	2.67	−0.0612	−4.59	−0.0596	−4.59

Diagnostic Test

Number of observation	12512		12512		1193		1193		1193		1193	
Number of groups (ari)	12		12		12		12		12		12	
R-sq: within	0.0310		0.0309		0.0389		0.0386		0.0932		0.0930	
between	0.0515		0.0225		0.0750		0.1136		0.1563		0.1873	
overall	0.0308		0.0310		0.0416		0.0418		0.1000		0.1002	
F test that all u_i=0:	F(11, 12493) = 3.49		—		F(11, 1174) = 1.31		—		F(11, 1173) = 0.80		—	
sigma_u	0.0035		0.0019		0.0068		0.0000		0.0079		0.0000	
sigma_e	0.0395		0.0395		0.0489		0.0489		0.0475		0.0475	
rho	0.0079		0.0022		0.0190		0.0000		0.0271		0.0000	

パネル B：操作変数法パネル推計

Dependent Variable: Profit1

	Market=0				Market=1				MtoB			
	Fixed		Random		Fixed		Random		Fixed		Random	
	Estimated Coefficient	t-statistics	Estimated Coefficient	z-statistics	Estimated Coefficient	t-statistics	Estimated Coefficient	z-statistics	Estimated Coefficient	t-statistics	Estimated Coefficient	z-statistics
daratio	−1086.0360	0.00	−0.0471	−1.61	2.1468	0.80	−0.2157	−1.05	1.8801	0.81	−0.1115	−0.29
daratio2	242.0988	0.00	0.0182	1.22	−2.0593	−0.87	0.0657	0.27	−1.8134	−0.85	0.1239	0.42
Δlnk	−0.4161	0.00	−0.0008	−0.69	−0.0159	−0.63	−0.0026	−0.29	−0.0143	−0.58	0.0032	0.43
Δlnemp	15.2588	0.00	0.0334	10.83	−0.0396	−0.34	0.0437	1.51	−0.0417	−0.41	0.0488	2.84
sh1	−449.0734	0.00	0.1577	1.40	−0.2538	−0.25	0.2181	1.01	−0.2300	−0.26	−0.1142	−0.45
hcper									0.0135	0.43	0.0226	2.71
_cons	680.8608	0.00	0.0326	1.98	−0.4722	−0.69	0.1006	2.09	−0.4612	−0.76	−0.0635	−0.45

Diagnostic Test

	Fixed		Random		Fixed		Random		Fixed		Random	
Number of observation	12512		12512		1193		1193		1193		1193	
Number of groups (ari)	12		12		12		12		12		12	
R-sq: within	0.0556		0.0057		0.1270		0.0271		0.0883		0.0602	
between	0.0137		0.0154		0.0010		0.0215		0.0043		0.7378	
overall			0.0058				0.0297				0.0701	
F test that all u_i=0:	F(11, 12495) = 0.00		—		F(11, 1176) = 0.34		—		F(11, 1175) = 0.18		—	
sigma_u	26.5037		0.0000		0.0521		0.0000		0.0494		0.0220	
sigma_e	177.8127		177.7771		0.1016		0.1013		0.0920		0.0918	
rho	0.0217		0.0000		0.2082		0.0000		0.2236		0.0542	

注1）被操作変数＝daratio, daratio2, 操作変数＝Δlnk, Δlnemp, sh1, tax, tax2, market.
注2）ランダム効果推計は Baltagi (2001) の the error component two-stage least square (EC2SLS) に従っている。

(3) Loss 企業
パネル A：標準パネル推計

Dependent Variable: Profit1	Market=0						Market=1						MtoB					
	Fixed			Random			Fixed			Random			Fixed			Random		
	Estimated Coefficient	t-statistics		Estimated Coefficient	z-statistics		Estimated Coefficient	t-statistics		Estimated Coefficient	z-statistics		Estimated Coefficient	t-statistics		Estimated Coefficient	z-statistics	
Δlnk	0.0036	1.45		0.0037	1.46		−0.0359	−2.66		−0.0344	−2.58		−0.0306	−2.26		−0.0295	−2.20	
Δlnemp	0.0723	12.63		0.0723	12.64		0.1062	4.77		0.1079	4.84		0.1038	4.67		0.1061	4.77	
sh1	0.4063	1.21		0.3706	1.15		0.8761	2.74		0.5501	2.02		0.8658	2.72		0.5392	1.98	
daratio	−0.0261	−6.03		−0.0261	−6.04		0.3615	5.12		0.3698	5.36		0.3631	5.16		0.3749	5.45	
daratio2	−0.0033	−2.78		−0.0033	−2.78		−0.3064	−5.56		−0.3116	−5.78		−0.2974	−5.41		−0.3055	−5.68	
tax	0.0011	3.94		0.0011	3.95		0.0015	1.26		0.0014	1.24		0.0013	1.16		0.0013	1.15	
tax2	0.0000	0.04		0.0000	0.04		0.0000	1.21		0.0000	1.17		0.0000	1.15		0.0000	1.11	
lncper													0.0129	3.01		0.0113	2.74	
_cons	0.0093	3.11		0.0075	1.73		−0.1272	−5.79		−0.1278	−5.94		−0.1796	−6.42		−0.1755	−6.36	
Diagnostic Test																		
Number of observation	9711			9711			1062			1062			1062			1062		
Number of groups (ari)	12			12			12			12			12			12		
R-sq: within	0.0505			0.0505			0.0632			0.0622			0.0712			0.0702		
between	0.1194			0.1289			0.1728			0.2269			0.1515			0.1903		
overall	0.0504			0.0504			0.0605			0.0617			0.0671			0.0683		
F test that all u_i=0:	F(11, 9692) = 3.15			—			F(11, 1043) = 1.81			—			F(11, 1042) = 1.96			—		
sigma_u	0.0101			0.0101			0.0267			0.0000			0.0296			0.0000		
sigma_e	0.0758			0.0758			0.1007			0.1007			0.1003			0.1003		
rho	0.0173			0.0175			0.0658			0.0000			0.0803			0.0000		

第 7 章　企業パネルデータの分析──179

メータが正に有意であるほかは，上場ダミーモデルのパラメータとほぼ同じとなっている．

　パネル B の操作変数法パネル推定では負債資産比率とその 2 乗項の内生性を考慮しているが，結果はパネル A と大きく違っている．一般に言えば固定効果推定の有意性はほとんどなくなり，ランダム効果推定の一部の推計のみで有意な結果が出ている．

　具体的に，good 企業については固定効果推定では上場企業の資本ストック成長率と常時従業者数成長率，そして $MtoB(lncper)$ だけが有意な変数であり，非上場企業の場合，全ての変数が有意性を失っている．ランダム効果推定では，上場・非上場とも全ての変数が有意に効いている．とりわけ，負債資産比率では，上場企業のパラメータは非上場企業に比べて倍

パネル B：操作変数法パネル推計

Dependent Variable: Profit1

	Market=0 Fixed		Market=1 Fixed		MtoB Fixed	
	Estimated Coefficient	t-statistics	Estimated Coefficient	t-statistics	Estimated Coefficient	t-statistics
daratio	−0.4011	−0.15	4.0526	0.64	3.3509	0.79
daratio2	−0.1651	−0.25	−2.9099	−0.71	−2.4789	−0.81
Δlnk	−0.0734	−0.84	−0.0914	−0.94	−0.0717	−1.10
Δlnemp	−0.0230	−0.13	0.1358	0.75	0.1145	1.25
sh1	−0.8980	−0.19	−0.4908	−0.12	−0.0553	−0.02
lncper					0.0226	0.33
_cons	0.4752	0.27	−1.3130	−0.58	−1.1410	−0.74
Diagnostic Test						
Number of observation	9711		1062		1062	
Number of groups (ari)	12		12		12	
R-sq: within	—		—		—	
between	0.2225		0.2819		0.3297	
overall	0.0290		0.0240		0.0331	
F test that all u_i=0:	$F(11, 9694) = 0.22$		$F(11, 1045) = 0.49$		$F(11, 1044) = 0.72$	
sigma_u	0.0326		0.0422		0.0392	
sigma_e	0.3380		0.1985		0.1672	
rho	0.0092		0.0432		0.0521	

注1）被操作変数＝daratio，daratio2．操作変数＝Δlnk，Δlnemp，sh1，tax，tax2，market．
注2）ランダム効果推計は Baltagi (2001) の the error component two-stage least square (EC2SLS) に従っている．

の負の効果を与えている．$MtoB$ モデルでは資本ストック成長率と常時従業者数成長率，$MtoB(lncper)$ のみが有意な変数となっている．

Alive 企業になると固定効果推定は上場・非上場の区別なく全てパラメータは有意性を失っている．ランダム効果推定では非上場企業で常時従業者数成長率のパラメータが有意となり，$MtoB$ モデルでも常時従業者数成長率と $MtoB(lncper)$ のパラメータが有意になっているが，他の変数はほとんど有意ではなくなっている．

Loss 企業でも状況は同じで，固定効果推定では上場・非上場に関わりなく全てのパラメータが有意でなくなっている．また，ランダム効果推定は計算できない．

先に示した仮説はパネル A では負債資産比率は上場企業でより強い負の効果が good 企業と loss 企業で見られた．逆に alive 企業では非上場企業で有意に負の効果が見られた．$MtoB(lncper)$ は正の効果を持ち，株式市場の評価が収益率に適切に反映されていることが証明された．

これまで，図表 7.4 より図表 7.5，図表 7.5 より図表 7.6 と場合分けを細かくし，企業間の異質性をコントロールし，さらに負債資産比率の内生性を操作変数法によってコントロールすると（パネル B），業績の悪い企業では，負債資産比率の影響は消滅してしまうことがわかった．北村 (2003b) では業績の良い企業では負債資産比率が負の効果を与えているが，業績の悪い企業でパラメータが有意でなくなるのは，業績の悪さがバラバラの理由で発生しており，負債資産比率は有効な情報になっていないと解釈した．ここでは別の解釈をしてみたい．まず売上高収益率と負債資産比率が同時方程式として決定されていると考え，売上高収益率方程式には負債資産比率が何の影響も与えていないとすれば，このシステムは recursive（リカーシブ）であり，収益率は先決されており，その下に負債資産比率が決まると考えられる．とすると収益率方程式に負債資産比率を入れる意味はないことになる．ただ，収益率方程式で説明力を失うのが負債資産比率だけであれば，この説明はある程度説得力はあるが，他の説明変数も全て説明力を失うということは，モデルの設定が間違っていると判断される．実際，標準パネル推定では収益率方程式で負債資産比率は有意な

説明力を持っており，その他のファンダメンタルズや市場競争指標である売上シェアもある程度説明力を持っていたことから判断して，負債の内生性をコントロールするだけでそれらの説明力が消滅するということは考えられない．

現実的には，企業財務や企業収益の決定はある程度内生的に決定されているということは疑いないが，その内生性をいかにコントロールするかは極めて難しい問題であることが明らかになっている．また，パラメータ制約をはずして推計した結果，負債資産比率のパラメータが企業の状況によって，かなり違うことがわかった．これは，企業財務が企業業績と内生的に関係していることの間接的な証拠であると考えられる．

ここでは報告しないが，業種毎にパネルデータ分析を行うと，非上場企業，すなわち中小企業に負債資産比率の収益率引き下げ効果が顕著であることがわかる．また，ほとんどの場合，$MtoB(lncper)$ が正の効果を持っているということは，株価情報は収益率を適切に判断していることを意味している．しかし，図表7.4と図表7.5で見たように，上場ダミーは有意に収益率を引き下げていることからして，株式市場で厳しい判断を受けた企業は収益を引き下げざるを得ないような状況に追い込まれていることも確かである．すなわち，かなりの数の大手の上場企業は借入制約がなく，あるいはあっても小さく，容易に負債調達をした結果，過剰の資本ストックと負債によって収益を引き下げざるを得ない状況に追い込まれていると判断できる．

7.5 おわりに

一般的には企業財務の選択肢が増えることは企業にとって望ましいことで，適切な資本構成を達成できれば高い収益率を得ることができると考えられるが，現実には上場することは必ずしも企業に都合がよいことばかりではない．実際，1990年代に入り，優良企業では資金をほとんど内部留保によって調達し，外部からの借入を返却し，株式の持合を解消するということを行ってきた．この背後には，株式市場や社債市場からの情報(社

債格付けも含む)が企業にとって必ずしも好感を持って受け入れられていないことがある．

本章の論点を整理すると次の3点である．(1)企業の経営規律を与え，収益率に最も大きな影響を与えているのは市場競争と言えるだろうか．市場競争を標準的な指標である商品売上シェアで表すと，これが収益率を説明する最も重要な変数であるとは認められなかった．(2)コーポレート・ファイナンスの議論では，負債は節税効果がある反面，ある程度以上の水準に達すると企業収益を圧迫し，倒産リスクを増大させると言われているが，マクロ経済学では，負債(とりわけ不良債権化した負債)は不況の結果生じたものであって，負債が不況の原因ではないという議論も見られる．この2つの考え方に対処するために，負債の内生性を考慮した操作変数法で収益率を推計すると，正常に収益を上げている企業でも，負債が最適水準を超えてコストとして重くのしかかっており，これが収益率を低下させていることがわかった．(3)これまで，コーポレート・ファイナンスの分野ではクロスセクションの静学的収益率(企業価値)モデルの推計が中心であったが，企業の収益率のダイナミックな変動の要素として，固定資産の変動，雇用者の変動，租税改革，倒産リスクにともなう期待コスト，負債コストの変動，市場全体の収益率の変動などが考えられ，これらを適切に取り込んだパネルデータを用いることによって，ダイナミックな収益率推計を行うことが可能になった．

統計手法的には，従来のクロスセクション分析で用いられたダミーを入れて効果を見るという手法には限界があること，内生性の問題は大きいが，そのメカニズムは複雑であって今のところ適切なコントロールができていないこと，コーポレート・ガバナンス研究にも企業規模や業種などできるだけ条件を揃えたうえで，上場・非上場の経済効果を抽出する手法が有効であることなどが明らかになった．

7.6 STATA コード

以下では本章で実際に用いた STATA プログラムを掲載しておく．

```
/*Standard Panle Data Estimation: 図表 7.4 PanelA*/
xtreg profit1 dlnk dlnemp sh1 daratio daratio2 tax tax2 market, be i(ari)
xtreg profit1 dlnk dlnemp sh1 daratio daratio2 tax tax2 market, fe i(ari)
est store fixed
xtreg profit1 dlnk dlnemp sh1 daratio daratio2 tax tax2 market, re i(ari)
xttest0
est store random
hausman fixed random
/*with Instrumental variables: 図表 7.4 PanelB*/
xtivreg profit1 dlnk dlnemp sh1 market
    (daratio daratio2=tax tax2), be i(ari)
xtivreg profit1 dlnk dlnemp sh1 market
    (daratio daratio2=tax tax2), fe i(ari)
est store fixedy
xtivreg profit1 dlnk dlnemp sh1 market
    (daratio daratio2=tax tax2), re ec2sls i(ari) nosa
xttest0
est store randomy
hausman fixedy randomy
/*Profit Equation over Different Performanced Firms: good, alive and
    loss*/
/*One-way conditional estimation: 図表 7.5 PanelA*/
bysort good: xtreg profit1 dlnk dlnemp sh1 daratio daratio2 tax
    tax2 market, fe i(ari)
est store fixed
bysort good: xtreg profit1 dlnk dlnemp sh1 daratio daratio2 tax
    tax2 market, re i(ari)
xttest0
est store random
hausman fixed random
以下省略
/*Profit Equation over Different Performanced Firms*/
/*One-way conditional estimation: 図表 7.5 PanelB*/
bysort good: xtivreg profit1 dlnk dlnemp sh1 market
    (daratio daratio2=tax tax2), fe i(ari)
est store fixed
bysort good: xtivreg profit1 dlnk dlnemp sh1 market
```

```
    (daratio daratio2=tax tax2), re ec2sls i(ari) nosa
est store random
hausman fixed random
以下省略
/*Two-way conditional estimation: 図表 7.6 PanelA*/
/*market (0,1) selection*/
bysort market good: xtreg profit1 dlnk dlnemp sh1 daratio daratio2
    tax tax2, fe i(ari)
bysort market good: xtreg profit1 dlnk dlnemp sh1 daratio daratio2
    tax tax2, re i(ari)
以下省略
/*market (0,x)selection*/
bysort market good: xtreg profit1 dlnk dlnemp sh1 daratio daratio2
    tax tax2 lncper, fe i(ari)
bysort market good: xtreg profit1 dlnk dlnemp sh1 daratio daratio2
    tax tax2 lncper, re i(ari)
以下省略
/*Two-way conditional estimation: 図表 7.6 PanelB*/
/*market (0,1)selection*/
bysort market good: xtivreg profit1 dlnk dlnemp sh1
    (daratio daratio2=tax tax2), fe i(ari)
bysort market good: xtivreg profit1 dlnk dlnemp sh1
    (daratio daratio2=tax tax2), re ec2sls i(ari) nosa
以下省略
*/
/*market (0,x)selection*/
bysort market good: xtivreg profit1 dlnk dlnemp sh1 lncper
    (daratio daratio2=tax tax2), fe i(ari)
bysort market good: xtivreg profit1 dlnk dlnemp sh1 lncper
    (daratio daratio2=tax tax2), re ec2sls i(ari) nosa
以下省略
```

第 8 章　家計パネルデータの分析

8.1　はじめに

　我が国の政府統計の中で，短期 (6 ヶ月) のローテーション・パネルではあるが，家計に関するパネルデータとして利用可能なものとして『家計調査』がある．本章では，『家計調査』の個票データをパネル化して消費行動についてダイナミック・パネル分析を行いたい[1]．

　林 (1986) の先駆的な研究以来，著者の知る限り，このデータを使った消費のパネルデータ分析はなされてこなかった．当時より既に 20 年近くたっており，コンピュータの計算環境，ソフトウェアの利用可能性，データの整備など格段の進歩があった．また，実体経済上も，林が検討した 1981-82 年の経済と，我々が検討する 20 年後の 2001-02 年の経済とでは，その質的内容も違ってきているだろうし，雇用形態・給与体系などの制度も大きく変化している．ここで同じ『家計調査』のデータを用いて我が国の消費者行動を再検討してみる価値はあると思われる．

　本章では比較の意味も込めて，林 (1986) の問題意識にならい消費の耐久性と流動性制約について考察してみたい．具体的には，2001 年 8 月から 2002 年 12 月までのデータを用いている．この期間を選択したのは，2002 年 1 月より『家計調査』と『貯蓄動向調査』が合体され，貯蓄，借入の保有状況と消費行動と組み合わせて分析できるようになったためである．すなわち，貯蓄，借入の保有状況は 6 ヶ月調査の最終月のものであるので，2001 年 8 月から調査が始まった家計は 2002 年 1 月が最終月となり，貯蓄，借入の情報を加えることができる最初のコーホートとなるからである．このコーホートから数えて 1 年分，2002 年 7 月に始まるコー

---

[1]　本章では総務省統計局の『家計調査』を用いている．これは 2003 年度に一橋大学経済研究所附属社会科学統計情報研究センターが行った独自集計のために目的外利用申請を行って，統計局より利用許可を得たものである．利用に当たっては統計局にご配慮いただいたことに対して感謝の意を表したい．

ホートまでを分析の対象としているのである．

林 (1986) では使えなかった借入額を用いることで，借入のある家計とない家計の消費行動の違いを明示的に分析できるし，流動性制約の有無を識別する上でも対象の絞り込みがより細かくできるようになった．

もちろん，このデータで家計消費の全てが分析できるわけではない．6ヶ月に限定されたパネルデータであり，経済理論で論じられているような消費者行動は，月次というより年次単位で考えられていることが多く，そのために月次データ特有の問題への対応を迫られることもある．また経済理論では消費者行動はライフサイクルといった長期の枠組みで論じられることが多く，最近の議論の一つである，予備的動機による消費・貯蓄行動といった問題は，わずか6ヶ月のパネルデータでは情報が限定されており，分析の対象にはならないことなどを予めお断りしておく．

8.2 『家計調査』の概要

総務省統計局は『家計調査』の歴史的変遷や調査方法を次のようにまとめている[2]．

8.2.1 『家計調査』の変遷

戦後の『家計調査』は，1946年7月に始められた『消費者価格調査』から発展したものである．『消費者価格調査』は都市に居住する単身世帯を除く非農林漁家世帯を対象として，日々の買物について，その価格，購入数量，支出金額を調査したもので，収入に関しては，この調査からは得られなかった．1950年9月からは，家計の収支両面が把握できるように改正し，名称も1951年11月から『消費実態調査』と改めた．また，1953年1月には調査方法と費目分類も若干改正し，名称も同年4月から『家計調査』と改めた．さらに，1962年7月には，従来の調査対象が28都市，約4200世帯で，その母集団地域が1949年4月現在の市制施行地

---

[2] 総務省統計局のホームページ (http://www.stat.go.jp/data/kakei/1.htm) の「『家計調査』について」より引用．なお，年号を西暦に改めた．

(現在の人口5万人以上の市にほぼ見合う)に限られていたのを改め,母集団地域を全国に,調査対象を170市町村,約8000世帯に拡大するとともに,調査方法も若干改正した.

沖縄県の家計調査は,1972年7月から開始したが,同年中の全国集計にはこれを算入しないで別途集計を行い,1973年1月分から全国集計に算入した.また,1981年1月からは収支項目分類を大幅に改正した.改正の主たる内容は,消費支出の5大費目分類を10大費目分類としたことである.このため,従来の5大費目分類による結果は,同年1月以降一部の項目を除き接続しない.

1999年7月からは農林漁家世帯を調査の対象に取り込み,2000年1月から,それまでの「農林漁家世帯を除く」集計に加え,「農林漁家世帯を含む」集計も開始した.

2002年1月からは,調査対象を単身世帯を含む約9000世帯に拡大した.また,2人以上の世帯では,食料品の重量の調査を調査開始から1ヶ月間のみ行う方法に変更するとともに,新たに貯蓄・負債の保有状況および住宅などの土地建物の購入計画に関する調査を開始した.これに伴い,『単身世帯収支調査』および『貯蓄動向調査』を廃止した.

8.2.2 調査方法

家計調査の母集団は,全国の2人以上の一般世帯および単身の一般世帯である.

母集団からの調査世帯の抽出は,まず全国の市町村から調査市町村を抽出し,抽出された調査市町村から調査単位区を抽出した後に,調査単位区の中から調査世帯を抽出する層化3段抽出法によっている.

層化3段抽出法の第1次抽出単位である調査市町村の層化抽出は,次の方法で行った.

(1) 都道府県庁所在市および大都市(人口100万人以上の市)はそれぞれ1市1層とした.

(2) 都道府県庁所在市および大都市以外の市は,地方人口規模で区分し,さらに,区分した地域毎に都市の性格,都市化の程度等を表す指

標を用いて2人以上の一般世帯数に応じた比例配分に近くなるように層化し，各層からそれぞれ1市を抽出した．

(3) 町村は，地方別に区分した後，地理的位置，都市化の程度を表す指標を用いて層化し，各層からそれぞれ1町村を抽出した．

このようにして調査市町村を選定した後，調査活動の効率性を考慮して設定した調査市町村内のクラスターから，市町村毎に定められた調査世帯数に応じて，第2次抽出単位である調査単位区を抽出した．そして，抽出された1つの調査単位区の中から，第3次抽出単位である調査世帯として，寮・寄宿舎単位区を設定し，第3次抽出単位である調査世帯は1つの寮・寄宿舎単位区から6世帯を抽出した．

図表8.1 調査世帯数の割り当て

地　域	調査市町村数	2人以上の調査世帯数	単身調査世帯数
全　国	168	8,076	673
人口5万以上の市	99	7,020	585
東京都区部	1	408	34
10大都市	10	1,140	95
都道府県庁所在市（大都市を除く）	38	3,720	310
上記以外	50	1,752	146
人口5万未満の市	21	480	40
町　村	48	576	48

注）単身世帯については，寮・寄宿舎単位区として上記のほか12単位区72世帯を調査している．

8.2.3 調査の内容

勤労者世帯および勤労者以外世帯のうち無職世帯については，日々の家計上の収入および支出が「家計簿」によって調査される．個人営業世帯などの勤労者以外世帯については支出のみが「家計簿」で調査される．世帯および世帯員の属性，住居の状態に関する事項等は，全ての調査世帯について「世帯票」により調査される．全ての調査世帯について，記入開始月を含む過去1年間の収入が「年間収入調査」により調査される．また，2人以上世帯に対して，貯蓄・負債の保有状況および住宅などの土地建物

の購入計画について「貯蓄等調査票」により調査される．「家計簿」「年間収入調査票」「貯蓄等調査票」は，調査世帯が記入する自己申告であり，「世帯票」は調査員の質問調査によって集められる．

8.3 動学的消費者行動モデル

消費・貯蓄に関する研究は一度1950-60年代に盛んになり，その時，恒常所得仮説やライフサイクル仮説など現在では標準となっている考え方が提示された．その後1980-90年代に再び研究が進展し，ライフサイクル仮説の拡張として遺産動機を持つ家計の貯蓄行動や，社会保障，利子優遇税制などが貯蓄に与える影響の分析などが積極的に行われた．それらの成果は，この分野で中心的に活躍してきたKotlikoff(1989, 2001)，Hall(1990)，Hayashi(1997)などにまとめられている．

また，広範なサーベイとしてはDeaton(1992, 1997)，Gollier(2001)，Bagliano and Pertola(2004)などがある．以下ではこれらの文献を参考にしながら，この分野の研究を概観しておきたい．

近年の消費者行動モデルは，Hall(1978)に始まるといってもいいだろう．Hallはこれまでのケインジアン型の消費関数と恒常所得(ライフサイクル)型の消費関数の違いを実証上で検定する画期的な方法を提案した．それは，家計の異時点間の効用最大化を通して得られる1階条件であるオイラー方程式を直接推計するというものである．これによって家計消費がランダム・ウォークに従っているかどうかを見ることで，恒常所得仮説を検定するというものである．Hall(1978)では恒常所得仮説が支持されることをアメリカの国民所得統計の時系列データを用いて実証した．しかし，その後，Flavin(1981)が消費は恒常所得仮説が示唆するより，はるかに可処分所得に感応的であることを実証的に示した．その後，しばらくマクロ時系列データを用いた研究で論争が続いたが，2つの点で進展があった．(1)ケインズ型消費関数ほどではないが可処分所得が消費に影響を与えているという事実は否定できないこと，(2)マクロ時系列データでは，共通のショックも多く，所得の予期せぬ増加，消費の予期せぬ増加などを厳密

に識別して計測することが難しく，その結果として，恒常所得仮説に厳密な識別条件を当てはめることはマクロデータでは無理であることが明らかになった[3]．

(1)の結果を受けて，可処分所得が消費に影響を与えているのは一部の家計が流動性制約に直面しているか，将来の所得不安に対して予備的貯蓄を増加させており，それによって消費が可処分所得に反応しやすくなっているからであるという2つの説が出された．

まず，流動性制約をミクロデータ，とりわけパネルデータを用いて分析したものに Hall and Mishkin(1982)，Zeldes(1989a)，Hayashi(1985)，林(1986)，Runkle(1991)などがある[4]．

Hall and Mishkin(1982)は Flavin(1981)の手法に従い，PSID の消費と所得データを確定的長期トレンド(恒常所得)と，そこからの乖離である短期変動とに分離し，恒常所得仮説を検定し，消費は恒常所得により強く反応している．しかし所得の短期的変動も消費に影響を与えており，その意味では純粋な恒常所得仮説は棄却される．家計の80%は恒常所得仮説に従っており，20%が可処分所得に制約を受けているという結論を得ている．

Zeldes(1989a)は流動性制約にある家計をモデル化し，1968-82年のPSID を用いて，流動性制約が低資産グループに有意に効いていることを示した．Runkle(1991)は同じく 1973-82 年のPSIDを用いて，低資産グループでも流動性制約の証拠は見出されず，消費に可処分所得が影響を与えているのはデータ集計上の問題であるという結論を導いている．Deaton(1992)が論じているように，ほぼ同じ期間のデータに対して，同じオイラー方程式に基づいた推定を行って全く逆の結論が出ているということは，どちらかの推定が疑わしいということになる[5]．

Hayashi(1985)は1982年度の『消費動向調査』の4回の四半期のパネ

---

3) この方法論上の議論に関するものとしては，Campbell and Deaton(1989)，Campbell and Mankiw(1991)，Deaton(1991, 1992)，Shea(1995)，Bacchetta and Gerlach(1997)などを挙げておく．
4) 日本のクロスセクション・ミクロデータを用いたものに Maki(1993)がある．そこでは，住宅取得における流動性制約(頭金制約)の問題を『全国消費実態調査』(1979年)を用いて実証している．

ルデータを用い，林(1986)では1981-82年の『家計調査』の6ヶ月のパネルデータを用いて，ほぼ同様の手法で恒常所得仮説を検討し，10-15%の家計は流動性制約にかかっているが，他の家計は概ね恒常所得仮説に従っているという結論を導いている．既に述べたように，本章は林(1986)の議論の延長線上にある[6]．

恒常所得仮説に対立するもう一つの仮説である予備的貯蓄動機を強調する研究にはZeldes(1989b)，Carroll(1992, 1997, 2001)，Carroll, Hall and Zeldes(1992)，村田(2003)などがある[7]．

ZeldesやCarrollらの理論は不確実性下での危険回避行動を明示的に組み込んだモデルを用いると予備的動機に基づいて貯蓄をし，必ずしも消費を平準化することはないということを示すものである．彼らのモデルでは効用関数として相対的リスク回避度一定(CRRA)を用いており，それが危険回避行動を生み出すのだが，解析的に解くことが難しくなるという難点がある．従って，この理論はほとんどカリブレーションによって議論されており，実証されることは少ない[8]．岡田・鎌田(2004)は一部カリブレーションを用いながら，一部『家計調査』を用いて実証し，近年，予備的動機に基づいて消費の所得感応度が低下してきていると論じている．村田

---

5) Deaton(1992)はZeldesはRunkleと比べてほぼ6倍のデータを用いていることから，Runkleがデータ選択を恣意的にしているのではないかと疑っている．
6) 流動性制約はライフサイクルを通して見た場合に生涯所得あるいは消費をスムースにする(恒常所得を確定)ように，必要に応じて随時借入ができるかどうかという点から論じられているが，それが成立するためには，(1)生涯所得がわかっている(失業，リストラの可能性はない．あるいはスムースに転職できる)，(2)貸出側が生涯所得(資産を含めた)を確定し，貸し出しを行うことに合意する，(3)消費経路が決まれば途中で趣向(taste)の変化はない，(4)割引率も一定で時間とともに変化することはないなどを前提としている．

しかし，現実の家計の借入状況を見ると，借入は家計のライフステージに応じて行うものであり，その規模も持ち家の取得のための借金が最大であり，次いで教育ローン，自動車等の耐久消費財の購入等へと続く．借入は返済可能性に応じて決まるが，これは給与などのキャッシュフローがどれぐらいあり，土地資産などの担保をどれぐらい保有しているかに応じている．しかも，借入可能額はライフステージに応じて変動する．すなわち，例え，生涯所得がかなり高くなることが予想されるような人でも，若いときから多額の借金はできないなどの制約がある．また一度大きな借入をすると追加的なローンを組むことは難しい．これらの点を実証研究上は反映させなければならない．
7) 日本の時系列データを使ったこの分野に関する研究に小川(1991)，齋藤・白塚(2003)，岡田・鎌田(2004)，古賀(2004)がある．
8) 例外としては，Gourinchas and Paker(2002)がカリブレーションと実際の家計データ(Consumer Expenditure Servey と PSID)を結びつけて，恒常所得仮説と予備的貯蓄動機の相対的重要性をライフサイクルを通して検証しようと試みている．

(2003)は本書第9章で用いる『消費生活に関するパネル調査』を用いて将来不安が予備的動機に及ぼす影響を分析している．彼女の方法はZeldesやCarrollらとは異なり，標準的なパネルデータに基づく金融資産選択モデルである．そこでは保有金融資産の1/4から1/3が予備的動機に基づいていることが示されている．Cagetti(2003)もPSIDを使い予備的貯蓄動機が資産蓄積に重要な影響を与えていることをカリブレーションと実証を併用して示している．

このアプローチでは不確実性が何によってもたらされているかを確定することが重要になってくる．村田(2003)や岡田・鎌田(2004)のように意識調査の結果を用いるか，多くの論文が行っているように所得変動を歴史的統計から計算したものを使うか，あるいは尤もらしい数値を仮定するのが一般的である．本章の「はじめに」で述べたように，ここで用いるデータだけから不確実性の要因を抽出するには期間が短すぎて難しい．

8.4　統計データ

実証に用いるデータは次のような基準を満たすものを選んだ．①6ヶ月継続世帯，②貯蓄票に答えている世帯，③6ヶ月通して勤労世帯か無職世帯である，④世帯属性は6ヶ月目の回答に従って分類，⑤貯蓄現在高，純貯蓄現在高，借入金残高，定期制預金現在高は6ヶ月目のデータを用いる．

また，『家計調査』の方法や過去の経験から家計簿には統計的に問題になるような測定誤差は含まれていないと考えている．ただし，無回答の欠損値はあるので，上述の5つの基準を満たしていても最終的に計算からは外れてしまうことはある．

林(1986)では「食費」から「外食費」を引き「煙草」を加えたものを食費と定義し直したり，「サービス」に「外食費」を加えるなど5大項目ではあるがきめ細かい調整を行っているが，本章では支出項目は統計局の分類に従った10大項目をそのまま用いている．基本統計量は図表8.2に要約してある．

図表 8.2 基本統計量(名目)

変 数 名	平均	標準偏差	最 小	最 大
年間収入(万円)	651	361	43	4,452
貯蓄現在高(万円)	1,581	1,925	0	31,526
純貯蓄現在高(万円)	1,152	2,230	−13,812	31,526
借入金現在高(万円)	429	911	0	15,607
定期性預貯金現在高(万円)	755	1,194	0	26,518
消費支出(円)	318,056	277,692	20,704	7,875,677
食　料(円)	69,967	31,601	10,052	771,573
住　居(円)	22,688	116,282	0	7,503,265
光熱水道(円)	20,556	11,753	0	143,981
家具家事用品(円)	10,665	29,254	0	2,852,161
被服および履物(円)	14,578	30,471	0	2,154,551
保健医療(円)	11,815	27,835	0	1,420,700
交通通信(円)	38,535	126,675	0	4,522,514
教　育(円)	12,975	53,954	0	1,581,127
教養娯楽(円)	31,913	5,167	0	2,001,873
その他(円)	84,365	145,232	0	5,839,834
教育関係費(円)	23,265	84,440	0	4,502,768
教養娯楽関係費(円)	37,143	55,907	0	2,010,767
経常消費支出(円)	243,561	148,987	20,704	6,025,569
実 収 入(円)	473,653	486,315	0	34,500,000
世帯主定期収入(円)	265,410	238,970	0	3,355,000
可処分所得(円)	401,773	438,385	−987,983	32,400,000
黒　字(円)	83,717	453,471	−7,293,695	31,700,000
貯蓄純増(フロー)(円)	54,753	507,095	−35,200,000	32,200,000

逆に林(1986)で含まれていなかった無職世帯も含めている．近年，高齢化に伴い高齢者退職者である無職世帯が増加してきており，その行動を見ることも意義があると考えられることと，以下で論じるように林(1986)のように一括したボーナス調整を行わないので無職世帯を含めても問題がないと考えられるからである．

ここでは名目値で計算してあるが，後に回帰分析に用いる際には消費支出，所得，貯蓄等は全て消費者物価指数の各消費支出の項目に対応するものを用いて実質化してある[9]．また回帰分析の直前に外れ値処理を行う．

---

9) この間の一般物価はデフレであったとはいえ，財別に見れば，指数はほとんど変化しておらず，名目値と実質値の間に大きな違いはない．また，実質の仕方は結果に違いを及ぼさないと判断される．

図表 8.3 消費・貯蓄・可処分所得の月次平均（名目）

年　月	消　費	貯　蓄	可処分所得
2001年 8月	315,689 (224,102)	105,266 (265,559)	420,955 (232,935)
2001年 9月	297,266 (213,742)	−13,697 (242,082)	283,569 (230,170)
2001年10月	325,753 (259,924)	95,134 (296,309)	420,888 (235,281)
2001年11月	310,017 (281,378)	−23,204 (300,455)	286,813 (249,265)
2001年12月	386,782 (306,382)	418,379 (667,695)	805,161 (718,318)
2002年 1月	306,844 (224,146)	−18,568 (325,567)	288,276 (313,676)
2002年 2月	280,703 (231,930)	127,744 (282,414)	408,447 (235,774)
2002年 3月	337,028 (313,492)	−27,596 (363,705)	309,431 (308,223)
2002年 4月	329,453 (302,933)	76,944 (558,200)	406,396 (515,590)
2002年 5月	303,988 (241,995)	−45,794 (578,021)	258,193 (559,703)
2002年 6月	302,183 (280,206)	291,667 (531,551)	593,650 (547,812)
2002年 7月	327,803 (308,427)	26,510 (444,426)	354,313 (413,022)
2002年 8月	317,823 (279,047)	107,355 (327,768)	425,178 (254,345)
2002年 9月	304,840 (297,904)	−33,883 (312,172)	270,957 (239,933)
2002年10月	310,884 (287,468)	98,381 (312,482)	409,264 (238,194)
2002年11月	299,168 (258,881)	−17,715 (299,383)	281,453 (236,731)
2002年12月	373,603 (303,563)	429,198 (571,104)	802,801 (628,828)
全平均	318,056 (277,692)	83,717 (453,471)	401,773 (438,385)

注）カッコ内は標準偏差．シャドウはボーナス時期．

すなわち，可処分所得，消費支出，貯蓄の平均 ±4σ の外にあるデータは外してある．

　月次で消費支出・貯蓄・可処分所得の平均値を見た場合，消費支出は驚くほど安定している．多少ボーナス時期に増加傾向があるかもしれないが，一般にはボーナスの増加分は貯蓄の増加で吸収されている．逆に貯蓄はマイナスの月も多く，可処分所得の変動のバッファーとなっている．

　周知のように，時系列分析ではデータが定常性を満たしているかどうかを考慮することがいまや常識となっている．パネルデータでもかなり長期のデータであれば定常性を考慮する必要があるが，6ヶ月パネルで非定常なトレンドがあるとは一般には考えられない．しかし，実証ではその可能性を排除せずに，レベルモデルと同時に階差モデルを用いる．またトレンドの問題がないとしても季節性の問題だけは残る．この点について次に検討したい．

8.5 季節調整

よく知られているように消費には季節性があり，家計収入も勤労者世帯であればボーナス月とそうでない月では大きな格差がある．消費行動を分析する上では，このような季節性をできるだけ取り除くことが重要である．

季節調整については様々な方法が考案されている[10]．実際，複数年の時系列データがあれば，同年前月比をとったり，数ヶ月の移動平均を計算することで季節変動の要因をある程度取り除くことができる．しかし，ここで用いている『家計調査』の6ヶ月パネルデータでは時系列が短すぎて通常の季節調整ができない．

林(1986)はこの問題に次のように対処した．すなわち，各月の支出，所得の水準をその月の平均値で割ったあとに，階差をとったのである．ここで第 t 月の第 i 家計の変数 X の値を X_{it} とすると，季節調整済みの第 t 月から第 $t+1$ 月にかけての X の変化は次のように表すことができる．

$$\frac{X_{i,t+1}}{\bar{X}_{t+1}} - \frac{X_{i,t}}{\bar{X}_t} \tag{1}$$

ここで $\bar{X}_t$ は第 t 月の X の平均値である．林はこのようにして変数を変換した後でパネル分析を行ったのである．

この調整方法が意味することは，各家計の各月における順位を決めて，それが月の間でどのように変動するかを見ていることになる．このような季節調整を行う第一の理由は勤労世帯の多くはボーナスを受け取っており，その絶対値の拡大による変動要因を取り除きたいということである．ボーナスが通常月の所得に比例しているとすれば，ボーナス月であってもその順位はそれほど変化しないだろうし，このように平均で割って比率化(順位化)することで絶対値の変動要因を取り除くことができれば，ほぼ季節調整に等しい調整ができているという考え方をしていることになる．

---

[10] 季節性のマクロ経済学的分析については Miron(1996)を参照．

この調整方法は勤労者世帯全体がボーナスを受け取っており，その多寡は通常月の例えば平均2ヶ月分であると決まっているのであれば，問題は少ないと考えられるが，実際には，とりわけバブル崩壊後，企業リストラの進んだ昨今では，ボーナス支給は必ずしも保証されておらず，その額も企業によって様々である．また，給与体系そのものも多様化しており，一部には年俸制を導入し，年俸の12分の1を各月受け取るという給与体系もある．例えば，一部の人が年俸制であり他の人がボーナス制度に従っているような場合，年俸制の人は恒常所得に応じて毎月平準化された消費を行っていても，ボーナス制の人の所得変動の影響を受けてボーナス月には相対的順位が大きく変わることになるかもしれない．とすれば，本来，恒常所得に従っている消費者をケインジアンと分類してしまうかもしれない．また，この調整を行うと，本来，財から得られる効用を論じていたはずのものが，消費や所得の相対的位置の変化に対する効用を論じていることになってしまうのではないかということも危惧される．

　このように考えてくると林の季節調整方法を2001-02年データに用いるのは追加的な誤差を導入してしまうリスクが大きいと判断される．ここでは季節調整されていない時系列データを扱う時に用いられるように月ダミーを加えて季節性に対処した[11]．これは，素朴な方法ではあるが，季節調整の恣意性を最も排除した中立的な方法であると判断した．

8.6　消費の耐久性

　林(1986)が提示した重要な問題の一つに非耐久財消費にも耐久性があるということがある．これは一般に経済理論では想定されておらず，実証研究を通してはじめて明らかになった現象である．

　林(1986)の議論は消費と支出を区別する必要があるということである．この現象は考えてみれば当たり前だが，経済理論ではそれほど深くは考

---

11)　もともとの分析では12ヶ月分の時間効果を入れたが，統計的に有意となったのはボーナス前後の6,7,8月と11,12,1月の6ヶ月であったので，実証分析ではこの6ヶ月分のダミーを用いている．

えられていなかった点である．例えば，シャンプーや石けん，歯磨きは毎日消費しているが，購入するのは一度にまとめて買うので，その財に対する支出はある程度の間隔を置いて行われる．すなわち支出が即消費ではなく，消費は支出によって購入した財を時間を通して使っていくプロセスだということである．経済理論ではこの消費を分析の中心においているが，『家計調査』では支出を調べており，月次データで捉えると消費と乖離するのはいたしかたないことである．年次データであれば耐久消費財でなければ支出と消費はほぼ一致するはずである[12]．

しかし，これは新しい発見ではない．少し古いデータであるが消費財の購入頻度に関するマーケッティングの結果がある．Ehrenberg(1959)は消費財の購入頻度を研究し，缶詰，コーヒー，洗剤などパッケージ入りの消費財を 26 週間(半年間)の内に，いくつ買ったかという統計を集め，その分布が負の二項分布に従っていると論じている．ある事象，ここでは消費財の購入が k 回観察されるまでに，その事象が起きなかった回数 x を考えると，総観察期間は $n=k+x$ となり，購入を行う頻度は次のような式に従う．$f(x)=\binom{n-1}{x}p^k q^x$，ここで $x=0,1,2,...,$ $p>0$, $p+q=1$．このような分布を負の二項分布と呼ぶ．Ehrenberg(1959)のデータによれば $p=0.806$ となっており，頻度が高くなるに従って理論値の方が大きくなってくるが全体のフィットはかなりいい．この現象が意味していることは，消費財はある程度まとめて買い，それほど頻繁に同じ財を買うことはないこと，世帯毎の購入回数はポアソン分布に従うが，平均は世帯毎に異なっているということである．実際のマーケッティング・データを見ても，非耐久消費財でも半年間の購入頻度は 0-4 回ぐらいにほとんどおさまっている[13]．

消費財の耐久性をテストすることが目的であれば，より細かな分類の

---

12) 国民経済計算(SNA)では耐久財と考えられるものは 1 年以上の期間にわたって消費可能なものであり，非耐久消費財と言われているものは 1 年間以内には消費されると考えられているものである．しかし非耐久財が 1 ヶ月単位で消費されるとは限らないことは自明である．

13) 『家計調査』の個別財毎の購入パターンが負の二項分布に従っているということは検証してみると面白いかもしれない．ちなみに，STATA で負の二項分布のパネルデータ推定は xtnbreg というコマンドを用いればよい．

データを用いて，マーケティング分野で行われているような分析が必要になる．

8.7 流動性制約

2002年1月以前は『家計調査』の標本のうち，10-12月に調査が開始された世帯については『貯蓄動向調査』に追加的に答えてもらっており，その世帯については『家計調査』と完全マッチングすることが可能であった．逆に言えば，同じサンプルが重複していることがわかっていながら，特別に2つの調査をマッチングさせるという作業を行わなければ利用できなかった[14]．それが既に説明したように2002年1月より『家計調査』と『貯蓄動向調査』が合体されることになった．本章では，このデータ上の利点を生かして，これまで不十分な形でしか対処できなかった流動性制約の問題に取り組んでみたい[15]．

ここでは，流動性制約あるいは借入制約を受けている家計をデータに応じて3つのグループに分けることができる．すなわち，

(1) 実際に借入を行っている家計．この家計は本来借り入れたいと思っていた額だけ借りているとは限らないが，何らかの借入があるということは少なくとも過去においては借入制約を受けていなかった家計と考えていいだろう．

(2) 借入のない家計でしかも借入制約がないと思われる家計．この家計は，借りたいと思えば借り入れられるだけの資産と所得があるにもかかわらず借入を行っていない家計である．

(3) 借入のない家計でしかも借入制約があるかもしれないと思われる家計．この家計は，現時点で流動性制約あるいは借入制約に直面している可能性のある家計である．

(1)と(2)(3)の区別は，実際の借入があるかどうかを新たに利用可能に

---

14) このマッチングの実態については松田・伴・美添 (2000, 第5章) を参照されたい．
15) 貯蓄・借入関係の情報が利用可能になったことの利点の一つに，直接回帰分析に用いるデータで分類した場合にデータがある水準で切断されてしまうという問題を回避できるということがある．

なった借入金データに基づいて分ければいい．問題は借入のない家計で制約のある家計とない家計を直接データから分けることはできないということである．この分類に関しては年間収入や純貯蓄残高などで恣意的に線を引いて分ける他ない．厳密に行おうとすれば，銀行の与信マニュアルなどを参考に借入制約水準を導出したり，あるいは実際に借入を行っている家計の属性を分析して借入条件を求めるべきであろうが，ここでは借入制約があるかもしれない家計を多めにとり，借入制約がないと思われる家計を厳しめに定義した[16]．すなわち，借入を行っている家計(debtinc=1)に加えて，年間収入が全サンプルの上位約25％に入る家計(820万円以上)を借入制約なしとし(debtinc=0)，それ未満の家計は借入制約にかかるかもしれない家計とした(debtinc=2)．同様に純貯蓄残高が全サンプルの上位約25％に入る家計(1860万円以上)を借入制約なしとし(debtass=0)，それ未満の家計は借入制約にかかるかもしれない家計とした(debtass=2)．借入をしている家計は(debtass=1)とする．

これらの分類に基づく基本統計量は図表8.4に示してある．

パネルAは年間収入で分類した借入・非借入家計の可処分所得，年間収入，純貯蓄残高，消費支出額，貯蓄額，世帯主年齢の平均値および標準偏差が記載されている．これによると，現在既に借入を行っている家計(debtinc=1)と比べて，借入を行っておらず，年間所得の高い家計(debtinc=0)は明らかに可処分所得も高いし(全家計の10.7％)，とりわけ純貯蓄残高は100倍も多い．この家計は借入は行っていないし，所得，貯蓄などから見て，借入を行う必要性がないのだろうと判断できるが，もしこの家計が借入を行おうとすれば問題なく借入ができると考えられる．一方，借入は行っていないし，可処分所得も年間収入も低い家計(debtinc=2)も，純貯蓄残高は借入家計よりはるかに高い．これらの家計は全体の47.2％に相当し，この全てが借入ができないということではないが，一部に流動性制約に直面している家計が含まれていると考えられる．借入家計は借入のため純貯蓄残高はほぼゼロに近く，不慮の支出に対する予備的貯蓄はほ

---

[16] 同様の発想でZeldes(1989a)がPSIDを貧困層とその他層に分けて流動性制約に関する分析を行っている．

図表 8.4　借入・非借入家計の基本統計量

パネル A：年間収入別

		debtinc = 0	debtinc = 1	debtinc = 2
家計数(%)		6470 (10.7)	25399 (42.1)	28451 (47.2)
可処分所得 （円）	平均 標準偏差	575428 390013	455380 331113	280982 268534
年間収入 （万円）	平均 標準偏差	1118 336	739 356	452 171
純貯蓄残高 （万円）	平均 標準偏差	2835 2641	28 1707	1749 2025
消費支出 （円）	平均 標準偏差	412453 214013	323322 182676	249323 143806
貯　蓄（円）	平均 標準偏差	162975 393089	132058 312784	31659 272335
世帯主年齢	平均 標準偏差	52 10	48 12	57 16

注）debtinc=0：借入ゼロ，年間収入 820 万円以上，debtinc=1：借入有，debtinc=2：借入ゼロ，年間収入 820 万円未満．

パネル B：純貯蓄残高別

		debtass = 0	debtass = 1	debtass = 2
家計数(%)		12892 (21.4)	25399 (42.1)	22029 (36.5)
可処分所得 （円）	平均 標準偏差	371674 373684	455380 331113	314385 274991
年間収入 （万円）	平均 標準偏差	676 393	739 356	517 279
純貯蓄残高 （万円）	平均 標準偏差	4006 2421	28 1707	747 527
消費支出 （円）	平均 標準偏差	320549 193863	323322 182676	255551 151573
貯　蓄（円）	平均 標準偏差	51127 368672	132058 312784	58834 256378
世帯主年齢	平均 標準偏差	63 12	48 12	53 16

注）debtass=0：借入ゼロ，純貯蓄残高 1860 万円以上，debtass=1：借入有，debtass=2：借入ゼロ，純貯蓄残高 1860 万円未満．

とんどないことを意味している．

パネルBは純貯蓄残高で分類したものであるが，借入がなく，純貯蓄残高が1860万円を超える家計(debtass=0)は全体の21.4%を占めている．この家計は金融資産は平均4000万円を超えており，流動性には全く問題がないと思われるが，可処分所得，年間収入などではとりたてて他のグループから突出しているわけではなく，むしろ低いぐらいである．また結果として消費支出や貯蓄も多いわけではない．平均年齢を見ると63歳となっており，貯蓄残高の多さは退職一時金を反映していると判断される．借入がなく，純貯蓄残高が低い家計(debtass=2)は住宅ローンなどはないが，平均年齢53歳であり，まだ退職前にある平均的勤労世帯のイメージがある．このグループは全体の36.5%を占めており，この中に流動性制約に直面した家計は含まれているだろうが，(debtass=0)家計にはそのような家計は含まれていないと想定される．

8.8 実証結果

消費支出モデルの関数型を次のように確定しておく．レベルモデルの一般型は次のように定式化した．

$$x_{it} = \alpha + \gamma x_{it-1} + \beta disp_{it} + \delta disp_{it-1} + \zeta jinin_i \\ + \eta yugyou_i + \theta age_{it} + \vartheta age_{it}^2 + \mu_i + \nu_t + u_{it} \quad (2)$$

ここで$x=$対数実質消費支出，$disp=$対数実質可処分所得，$jinin=$世帯人員，$yugyou=$世帯における就業者数，$age=$世帯主年齢，$age^2=$世帯主年齢の2乗，$\nu_t=$月次ダミー(ここでは2001年11月, 12月, 2002年1月, 5月, 6月, 7月, 11月, 12月)である．

階差モデルはレベルモデルから1階の階差をとり次のように定式化してある[17]．固定的な変数は階差をとることで消えている．

---

17) 林(1986)では今期の所得の変化分は自己回帰の予測誤差と相関しているので含めないとしているが，ここではレベルモデルとの比較もしたいので，単純にレベルモデルから1階の階差をとり，今期の所得の変化も入れて推定している．

図表 8.5 自己

Dependent variable: C_t	AR(1)			
	C_{t-1}		C_{t-1}	
	Estimated Coefficient	z-statistics	Estimated Coefficient	z-statistics
消費支出(全体)	0.6265	4094.23	0.2474	34.64
食　　料	0.7766	431.77	0.3238	48.28
住　　居	0.6079	1271.40	0.2892	21.80
光熱水道	0.3556	1271.40	0.0991	11.40
家具家事用品	0.0982	15.31	0.1716	23.93
被服および履物	0.1168	15.48	0.1850	21.09
保健医療	0.1800	22.70	0.2548	32.00
交通通信	0.5250	1285.10	0.2329	36.19
教　　育	0.1422	10.35	0.2452	12.98
教養娯楽	0.5244	1196.91	0.2476	35.84
その他	0.6249	177.90	0.2688	39.68

$$\Delta x_{it} = \alpha + \gamma \Delta x_{it-1} + \beta \Delta disp_{it} + \delta \Delta disp_{it-1} + \nu_t + u_{it} \quad (3)$$

第4章で論じたように，消費支出のラグ項の係数は費目によってはレベル推定では1に近くなり，その場合，GMM推定は下方バイアスを持つことが知られている．

以下ではどの推定方法がいいかを判断するのではなく，それぞれの推定方法がバイアスを持つことを同じデータ，同じ推定式を使うことで示したい．用いる手法は第4章で論じた最尤法(MLE)，操作変数法(IV)，一般化積率法(GMM one-step)である[18]．

8.8.1 消費の耐久性

既に論じたように，林(1986)では消費は支出の累積から得られるフローであるから，消費 c_{ijt} と支出 x_{ijt} の関係は次のように表せるとしている．

$$c_{ijt} = \rho_{j0}x_{ijt} + \rho_{j1}x_{ijt-1} + \rho_{j2}x_{ijt-2} + \rho_{j3}x_{ijt-3} + \ldots + \rho_{jM}x_{ijt-M} \quad (4)$$

---

18) 他に GMM two-step，システム GMM でも推定を行ったが，パラメータが安定的ではなかったのでここでは報告しない．

回帰モデル

AR(4)					
C_{t-2}		C_{t-3}		C_{t-4}	
Estimated Coefficient	z-statistics	Estimated Coefficient	z-statistics	Estimated Coefficient	z-statistics
0.2107	34.57	0.1952	31.13	0.1917	30.89
0.2372	34.69	0.2213	32.58	0.1459	22.27
0.2076	14.69	0.2127	14.79	0.1898	14.23
0.3945	57.40	0.0576	7.83	0.2053	30.50
0.1469	20.16	0.1249	17.15	0.1338	18.72
0.1389	15.69	0.1459	16.64	0.1513	17.40
0.1807	22.35	0.1280	15.82	0.1527	19.26
0.1934	29.88	0.1966	30.05	0.1788	27.50
0.2073	13.57	0.2296	15.31	0.1716	11.64
0.1978	28.19	0.1554	22.21	0.1916	27.41
0.2109	30.60	0.1995	28.40	0.1925	27.68

ここで i は経済主体，j は消費項目あるいは財，t は時間，M は任意の経過時間を表している．

この式は消費は現在および過去の支出の加重和であることを表現している．この定式化は基本的に正しいが，次のように補足説明しておきたい．(4)式はある程度まとめられた消費項目の消費(例えば，本章で用いている食料，住居などの10項目)について当てはまる関係であり，純粋に個別財(例えば，米や醤油，コーヒー，洗剤，ペンなど)に対する支出 x_{ijt} は今期および将来の消費 c_{ijt+n} として表される．

$$x_{ijt} = \delta_{j0}c_{ijt} + \delta_{j1}c_{ijt+1} + \delta_{j2}c_{ijt+2} + \delta_{j3}c_{ijt+3} + \ldots + \delta_{jM}c_{ijt+N}$$

(5)

すなわち，合理的な消費者であれば，個別財は一度購入すると，それを消費し尽くすまで，同一の財は購入しないと考えられるので，(4)式は個別財には当てはまらない．むしろ(4)式は過去の様々な時点で購入した様々な個別財を各時点で少量ずつ消費しているバスケットを表していると考えられるのである(例えば，食料消費とは1ヶ月前に購入した調味料や味噌を使い，今日購入した魚と昨日購入した野菜を料理し，2ヶ月前に大量に購入した米を炊いて食べるというイメージである)．

図表 8.6　消費項目別の家計消費行動（レベル）

パネル A：最尤法推定

被説明変数	説明変数					
	自己ラグ		可処分所得		可処分所得 $t-1$	
	Estimated Coefficient	z-statistics	Estimated Coefficient	z-statistics	Estimated Coefficient	z-statistics
消費支出（全体）	0.133	19.71	0.868	35.07	0.726	29.95
食　　料	0.737	217.78	0.273	18.78	0.124	8.56
住　　居	0.560	5.50	0.019	1.47	−0.020	−1.56
光熱水道	−0.196	−32.48	0.024	7.77	0.328	11.00
家具家事用品	0.105	14.50	0.843	12.60	0.848	12.49
被服および履物	0.103	12.82	0.115	14.06	0.128	15.91
保健医療	0.202	22.22	0.057	8.07	0.062	8.93
交通通信	0.111	15.56	0.950	18.70	0.998	20.06
教　　育	0.149	10.55	0.129	6.70	0.065	3.58
教養娯楽	0.170	19.67	0.127	22.50	0.105	18.98
その他	0.167	19.43	0.172	29.95	0.133	23.66

注）説明変数として他に世帯人員，就業者数，世帯主年齢，世帯主年齢の2乗，11月，12月，1月，5月，6月，7月ダミーが入っている．

パネル B：操作変数法推定

被説明変数	説明変数					
	自己ラグ		可処分所得		可処分所得 $t-1$	
	Estimated Coefficient	z-statistics	Estimated Coefficient	z-statistics	Estimated Coefficient	z-statistics
消費支出（全体）	1.081	5.54	3.401	6.21	−3.576	−5.47
食　　料	1.086	29.66	1.725	16.89	−1.828	−16.02
住　　居	0.280	0.62	14.726	0.75	−15.264	−0.75
光熱水道	−0.142	−2.44	1.328	0.89	−1.108	−0.71
家具家事用品	1.013	2.28	23.234	2.32	−24.217	−2.29
被服および履物	0.006	0.11	−2.865	−1.43	3.770	1.79
保健医療	0.833	3.03	26.794	1.86	−27.798	−1.86
交通通信	0.362	19.61	1.967	2.02	−1.386	−1.35
教　　育	0.030	0.45	−5.120	−0.91	8.310	1.47
教養娯楽	1.112	5.56	13.736	4.94	−14.420	−4.77
その他	1.128	10.21	9.562	8.31	−9.996	−7.91

注）世帯人員，就業者数，世帯主年齢，世帯主年齢の2乗を操作変数として用いた．

パネル C：GMM 推定（one-step）

被説明変数	説明変数					
	自己ラグ		可処分所得		可処分所得 $t-1$	
	Estimated Coefficient	z-statistics	Estimated Coefficient	z-statistics	Estimated Coefficient	z-statistics
消費支出（全体）	−0.464	−4.93	0.082	23.60	0.058	16.89
食　　料	−0.873	−9.46	0.055	23.05	0.023	9.68
住　　居	0.039	1.97	0.018	1.10	0.000	−0.02
光熱水道	−0.274	−39.32	0.022	4.85	0.042	9.29
家具家事用品	0.030	3.41	0.132	10.47	0.081	6.55
被服および履物	−0.012	−1.20	0.120	8.03	0.135	9.18
保健医療	0.041	3.94	0.030	2.42	0.124	1.02
交通通信	−0.004	−0.46	0.038	4.79	0.449	5.71
教　　育	−0.021	−1.29	0.004	0.16	0.012	0.58
教養娯楽	0.013	1.35	0.082	9.19	0.033	3.75
その他	−0.025	−2.54	0.168	20.31	0.127	15.49

注1）世帯人員，就業者数，世帯主年齢，世帯主年齢の2乗を追加的操作変数として用いた．
注2）Sargan の過剰識別検定は，全ての場合について棄却され，モデルの設定が適切であることを示唆している．

図表 8.7　消費項目別の家計消費行動（階差）

パネル A：最尤法推定

被説明変数	説明変数					
	自己ラグ		可処分所得		可処分所得 $t-1$	
	Estimated Coefficient	z-statistics	Estimated Coefficient	z-statistics	Estimated Coefficient	z-statistics
消費支出（全体）	−0.480	−106.47	0.061	17.63	0.062	18.58
食　　料	−0.421	−87.11	0.025	11.41	0.026	12.39
住　　居	−0.497	−57.97	0.049	3.06	0.173	1.13
光熱水道	−0.678	−161.66	−0.009	−2.27	−0.006	−1.49
家具家事用品	−0.478	−94.69	0.077	6.66	0.094	8.50
被服および履物	−0.489	−87.19	0.132	9.48	0.173	12.90
保健医療	−0.471	−84.52	0.023	2.04	0.027	2.51
交通通信	−0.496	104.86	0.029	3.79	0.412	5.67
教　　育	−0.471	−53.93	0.057	2.52	0.045	2.23
教養娯楽	−0.480	−96.13	0.058	7.00	0.056	7.00
そ の 他	−0.478	−96.92	0.126	16.21	0.113	14.94

注）説明変数として他に 11 月，12 月，1 月，5 月，6 月，7 月ダミーが入っている．

パネル B：操作変数法推定

被説明変数	説明変数					
	自己ラグ		可処分所得		可処分所得 $t-1$	
	Estimated Coefficient	z-statistics	Estimated Coefficient	z-statistics	Estimated Coefficient	z-statistics
消費支出（全体）	−0.564	−18.09	2.430	4.17	2.234	4.10
食　　料	−0.063	−1.05	0.825	7.07	−0.825	−7.19
住　　居	−0.521	−29.44	−1.535	−4.11	1.551	4.18
光熱水道	−0.676	−9.59	−5.831	−1.82	5.786	1.82
家具家事用品	−0.147	−0.63	12.600	1.48	−12.373	−1.48
被服および履物	−0.575	−6.91	−12.047	−1.60	11.682	1.60
保健医療	−0.300	−1.37	17.492	0.91	−17.431	−0.91
交通通信	−0.526	−6.98	9.455	1.04	−9.320	−1.04
教　　育	−0.336	−5.32	5.907	2.56	−5.926	−2.58
教養娯楽	−0.244	−0.81	4.237	0.82	−4.181	−0.83
そ の 他	−0.212	−3.45	3.821	4.70	−3.794	−4.72

注）世帯人員，就業者数，世帯年齢，世帯主年齢の 2 乗を操作変数として用いた．

パネル C：GMM 推定（one-step）

被説明変数	説明変数					
	自己ラグ		可処分所得		可処分所得 $t-1$	
	Estimated Coefficient	z-statistics	Estimated Coefficient	z-statistics	Estimated Coefficient	z-statistics
消費支出（全体）	−0.352	−56.75	0.091	19.98	0.076	16.79
食　　料	−0.378	−59.96	0.058	18.87	0.037	12.35
住　　居	−0.352	−29.09	0.005	0.29	−0.012	−0.66
光熱水道	−0.617	−118.99	0.008	1.48	0.175	3.18
家具家事用品	−0.377	−57.37	0.130	8.33	0.115	7.39
被服および履物	−0.382	−51.83	0.159	8.45	0.202	10.75
保健医療	−0.365	−49.84	0.043	2.82	0.030	1.95
交通通信	−0.377	−59.56	0.038	3.75	0.049	4.91
教　　育	−0.392	−34.45	0.042	1.58	0.862	3.26
教養娯楽	−0.383	−59.86	0.090	8.11	0.056	5.03
そ の 他	−0.378	−59.55	0.169	−16.11	0.144	13.82

注 1）世帯人員，就業者数，世帯主年齢，世帯主年齢の 2 乗を追加的操作変数として用いた．
注 2）Sargan の過剰識別検定は，全ての場合について棄却され，モデルの設定が適切であることを示唆している．

実証の結果を順に見ていこう．図表 8.5 は林 (1986) の表 4 に相当するものである．ただし，ここでは自己回帰を AR(1) と AR(4) に分けて最尤法推定を行っている．AR(1) の結果について見ると，食料，住居，交通通信，教養娯楽，その他のラグ係数が 0.5 を超えており，消費にある程度習慣形成というか粘着性があることがわかる．それに対して，家具家事用品，被服および履物，保健医療，教育などは係数が 0.2 以下で習慣形成的ではない．しかし，これを AR(4) で見ると，AR(1) の結果に比べて係数が平準化され，項目毎の差がそれほど顕著でなくなるとともに，時間がたつにつれて係数の値が急速に低下するということもない．このことは一般に非耐久消費と考えられているような項目でもある程度の耐久性があることを意味している．またこれは支出のラグが消費を決めているという (4) 式の定式化を正当化する結果であるとも考えられる．光熱水道の係数は C_{t-1} と C_{t-3} で低い値をとり，C_{t-2} と C_{t-4} では高い値をとっており，2ヶ月毎にパラメータがシフトしている．これは恐らく料金徴収のパターンと関連しているものと思われる．

図表 8.6 では消費項目別の家計消費支出を消費のレベルで回帰し，図表 8.7 では消費の階差で回帰したものである．図表 8.6 のパネル A の最尤法推定では図表 8.5 と同じような結果になっているが，重大な違いは可処分所得が住居を除いて有意な説明力になっている点である．光熱水道は先に触れたように 2ヶ月毎に増減しており，1ヶ月のラグでは係数が負になっている．

パネル B の操作変数法も傾向は同じだが，パラメータの水準が一般に最尤法と比べて高く出ている．また，可処分所得は住居，光熱水道，被服および履物，交通通信，教育などで有意でなくなっており，係数がゼロであることが棄却できない．パネル C は GMM 推定であるが，これは上の 2 つのパネルとは違い，10 項目のうち 6 項目の係数が負になっている．しかし，そのうち 3 つは係数が有意ではない．可処分所得の係数で有意でないのは住居，保健医療，教育である．

図表 8.7 が林 (1986) の表 5 に相当する．林では最小距離推定 (MDE) を用いているが，これは GMM の特殊型と考えられるのでその結果もパネル

CのGMM推定に近い．まずパネルAについて見ると自己ラグの全ての係数は負になっており，その係数も-0.42から-0.49と極めて狭い範囲に収まっている．この特定化でも可処分所得はほとんどの場合，有意であり，わずか，住居と光熱水道の1期ラグが有意でないにすぎない．パネルBでも自己ラグの係数は全て負であり，最尤法推定と比べて若干水準は高いが係数のばらつきは大きくなっている．可処分所得が有意でなくなるのは家具家事用品，被服および履物，保健医療，教養娯楽などである．図表8.6と同様に操作変数法では可処分所得の有意性が棄却される傾向が最も高い．パネルCでも自己ラグの係数は全て負であり，係数のレンジは-0.35から-0.39に入っており(例外は光熱水道)安定している．ここで可処分所得が有意でないのは住居，光熱水道，教育である．

これらの結果が意味していることは，(1)消費にはかなり耐久性があるということである．このことはパネルAとBのように消費のレベルの自己ラグが正で，階差で負であっても整合的である[19]．(2)可処分所得はかなりの場合に有意であり，消費が所得制約を受けている可能性が高い．しかしこの点については，次項でさらに検証する．

8.8.2 流動性制約

流動性制約に関する実証結果は図表8.8-8.11にまとめてある．ここでは問題の焦点を流動性制約に当てるために，個別消費項目については推計していない．

ここでの分析の考え方は，(1)流動性制約を受ける可能性に応じて家計を3分割すること．その分割の基準には年間収入というフローの情報に基づくものと純貯蓄残高というストックの情報に基づくもの2種類を用いた．(2)推定式の関数型はレベルモデルと階差モデルに分ける．(3)ダイナミック・パネル分析の手法として最尤法，操作変数法，GMMを用

---

[19] 簡単に次のようなレベルモデルを考えよう．$x_t=(1+\gamma)x_{t-1}-\gamma x_{t-2}+u_{it}$，それを階差モデルに変換する$(x_t-x_{t-1})=\gamma(x_{t-1}-x_{t-2})+\varepsilon_{it}$．ここでレベルの自己ラグ係数が正であるとは$1+\gamma>0$であり，階差のラグ係数が負であるとは$\gamma<0$を意味している．これが整合的であるためには，パラメータが$-1<\gamma<0$にあれば良い．ほとんどの項目でこの条件は満たされている．

図表 8.8 年間収入別の家計消費行動（レベル）

パネル A: 最尤法

Dependent Variable: x	debtinc = 0		debtinc = 1		debtinc = 2	
	Estimated Coefficient	z-statistics	Estimated Coefficient	z-statistics	Estimated Coefficient	z-statistics
x_1	0.1524	8.79	0.1330	13.88	0.1132	10.39
disp	0.0886	9.67	0.1199	26.77	0.0553	16.53
disp_1	0.0760	8.55	0.0812	18.71	0.0478	14.55
jinin	0.0402	4.64	0.0520	11.07	0.0782	11.85
yuugyou	−0.0388	−3.20	−0.0110	−1.57	−0.0594	−6.33
age	0.0333	5.23	0.0306	9.13	0.0178	6.33
age2	−0.0003	−5.19	−0.0002	−7.18	−0.0001	−5.45
Nov2001	−0.0244	−1.09	−0.0033	−0.30	0.0091	0.70
Dec2001	0.1572	7.14	0.1453	13.92	0.1881	16.55
Jan2002	−0.0496	−2.58	−0.0341	−3.59	−0.0042	−0.40
May2002	0.0062	0.34	−0.0035	−0.40	0.0146	1.46
Jun2002	−0.0387	−2.05	−0.0663	−7.43	−0.0364	−3.63
Jul2002	−0.0056	−0.30	0.0049	0.56	0.0111	1.11
Nov2002	−0.0612	−2.31	−0.0334	−2.51	−0.0415	−2.72
Dec2002	0.0572	1.47	0.1029	5.36	0.1500	7.09
_cons	7.7886	26.33	7.2949	51.25	9.0271	57.89
Diagnostic Test						
Number of observation	5009		19368		15496	
Number of groups	1078		4084		3628	
LR Chi2(15)	2192.51		11850.13		8301.33	
Prob＞Chi2	0.000		0.000		0.000	
LR test of sigma_u = 0 Chi2(01)	306.72		1034.65		908.89	
Prob＞Chi2	0.000		0.000		0.000	

パネル B: 操作変数法

Dependent Variable: x	debtinc = 0		debtinc = 1		debtinc = 2	
	Estimated Coefficient	z-statistics	Estimated Coefficient	z-statistics	Estimated Coefficient	z-statistics
x_1	1.462	1.55	1.219	8.29	0.926	3.73
disp	4.650	1.76	3.602	8.40	2.890	3.98
disp_1	−5.746	−1.47	−3.937	−7.16	−3.028	−3.67
_cons	8.634	0.98	1.581	1.53	2.632	1.03
Diagnostic Test						
Number of observation	5009		19368		15496	
Number of groups	1078		4084		3628	
Wald Chi2(3)	5.36		167.20		18.65	
Prob＞Chi2	0.1473		0.000		0.000	

注) 操作変数＝世帯人員，就業者数，世帯主年齢，世帯主年齢の2乗．

パネル C: GMM one-step

Dependent Variable: x	debtinc = 0		debtinc = 1		debtinc = 2	
	Estimated Coefficient	z-statistics	Estimated Coefficient	z-statistics	Estimated Coefficient	z-statistics
x_1	−0.0179	−0.67	−0.0358	−2.71	−0.0553	−3.69
disp	0.0920	8.25	0.1225	21.66	0.0521	10.43
disp_1	0.0581	5.22	0.0707	12.53	0.0375	7.59
_cons	0.0033	−1.01	−0.1849	−11.92	−0.1473	−8.02
Diagnostic Test						
Number of observation	3678		14808		11636	
Number of groups	1053		3993		3378	
Sargan test Chi2(57)	239.27		643.13		594.39	
Prob＞Chi2	0.000		0.000		0.000	
Wald test Chi2(3)	69.64		479.55		122.63	
Arellano-Bond test for residual AR(1)=z	−19.44		−39.74		−34.44	
Prob＞z	0.000		0.000		0.000	
Arellano-Bond test for residual AR(2)=z	−0.76		−1.27		−1.31	
Prob＞z	0.4462		0.2059		0.1915	

注) 追加的操作変数＝世帯人員，就業者数，世帯主年齢，世帯主年齢の2乗．

図表 8.9　年間収入別の家計消費行動（階差）

パネル A: 最尤法

Dependent Variable: Δx	debtinc = 0		debtinc = 1		debtinc = 2	
	Estimated Coefficient	z-statistics	Estimated Coefficient	z-statistics	Estimated Coefficient	z-statistics
Δx_1	−0.461	−36.85	−0.477	−74.54	−0.494	−66.75
Δdisp	0.062	5.14	0.082	14.28	0.043	9.09
Δdisp_1	0.082	7.45	0.083	15.17	0.043	9.29
Nov2001	−0.058	−1.77	−0.013	−0.89	0.006	0.32
Dec2001	0.191	6.32	0.173	12.49	0.190	12.95
Jan2002	−0.103	−3.96	−0.061	−5.04	−0.055	−4.02
May2002	−0.043	−1.77	−0.047	−4.15	−0.011	−0.81
Jun2002	−0.084	−3.22	−0.055	−4.66	−0.040	−3.07
Jul2002	0.021	0.82	0.048	4.11	0.031	2.27
Nov2002	−0.103	−3.19	−0.002	−0.13	−0.002	−0.09
Dec2002	0.065	1.40	0.174	7.92	0.200	8.32
_cons	−0.025	−2.71	−0.041	−9.40	−0.038	−7.66
Diagnostic Test						
Number of observation	3967		15323		11772	
Number of groups	1065		4017		3394	
LR Chi2(15)	1348.78		5564.01		4197.08	
Prob>Chi2	0.000		0.000		0.000	
LR test of sigma_u = 0 Chi2(01)	0.00		0.00		0.00	
Prob>Chi2	1.000		1.000		1.000	

パネル B: 操作変数法

Dependent Variable: Δx	debtinc = 0		debtinc = 1		debtinc = 2	
	Estimated Coefficient	z-statistics	Estimated Coefficient	z-statistics	Estimated Coefficient	z-statistics
Δx_1	−0.542	−6.86	−0.455	−12.91	−0.618	−7.48
Δdisp	2.297	0.85	1.861	4.82	2.545	1.76
Δdisp_1	2.030	0.93	1.430	4.54	2.384	1.74
_cons	0.026	0.28	−0.019	−1.96	−0.045	−2.07
Diagnostic Test						
Number of observation	3967		15323		11772	
Number of groups	1065		4017		3394	
Wald Chi2(3)	127.82		701.59		172.79	
Prob>Chi2	0.000		0.000		0.000	

注）操作変数＝世帯人員，就業者数，世帯主年齢，世帯主年齢の2乗．

パネル C: GMM one-step

Dependent Variable: Δx	debtinc = 0		debtinc = 1		debtinc = 2	
	Estimated Coefficient	z-statistics	Estimated Coefficient	z-statistics	Estimated Coefficient	z-statistics
Δx_1	−0.2962	−16.12	−0.3499	−39.98	−0.3766	−37.58
Δdisp	0.0988	6.83	0.1299	18.35	0.0553	8.42
Δdisp_1	0.0874	6.10	0.1014	14.26	0.0454	6.98
_cons	0.0062	0.88	−0.0005	−0.16	−0.0030	−0.79
Diagnostic Test						
Number of observation	2718		10985		8292	
Number of groups	980		3847		2940	
Sargan test Chi2(42)	106.34		218.83		191.90	
Prob>Chi2	0.000		0.000		0.000	
Wald test Chi2(3)	309.17		2028.89		1487.69	
Arellano-Bond test for residual AR(1)=z	−24.16		−46.98		−40.27	
Prob>z	0.000		0.000		0.000	
Arellano-Bond test for residual AR(2)=z	−0.63		−5.09		−5.92	
Prob>z	0.5286		0.000		0.000	

注）追加的操作変数＝世帯人員，就業者数，世帯主年齢，世帯主年齢の2乗．

図表 8.10　純貯蓄残高別の家計消費行動（レベル）

パネル A：最尤法

Dependent Variable: x	debtass = 0		debtass = 1		debtass = 2	
	Estimated Coefficient	z-statistics	Estimated Coefficient	z-statistics	Estimated Coefficient	z-statistics
x_1	0.1411	9.13	0.1330	13.88	0.1314	10.89
disp	0.0524	11.07	0.1199	26.77	0.0848	20.91
disp_1	0.0537	11.43	0.0812	18.71	0.0676	17.19
jinin	0.0774	7.77	0.0520	11.07	0.0811	12.79
yuugyou	−0.0616	−4.89	−0.0110	−1.57	0.0006	0.06
age	0.0316	4.98	0.0306	9.13	0.0160	5.41
age2	−0.0003	−5.39	−0.0002	−7.18	−0.0001	−4.77
Nov2001	−0.0174	−0.81	−0.0033	−0.30	0.0099	0.77
Dec2001	0.2056	10.59	0.1453	13.92	0.1627	13.99
Jan2002	−0.0344	−1.95	−0.0341	−3.59	−0.0102	−0.96
May2002	0.0072	0.41	−0.0035	−0.40	0.0151	1.53
Jun2002	−0.0258	−1.42	−0.0663	−7.43	−0.0432	−4.34
Jul2002	0.0023	0.13	0.0049	0.56	0.0057	0.57
Nov2002	−0.0479	−1.91	−0.0334	−2.51	−0.0481	−3.11
Dec2002	0.1262	3.74	0.1029	5.36	0.1216	5.48
_cons	8.5706	31.63	7.2949	51.25	8.1658	48.14

Diagnostic Test

	debtass = 0	debtass = 1	debtass = 2
Number of observation	6731	19368	13774
Number of groups	1667	4084	3039
LR Chi2(15)	2897.47	11850.13	10377.19
Prob>Chi2	0.000	0.000	0.000
LR test of sigma_u = 0 Chi2(01)	381.18	1034.65	653.73
Prob>Chi2	0.000	0.000	0.000

パネル B：操作変数法

Dependent Variable: x	debtass = 0		debtass = 1		debtass = 2	
	Estimated Coefficient	z-statistics	Estimated Coefficient	z-statistics	Estimated Coefficient	z-statistics
x_1	0.896	1.65	1.219	8.29	1.081	3.98
disp	3.347	1.78	3.602	8.40	3.161	4.39
disp_1	−3.423	−1.64	−3.937	−7.16	−3.368	−3.80
_cons	2.356	0.47	1.581	1.53	1.592	0.78

Diagnostic Test

	debtass = 0	debtass = 1	debtass = 2
Number of observation	6731	19368	13774
Number of groups	1667	4084	3039
Wald Chi2(3)	4.43	167.20	31.32
Prob>Chi2	0.2189	0.000	0.000

注）操作変数＝世帯人員，就業者数，世帯主年齢，世帯主年齢の 2 乗．

パネル C：GMM one-step

Dependent Variable: x	debtass = 0		debtass = 1		debtass = 2	
	Estimated Coefficient	z-statistics	Estimated Coefficient	z-statistics	Estimated Coefficient	z-statistics
x_1	−0.0589	−2.57	−0.0358	−2.71	−0.0438	−2.70
disp	0.0471	6.08	0.1225	21.66	0.0692	12.20
disp_1	0.0368	4.74	0.0707	12.53	0.0474	8.54
_cons	−0.0076	−2.24	−0.0185	−11.92	−0.0140	−7.86

Diagnostic Test

	debtass = 0	debtass = 1	debtass = 2
Number of observation	4786	14808	10523
Number of groups	1523	3993	2908
Sargan test Chi2(57)	274.94	643.13	516.14
Prob>Chi2	0.000	0.000	0.000
Wald test Chi2(3)	43.84	479.55	153.80
Arellano–Bond test for residual AR(1)=z	−21.02	−39.72	−32.54
Prob>z	0.000	0.000	0.000
Arellano–Bond test for residual AR(2)=z	−2.72	−1.27	0.25
Prob>z	0.0065	0.2059	0.8000

注）追加的操作変数＝世帯人員，就業者数，世帯主年齢，世帯主年齢の 2 乗．

図表 8.11　純貯蓄残高別の家計消費行動（階差）

パネル A：最尤法

Dependent Variable: Δx	debtass = 0		debtass = 1		debtass = 2	
	Estimated Coefficient	z-statistics	Estimated Coefficient	z-statistics	Estimated Coefficient	z-statistics
Δx_1	−0.485	−43.81	−0.477	−74.54	−0.483	−61.81
$\Delta disp$	0.035	4.59	0.082	14.28	0.055	10.36
$\Delta disp\_1$	0.039	5.20	0.083	15.17	0.055	10.68
Nov2001	−0.072	−2.24	−0.013	−0.89	0.019	1.08
Dec2001	0.228	8.68	0.173	12.49	0.173	11.59
Jan2002	−0.083	−3.47	−0.061	−5.04	−0.052	−3.84
May2002	−0.041	−1.66	−0.047	−4.15	−0.011	−0.85
Jun2002	−0.054	−2.26	−0.055	−4.66	−0.047	−3.63
Jul2002	0.035	1.39	0.048	4.11	0.030	2.32
Nov2002	−0.052	−1.66	−0.002	−0.13	−0.015	−0.83
Dec2002	0.142	3.58	0.174	7.92	0.186	7.40
_cons	−0.037	−4.14	−0.041	−9.40	−0.035	−7.17
Diagnostic Test						
Number of observation	5042		15323		10697	
Number of groups	1547		4017		2912	
LR Chi2(11)	1814.27		5564.01		3683.34	
Prob＞Chi2	0.000		0.000		0.000	
LR test of sigma_u = 0 Chi2(01)	0.00		0.00		0.00	
Prob＞Chi2	1.000		1.000		1.000	

パネル B：操作変数法

Dependent Variable: Δx	debtass = 0		debtass = 1		debtass = 2	
	Estimated Coefficient	z-statistics	Estimated Coefficient	z-statistics	Estimated Coefficient	z-statistics
Δx_1	−0.493	−28.61	−0.455	−12.91	−0.694	−7.12
$\Delta disp$	0.365	0.83	1.861	4.82	2.674	2.11
$\Delta disp\_1$	0.329	0.75	1.430	4.54	2.561	2.15
_cons	−0.038	−3.26	−0.019	−1.96	−0.023	−1.06
Diagnostic Test						
Number of observation	5042		15323		10697	
Number of groups	1547		4017		2912	
Wald Chi2(3)	1443.38		701.59		160.97	
Prob＞Chi2	0.000		0.000		0.000	

注）操作変数＝世帯人員，就業者数，世帯主年齢，世帯主年齢の 2 乗．

パネル C：GMM one-ste

Dependent Variable: Δx	debtass = 0		debtass = 1		debtass = 2	
	Estimated Coefficient	z-statistics	Estimated Coefficient	z-statistics	Estimated Coefficient	z-statistics
Δx_1	−0.3360	−20.83	−0.3499	−39.98	−0.3661	−34.86
$\Delta disp$	0.0491	4.64	0.1299	18.35	0.0757	10.36
$\Delta disp\_1$	0.0422	3.99	0.1014	14.26	0.0621	8.62
_cons	0.0112	1.61	−0.0005	−0.16	−0.0048	−1.31
Diagnostic Test						
Number of observation	3335		10985		7675	
Number of groups	1229		3847		2691	
Sargan test LR Chi2(42)	112.72		218.83		165.60	
Prob＞Chi2	0.000		0.000		0.000	
Wald test Chi2(3)	455.10		2028.89		1326.84	
Arellano–Bond test for residual AR(1)=z	−25.36		−46.98		−39.70	
Prob＞z	0.000		0.000		0.000	
Arellano–Bond test for residual AR(2)=z	−3.35		−5.09		−4.05	
Prob＞z	0.0008		0.00		0.0001	

注）追加的操作変数＝世帯人員，就業者数，世帯主年齢，世帯主年齢の 2 乗．

いる.(4)上の(1)-(3)を合わせて合計36本の消費関数を推計し,そこから共通して見出される傾向を探ろうということである.

ここでの結果は関数型,推定方法に関わらずかなり明白であるので,各図表の結果を順に見ていくのではなく,全般的に議論を進めていきたい.

まず,流動性制約の証拠とされている,可処分所得に対する消費支出の感応度であるが,最尤法とGMMでは借入を行っている家計の可処分所得の感応度が一貫して最も高いことがわかった[20].この結果を解釈すると,住宅ローンをはじめとして借金をかかえている家計は当サンプルでは42.1%あり,これらの家計はローンの定期的な返済に平均10万円ぐらいを当てており,残りを消費に使うという生活を行っている.年齢も平均40歳代と若く,子供の教育費等で裁量の余地のない支出も多いことから,その他の消費支出に自由が利かない.これが可処分所得の変動に消費が感応的であることの理由であろう.

次に感応的なのは,上の場合ほど明白ではないが,借入はないが年間収入・純貯蓄の低い家計である.この中には,所得も資産も低く,借入をしたくてもできない,いわゆる流動性制約下にある家計が含まれていると考えられるし,Zeldes(1989a)でもこのタイプの家計を流動性制約にあると判断していた.しかし,図表8.4を見れば明白なように,このタイプの家計は純貯蓄は借入家計よりはるかに高く,貯蓄を取り崩す余地は残っており,予算制約上の切迫度は借入家計の方がはるかに高いと判断できる.

恒常所得仮説が想定しているような可処分所得の短期的な変動に影響されない家計は十分な所得と純貯蓄残高がありながら,借入を行っていないような家計である(debtinc=0, debtass=0).これを裏付けるような結果は操作変数法推定で見られる.すなわち,この推定では全ての場合について,可処分所得の係数はゼロであるということが棄却できない.しかし,最尤法とGMM推定では可処分所得の係数は有意に正の値をとっており,流動性制約にあるとは考えられない家計が予算制約に従っている可能性を示唆している.こちらの推定結果が正しいとすれば,恒常所得仮説以外の

---

20) 操作変数法では必ずしも借入家計の感応度が最も高いとは言えないが,いずれの場合でも係数は有意である.

消費行動を行う家計を考える必要が出てくることを意味している[21]．

ここで得られた結果を上にあげた分類という観点から要約すると，(1)借入家計(debtinc=1, debtass=1)と非借入低所得・低貯蓄家計(debtinc=2, debtass=2)は関数型，推定方法にかかわらず，可処分所得が有意に効いている．(2)レベルと階差という関数型の特定化はパラメータの値に違いを与えているが，結果の有意性や含意については大差はない．(3)推定方法の違いはパラメータの値から見ると最尤法とGMMが近い．レベル推定では操作変数法のパラメータの値が高く出ているが，階差モデルでは3つの推定方法はほぼ似たような値をとっている．推定方法を恒常所得仮説から判断すると，操作変数法の推定結果が最も望ましい．

本章での結果を歴史的文脈の中で解釈すると，金融自由化もあり，消費者が借入をすることは，林(1986)の見ていた1981-82年当時と比べてかなり容易になってきている．しかし，そのことは流動性制約を緩和させたというより，借入家計を増加させ，その結果として借金返済に迫られるがために，消費支出が可処分所得に制約を受ける状況になっている．ちょうど第7章でバブル期に負債を増加させた企業が，その負債を返済しなければならないがために，積極的な設備投資や雇用を行えず，その結果として収益率を低下させていたという状況を分析したが，家計についてこの傾向がバブル崩壊後に起こったと見ることが可能であろう．少なくとも2001-02年のデータを見る限り，林(1986)の主張するように家計の90%以上が恒常所得仮説に従っているという状況にはなさそうである．

可処分所得が消費支出に与える効果は家計の年間収入や純貯蓄残高に応じて異なっているが，ほとんどの場合，有意に正の効果を持っていることが確認された．これは，少なくとも短期的には減税，増税，社会保障保険料等の変動が消費を変動させることを意味しており，政策効果があることを意味している．さらに言えば，借入家計が流動性制約に直面している可

---

21) この行動を説明する理論としては，第8.3節で見たように，不確実性に対する予備的動機によって貯蓄を増やし，その結果として可処分所得が制約として効いてくるというものや近視眼的な行動で可処分所得の変化に反応しているというケインズ的なもの，そして将来を双曲線的に割り引くので(hyperbolic discounting)，異時点間の最適化が定率割引と比べて近視眼的になるというものなどがある．

能性が最も高いとすれば，そのような家計の予算制約を緩和するような政策，例えば，2004 年現在行われている期限付きの住宅ローン減税を恒久化したり，住宅ローンの利払いの所得控除や土地住宅資産を借入額に応じて割り引いた固定資産税などを考える意味はあるだろう．

最後に，ミクロデータ，とりわけパネルデータであれば，流動性制約に直面している家計を識別することは簡単だと思われるかもしれないが，現実的にはかなり難しい問題であるということを指摘しておきたい．すなわち，調査項目として「借入を行おうとして金融機関に拒絶されたことがありますか」とか「お金を借りるとすればどのような機関から借りますか」，「お金を借りた時の利子はいくらでしたか」などといった情報があれば，それぞれの家計の流動性制約の程度を把握することが可能になるが，『家計調査』ではそのような質問はされていない．このような場合に，誰が流動性制約を受けているかを識別するにはどうすればよいだろうか．

Hall and Mishkin (1982) や Hayashi (1985) では (1) 家計が恒常所得仮説に従っているものと流動性制約を受けているものの 2 種類に分類され，(2) その家計の行動様式は確定でき，(3) 2 種類の家計の加重和が現在観察されている統計に一致し，(4) それぞれの家計の行動様式を満たすとすれば，理論的に 2 種類の家計を識別するための条件が設定でき，(5) その識別条件を統計データに当てはめて，2 種類の家計の比率をもとめることができる，という前提で識別を行っている[22]．

Manski (1995) ではミクロデータで観察不可能な状態を他の情報を用いて識別していく方法について論じているが，ミクロデータでさえ，条件付き確率を求める時に，条件を一致させることがいかに難しいかが明らかになっている．本章では，流動性制約に直面している家計を最終的に識別することはせずに，事前にわかる条件から，流動性制約に直面していそうな

---

22) 彼らの方法は Koopmans (1949)，Fisher (1966) 以来の識別問題の伝統に従っているが，彼らの識別が意味を持つのは，彼らの用いた理論が正当化できるということが前提となる．経済学ではこのように観察不可能な変数を観察できるデータを分解して導出するということがよく行われている．例えば，名目金利を実質金利と期待インフレ率に分けるとか，生産性を労働，資本などの投入要素の生産性とそれ以外の全要素生産性に分解するといったことがある．その識別が受け入れられるかどうかは，識別条件として用いられる理論的仮説がいかに受け入れられるものであるかに依存していることに注意されたい．

家計を絞り込んで分析を行ったにすぎない．しかし，こうすることによって，本来，流動性制約に直面していそうもない家計でも可処分所得に制約を受けている可能性が明らかになり，それは新たな消費者行動を考える契機を与えているし，流動性制約が，実は借入を既に行っている家計に最も効いているという新たな事実も明らかになってきた．

8.9 おわりに

本章では林(1986)の先駆的な研究を手がかりに，2002年1月から利用可能になった貯蓄・借入に関する情報を取り込んで家計消費行動を再検討してみた．

林(1986)が分析の対象とした1981-82年と本章で分析の対象とした2001-02年では時代背景が大きく変わっている．すなわち1981-82年はバブル経済に入る直前で，日本製品が世界市場を席巻し，日本的経営やメインバンク制度，年功序列，終身雇用制度などがポジティブに受け入れられていた時代であり，2001-02年はバブル崩壊後，いわゆる「失われた10年」を経験して，金融機関も一般企業もいよいよバブル崩壊の最終清算を迫られている時代である．おなじ『家計調査』でもそこに反映されている家計の姿は大きく違っているはずである．実際，本章の結果は林の結果とは大きく異なり，相当多数の家計が可処分所得制約を受けて消費活動を行っていることが明らかになった．

社会科学の結果は管理実験の結果ではないので，ある時期に成り立っていた関係が時代が変わると成り立たなくなったり，他の関係に取って代わられたりすることが往々にして起こる．これに対しては，同じデータであっても期間を変えて繰り返し検証する必要があることを意味している．またダイナミック・パネルデータの推定方法も圧倒的に信頼性の高い手法が確立されているわけではない．当面は，本章で行ったように複数の推定方法を用いて，その中から望ましい結果を選択するべきであろう．

『家計調査』は精度の高いデータであり，毎月調査されており，パネルデータの性格も持っている世界でも有数の家計データである．このデータ

を，例えば20年分連続して分析することができれば，その間の政策効果や経済環境の変化の影響などを縦横に分析することが可能になる．さらに言えば，林の分析と我々の分析の間に20年の間隔があるということは，データを毎月丁寧に追跡していけば，家計消費行動がどの時点から変質して行ったのかがわかるかもしれないし，それはどのような制度，政策，経済環境の変化に対応したのかも特定できるかもしれない．

また，バブル期の企業活動については多くの研究成果が出ているが，家計消費に関しては企業研究に比べると少ない．バブル経済下で企業貸出を大幅に増やした金融機関は，バブル崩壊後は今度は消費者金融を通して家計への貸出を増やしていったと言われるが，これを数量的に裏付ける作業も必要である．

1990年代のいわゆる平成不況期を通して家計は雇用不安，年金不安などを抱え，長期的な展望が持てない状況にあると言われている．にもかかわらず，1980–90年代に大きな借金を抱え込んだ家計はそれに対する返済を続けながら，ほそぼそと生活を続けざるを得ず，老後のための十分な蓄えができていない可能性が高い．これは，今後，団塊世代が退職を始めると大きな社会問題として顕在化する可能性がある．このような問題に対して政策対応を考える上で『家計調査』は有力な情報源となるだろう．

これまでの議論から理解していただけたかと思うが，パネルデータを用いて理論的に議論されていることを再検討することは非常に楽しい作業である．膨大なデータの中で，データとしては記録されておらず，従って観察されていないが，必ず理論的には区別されるべき潜在変数(例えば，流動性制約)を探すこと，これは計量経済学では識別問題を解くということにもなるが，この作業をパネルデータを用いて行うことは，まさに無人島で宝を探すような楽しさがある．

8.10 STATAコード

本章で用いたSTATAコードの一部を以下に掲載する．消費項目毎の推計式は繰り返しになるので省略してある．

/*図表 8.5*/
/*AR proecess by Mamimum Lilelihood Estimation*/
/*AR(1)*/
xtreg con con_1,mle
xtreg food food_1,mle
xtreg hous hous_1,mle
以下省略
/*AR(4)*/
xtreg con con_1 con_2 con_3 con_4,mle
xtreg food food_1 food_2 food_3 food_4,mle
xtreg hous hous_1 hous_2 hous_3 hous_4,mle
xtreg fuel fuel_1 fuel_2 fuel_3 fuel_4,mle
以下省略
/*図表 8.6-8.7*/
/*Mamimum Lilelihood Estimation*/
/**level**/
xtreg con con_1 jinin yuugyou age age2 disp disp_1 Nov2001 Dec2001 Jan2002 May2002 June2002 July2002 Nov2002 Dec2002, mle
/*by item*/
xtreg food food_1 jinin yuugyou age age2 disp disp_1 Nov2001 Dec2001 Jan2002 May2002 June2002 July2002 Nov2002 Dec2002, mle
以下省略
/**difference**/
xtreg dcon dcon_1 ddisp ddisp_1 Nov2001 Dec2001 Jan2002 May2002 June2002 July2002 Nov2002 Dec2002, mle
/*by item*/
xtreg dfood dfood_1 ddisp ddisp_1 Nov2001 Dec2001 Jan2002 May2002 June2002 July2002 Nov2002 Dec2002, mle
以下省略
/**Anderson-Hsiao Instrumental Variable Estimation **/
/**level**/
xtivreg con con_1 (disp disp_1 = jinin yuugyou age age2), re ec2sls
/*by item*/
xtivreg food food_1 (disp disp_1 = jinin yuugyou age age2), re ec2sls
以下省略
/**difference**/
xtivreg dcon dcon_1 (ddisp ddisp_1 = jinin yuugyou age age2), re ec2sls

/*by item*/
xtivreg dfood dfood_1 (disp disp_1 = jinin yuugyou age age2), re ec2sls
以下省略
/**Arellano-Bond Dynamic Panel Estimation**/
/*GMM*/
/**level**/
xtabond con disp disp_1, lags(1) inst(jinin yuugyou age age2) artests(2)
/*by item*/
xtabond food disp disp_1, lags(1) inst(jinin yuugyou age age2) artests(2)
以下省略
/**difference**/
xtabond dcon ddisp ddisp_1, lags(1) inst(jinin yuugyou age age2) artests(2)
bysort debtinc: xtabond dcon ddisp ddisp_1, lags(1) inst(jinin yuugyou age age2) artests(2)
bysort debtass: xtabond dcon ddisp ddisp_1, lags(1) inst(jinin yuugyou age age2) artests(2)
/*by item*/
xtabond dfood ddisp ddisp_1, lags(1) inst(jinin yuugyou age age2) artests(2)
以下省略
/*図表 8.8-8.11*/
/*Examine Liquidity Contrained Household*/
/*Maximum Likelihood Estimation*/
bysort debtinc: xtreg con con_1 disp disp_1 jinin yuugyou age age2 Nov2001 Dec2001 Jan2002 May2002 June2002 July2002 Nov2002 Dec2002, mle
以下省略
/**Instrumental Variable Estimation **/
bysort debtinc: xtivreg con con_1 (disp disp_1 = jinin yuugyou age age2), re ec2sls
以下省略
/*GMM*/
bysort debtinc: xtabond con disp disp_1, lags(1) inst(jinin yuugyou age age2) artests(2)
以下省略

第9章　個人パネルデータの分析

9.1　はじめに

　1993年に満24-34歳であった1500人の女性を対象として始まった『消費生活に関するパネル調査』(家計経済研究所)は我が国で行われた，初めての本格的な個人パネルデータ調査である．日本社会が1993年以来経験してきた，そして今後経験していく様々な変動を同一個人のレベルで丹念に記録していこうという壮大な事業である．これは疑いなく我が国の貴重な知的財産として残るものと思われるし，またそれ故に財政難などの理由で調査が中断されるようなことがあってはならないものである．アメリカではミシガン大学の The Panel Study of Income Dynamics (PSID) が1968年の開始以来，次世代の調査にまで拡大し，その調査結果が公開されることによって，多くの研究者が様々な問題に取り組み，経済学，社会学，統計学，心理学などで画期的な研究成果を出し，それがまた調査の維持拡大を支えてきたという側面がある．『消費生活に関するパネル調査』(以下では『家計研パネル』と呼ぶこともある)も，PSIDにならって，様々な素晴しい研究成果を生み出していくことが期待されている．

　言うまでもなく，データがいかに重要であるかは，それを用いて行われる実証研究の成果にも依存している．本調査を用いた研究をまとめた書籍として樋口・岩田(1999)，樋口・太田・家計経済研究所(2004)，松浦・滋野(2001)，北村(2002a)等があり，このデータを用いて書かれた論文のリストは家計経済研究所が毎年発刊している『消費生活に関するパネル調査』の報告書の末尾に掲載されている．

　『家計研パネル』に含まれている20歳代から30歳代までの女性は，ちょうど結婚，出産などのライフイベントを迎えており，彼女たちの生活変動を観察することで，1990年代以後に起こった様々な社会経済事象を理解することができる．例えば，この10年における20歳代から30歳代

女性の結婚経験率の変化は，25-29歳では13.4%，30-34歳では約12.2%と他の年齢層と比較して大きく減少しているが，そのような晩婚化現象を検証するのに最適な情報源となっている．

また，『家計研パネル』は個人だけではなく配偶者や親の情報も含まれているし，個人パネルデータの利点である過去に遡った質問ができるので，本章で扱うような世代間関係の分析にも適している．本章では，この『家計研パネル』の10ヶ年分(1993-2002年)を利用して，結婚選択を軸に，親子の世代関係と子供の間の世代関係を複合的に分析してみたい[1]．

なお，本章では，パネルデータを計量経済学の素材や経済政策を導くための対象としてだけではなく，調査自体の持つ様々な側面に言及することによって，このデータの持つ多様性を味わっていただきたいと思う．

9.2 『消費生活に関するパネル調査』の概要

『消費生活に関するパネル調査』の調査対象者は，調査初年度(1993年)に満24-34歳であった，1500人の女性(CohortA)をはじめとして，その後，第5年度(1997年)に満24-27歳であった500人の女性(CohortB)，第11年度(2003年)に満24-29歳であった836人の女性(CohortC)が追加されている．

この年代の女性を調査対象としたのは，対象者の多くが結婚・出産などの世帯変動を迎える時期にあたり，多様なライフスタイルを観察することができるからであるとされている．調査項目は，消費，貯蓄，就業行動などの経済的なものにとどまらず，生活意識や家族関係，トピックス項目として，調査年に施行された(あるいは施行予定の)政策に対する意識調査などが含まれている．

調査票は①有配偶者票，②無配偶者票，③新婚票の3種類に分かれて

---

[1] 本章は坂本和靖氏(家計経済研究所)との共同研究の成果である北村(2002a)，北村・坂本(2002, 2004)，坂本・北村(2004)に基づいている．研究に当たっては，家計経済研究所より『消費生活に関するパネル調査』の利用許可をいただいている．後半の実証では2003年度のデータも含めて利用させていただいた．坂本氏と同研究所の協力と理解なしには，研究はここまで進まなかった．記して感謝の意を表したい．

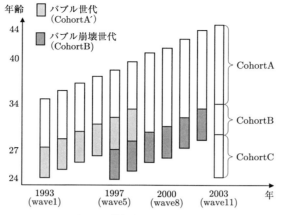

図表 9.1 『家計研パネル』の構造

おり,個人だけではなく,配偶者・親などに関しても詳細な調査が行われている.調査は,質問項目が多岐にわたるため,面接調査ではなく,自記式による「留置法」をとり,毎年 10 月 1 日から 10 月 31 日までの 1 ヶ月の間に質問票に記入することになっている.

サンプルの抽出方法は,層化 2 段無作為抽出が行われており,(i)全国を 8 ブロック[2])に分類し,(ii)各ブロック内を,都市規模別(① 13 大都市[3]),②その他の市,③町村)に分類している.各都市規模別の層における推定母集団[4])の大きさにより,年齢構成・配偶関係を考慮して 1500 人(CohortA),500 人(CohortB),836 人(CohortC)を比例配分している.

パネル調査には脱落者の発生という問題があるが,ここ 10 年間の脱落率[5])は,調査初年度を除いて,CohortA では,約 3-5% と脱落率は小さい.CohortB は,第 6 年度の 11.6% を除いて,約 5-7% となっており,

---

2) 北海道,東北,関東,中部,近畿,中国,四国,九州の 8 ブロック.
3) 札幌市,仙台市,千葉市,東京都区,横浜市,川崎市,名古屋市,京都市,大阪市,神戸市,広島市,北九州市,福岡市の 13 大都市.第 11 年度では,さいたま市を加えた 14 大都市となっている.
4) CohortA の場合,1992 年 4 月 1 日現在の 24 歳から 34 歳の人口数,CohortB の場合,1996 年 4 月 1 日現在の 24 歳から 27 歳の人口数,CohortC の場合,2002 年 4 月 1 日現在の 24 歳から 29 歳の人口数.
5) 脱落率 = $t+1$ 年の脱落者数/t 年の回答者数.

図表9.2 調査内容

経年項目	トピックス項目
世帯構成 就業状況(有配偶者の場合, 夫も) 消費支出 貯蓄・資産 収入管理 住居 ローン(住宅ローン, それ以外のローン) クレジットカード 生活行動(生活時間, 家事労働) 生活意識(価値観, 満足度) 友人関係 結婚(無配偶者のみ) 家具・家庭電化製品の保有・購入 生活変動(出産, 死亡, 引越, 事故・病気) 新婚票 夫の家族構成, 夫の学歴・職歴 夫の両親の学歴・職歴 家具・家庭電化製品の購入 結婚後の住居 結婚費用	1993年度 配偶者控除, 学歴・資格*, 職歴*, 　　　　　居住歴*, 両親の学歴・職歴*, 　　　　　親子関係(経済的援助), 生活上の大きな出来事* 1994年度 親との関係(生前贈与・遺産), 　　　　　趣味・娯楽, 景気, 性格特性, 自己啓発, 　　　　　子供, 結婚費用(初婚時) 1995年度 買い物行動, 価格破壊 1996年度 親との関係(経済的援助), 自己啓発, 　　　　　性格特性, 民法改正(夫婦別姓), 女性と生活保障 1997年度 本人職歴(18歳〜現在)*, 　　　　　家族の学歴(本人含む), 子供 1998年度 親との関係(生前贈与・遺産), 　　　　　性格特性, 買い物行動 1999年度 地域振興券, 未就学児養育費, 　　　　　親との関係(経済的援助) 2000年度 地域振興券, 未就学児養育費, 自己啓発, 　　　　　親との関係(生前贈与・遺産), 子供, 性格特性, 　　　　　インターネット・電子メール 2001年度 未就学児養育費, 自己啓発, 　　　　　インターネット・電子メール 2002年度 親との関係(生前贈与・遺産, 経済的援助), 　　　　　自己啓発, 性格特性, 　　　　　インターネット・電子メール

＊回顧データ

CohortAと比べると脱落率が高くなっている.

　本節では，結婚に関わる基本的な質問項目の10年間(1993-2002年)の推移について概観する．次節以降で行われる，世代比較(バブル世代×バブル崩壊以降世代)のために，サンプルを1993-98年に20歳代後半から30歳代前半を過ごしたサンプル(CohortA′=「バブル世代」)と1997-2002年に20歳代後半から30歳代前半を過ごしたサンプル(CohortB=「バブル崩壊以降世代」)に分割し，また親世代を「戦前・戦中世代」と「団塊以降世代」に分割する[6]．

9.2.1 配偶状態

CohortAの有配偶率は，66.8％（1993年）から，5年後には78.1％（1997年），そして10年後には81.7％と最終的には14.9％増加している（図表9.3）．しかし一様に伸びているわけではなく，2001, 2002年では減少し始めている．これは調査対象者の加齢に伴い，結婚者割合が全体の3.4％（1993年）から1.0％（2002年）に落ち込み，その逆に，離死別経験者割合（この1年で離死別，離死別経験者）が全体の2.8％（1993年）から6.0％（2002年）と増えているためである．

また，1990年代前半から同後半（CohortA′）と，1990年代後半から2000年代の同じ年齢階層（CohortB）を比較すると，前者では43.5％（1993年），70.5％（1997年）と6年間で27.0％の上昇，後者では40.2％（1997年），65.5％（2002年）で25.3％の上昇と，若干前者の伸びが大きい．同じ年齢階層にあっても，CohortBでは20歳代後半から30歳代前半の女性の有配偶率が落ちていることが確認できる．

9.2.2 結婚サンプルの学歴マッチング

我が国の結婚の特徴として，結婚するカップル間では，収入，学歴などに関して，男性の方が高いか少なくとも同等にあるという傾向が指摘されている．図表9.4から学歴マッチングの状態を見ると，『家計研パネル』全体では妻の学歴が中学校卒，高校卒，専門・専修学校卒の場合，半分以上が同学歴の男性と結婚しており，もう半分が自分以上の学歴の男性と結婚している．大学・大学院卒の女性は81.4％以上が大学・大学院卒の男性と結婚しており，女性の高学歴者の場合は，同等のものと結婚する者がほとんどで，男性のように自分より就学年数が短い配偶者を選択していないことがわかる．年代毎に見ると徐々に男性上位のマッチングが少なくな

---

[6] 一般的に「世代」とは「親・子・孫と続いてゆくおのおのの代．親の跡を継いで子に譲るまでのほぼ30年を1世代とする」（『広辞苑』）という意味で用いられているが，ここでは，親世代，子世代内での世代を2分割したもの（親世代＝戦前・戦中世代と団塊以降世代．子世代＝バブル世代とバブル崩壊以降世代）に着目し，それぞれの差異が結婚選択に与える影響について考察していきたい．

図表 9.3　有配偶率

年齢	1993年	1994年	1995年	1996年	1997年	1998年	1999年	2000年	2001年	2002年
43	—	—	—	—	—	—	—	—	—	84.2
42	—	—	—	—	—	—	—	—	85.3	90.1
41	—	—	—	—	—	—	—	87.4	92.8	82.4
40	—	—	—	—	—	—	88.1	94.1	83.9	88.5
39	—	—	—	—	—	89.6	93.2	84.6	88.8	84.3
38	—	—	—	—	90.5	93.4	84.9	87.8	85.7	80.0
37	—	—	—	90.9	93.5	85.7	88.3	87.6	81.4	79.1
36	—	—	92.4	93.5	84.5	86.7	87.2	78.7	77.3	77.8
35	—	92.1	90.6	86.7	86.4	83.7	78.9	80.2	78.3	77.2
34	93.6	91.1	87.2	88.0	82.8	77.1	79.8	77.6	75.5	80.2
33	89.6	83.1	85.7	82.9	76.9	78.6	73.9	75.2	81.7	75.5
32	82.8	85.6	82.3	75.9	77.7	71.4	75.9	80.0	72.9	76.6
31	83.3	80.4	74.3	75.0	70.8	70.2	78.1	70.6	76.8	63.7
30	79.0	73.9	70.7	71.4	70.2	74.4	72.7	75.6	61.7	67.0
29	71.2	69.3	69.0	71.8	67.5	66.1	72.7	59.0	58.8	56.3
28	68.8	62.7	70.9	61.5	61.1	70.4	57.5	53.8	50.5	—
27	57.4	65.2	57.6	56.1	59.8	52.7	46.4	45.0	—	—
26	56.6	47.7	45.2	—	45.7	41.0	35.8	—	—	—
25	37.9	35.0	—	—	35.1	30.4	—	—	—	—
24	26.5	—	—	—	21.6	—	—	—	—	—
合計	66.8	70.7	74.5	77.1	67.3	71.0	74.0	75.7	76.7	77.6
合計(CohortA)	66.8	70.7	74.5	77.1	78.1	79.6	81.9	82.0	82.0	81.7
合計(CohortA')	43.5	51.8	59.9	64.7	67.2	70.5	—	57.5	61.5	—
合計(CohortB)	—	—	—	—	40.2	47.7	52.2	57.5	61.5	65.6

っているとは言え，依然として学歴マッチングの非対称性が残っており，高学歴女性が結婚難にあることがわかる[7]．

9.2.3 結婚に伴う就業の変化

結婚前後の就業行動の変化を世代別に見ると，結婚後も引き続き同一企業に就業し続ける(当該年に)結婚者の割合は，CohortA′では30-40%台だったのが，CohortBでは40-50%台に上昇している．それぞれ6年間平均の差で見ると約10%の上昇が見られ，「結婚退職」の傾向が縮小していることがわかる．しかし両世代とも，いまだ結婚に伴う転職率(約10%)，離職率(約30%)は高く，結婚が女性の就業に与える影響が依然として大きいことがわかる．

結婚相手である夫の所得によって結婚時における就業はどう変わるか観察すると，調査期間に結婚したサンプル全体における継続就業者(同一企業)割合は，夫所得「0-350万円未満」[8]では41.2%，「350万-450万円未満」では43.1%，「451万円以上」では35.0%と夫の所得が高いほど継続就業率は低くなっている．しかし転職を含めて働き続けている(継続就業＋転職)割合を見ると，全ての所得層で約50%位になっている．また離職に関しては，所得が高い層では離職者割合が28.0%と最も低くなっている．1990年代から2000年代前半にかけて結婚した人たちでは，女性の労働供給が夫の所得が増えるに従って低下するという「ダグラス＝有沢法則」が成立しているようには見受けられない[9]．

9.2.4 仕　事

近年，若年未婚者の就業環境の悪化が注目されるようになってきたが，

[7) この調査の対象ではないが，男性の低学歴者の結婚難も見逃せない．彼らは低学歴そのものというより，その結果としての低所得を反映して，さらに厳しい結婚難に直面していると考えられる．

8) ここでは結婚したサンプルの夫と所得階層を均等に3分割した．

9) 小原(2001)では，『家計研パネル』(1993年，1997年)を用いて，夫の所得の高いほど，妻の就業率が低いという「ダグラス＝有沢法則」は近年当てはまらなくなり，夫婦ともに所得の高い家計が増加していることを示している．

図表 9.4 学歴マッチング

全　体 (CohortA & CohortB)

夫の学歴	妻 の 学 歴				
	中学校	高校	専門・専修学校	短大・高専	大学・大学院
中学校	**56.6**	11.4	3.0	2.3	0.6
高　校	25.3	**54.1**	3.4	29.6	8.4
専門・専修学校	13.3	13.0	**63.9**	7.2	7.2
短大・高専	1.2	3.6	4.1	**5.9**	2.4
大学・大学院	3.6	17.9	25.7	54.9	**81.4**
全　体	100.0	100.0	100.0	100.0	100.0
人　数	(83)	(699)	(296)	(304)	(167)

CohortA

夫の学歴	妻 の 学 歴				
	中学校	高校	専門・専修学校	短大・高専	大学・大学院
中学校	**59.0**	10.7	2.9	2.5	0.0
高　校	24.6	**53.6**	3.8	25.8	6.8
専門・専修学校	11.5	13.2	**63.8**	7.0	4.5
短大・高専	1.6	3.3	4.2	**5.3**	2.3
大学・大学院	3.3	19.2	25.4	59.4	**86.4**
全　体	100.0	100.0	100.0	100.0	100.0
人　数	(61)	(569)	(240)	(244)	(132)

CohortA′

夫の学歴	妻 の 学 歴				
	中学校	高校	専門・専修学校	短大・高専	大学・大学院
中学校	**57.7**	9.4	5.4	6.3	0.0
高　校	34.6	**56.0**	5.4	17.5	11.1
専門・専修学校	3.8	12.6	**55.4**	6.3	5.6
短大・高専	3.8	3.7	5.4	**6.3**	0.0
大学・大学院	0.0	18.3	28.4	63.5	**83.3**
全　体	100.0	100.0	100.0	100.0	100.0
人　数	(26)	(191)	(74)	(63)	(36)

CohortB

夫の学歴	妻 の 学 歴				
	中学校	高校	専門・専修学校	短大・高専	大学・大学院
中学校	**50.0**	14.6	3.6	1.7	2.9
高　校	27.3	**56.2**	1.8	45.0	14.3
専門・専修学校	18.2	12.3	**64.3**	8.3	17.1
短大・高専	0.0	4.6	3.6	**8.3**	2.9
大学・大学院	4.5	12.3	26.8	36.7	**62.9**
全　体	100.0	100.0	100.0	100.0	100.0
人　数	(22)	(130)	(56)	(60)	(35)

図表 9.5 結婚に伴う就業変化

CohortA (単位：%，該当者/回答者数)

	1994	1995	1996	1997	1998	1999	2000	2001	2002	合計
継続就業 (同一企業)	39.6 19/48	38.5 20/52	43.2 19/44	30.8 8/26	33.3 7/21	26.9 7/26	60.0 6/10	14.3 1/7	30.0 3/10	36.9 90/244
継続就業 (自営家従)	0.0 0/48	0.0 0/52	0.0 0/44	3.9 1/26	0.0 0/21	3.9 1/26	0.0 0/10	0.0 0/7	10.0 1/10	1.2 3/244
転職 (企業変更)	14.6 7/48	13.5 7/52	6.8 3/44	7.7 2/26	14.3 3/21	7.7 2/26	0.0 0/10	0.0 0/7	10.0 1/10	10.3 25/244
新規就業 (無業→雇用就業)	6.3 3/48	3.9 2/52	6.8 3/44	0.0 0/26	4.8 1/21	0.0 0/26	0.0 0/10	0.0 0/7	0.0 0/10	3.7 9/244
新規就業 (無業→自営家従)	2.1 1/48	0.0 0/52	0.0 0/44	0.0 0/26	0.0 0/21	0.0 0/26	0.0 0/10	0.0 0/7	0.0 0/10	0.4 1/244
離職 (雇用就業→無業)	33.3 16/48	38.5 20/52	36.4 16/44	38.5 10/26	42.9 9/21	30.8 8/26	30.0 3/10	57.1 4/7	20.0 2/10	36.1 88/244
離職 (自営家従→無業)	0.0 0/48	0.0 0/52	2.3 1/44	0.0 0/26	0.0 0/21	3.9 1/26	0.0 0/10	0.0 0/7	0.0 0/10	0.8 2/244
無業 (無業→無業)	4.2 2/48	5.8 3/52	4.6 2/44	19.2 5/26	4.8 1/21	26.9 8/26	10.0 1/10	28.6 2/7	30.0 3/10	10.7 26/244
無回答	0.0 0/48	0.0 0/52	0.0 0/44	0.0 0/26	0.0 0/21	0.0 0/26	0.0 0/10	0.0 0/7	0.0 0/10	0.0 0/244

CohortA′ (単位：%，該当者/回答者数)

	1994年	1995年	1996年	1997年	1998年	合計
継続就業 (同一企業)	35.9 14/39	43.9 18/41	43.3 13/30	33.3 6/18	23.1 3/13	38.3 54/141
継続就業 (自営家従)	0.0 0/39	0.0 0/41	0.0 0/30	5.6 1/18	0.0 0/13	0.7 1/141
転職 (企業変更)	15.4 6/39	9.8 4/41	10.0 3/30	5.6 1/18	23.1 3/13	12.1 17/141
新規就業 (無業→雇用就業)	7.7 3/39	4.9 2/41	3.3 1/30	0.0 0/18	0.0 0/13	5.0 7/141
新規就業 (無業→自営家従)	0.0 0/39	0.0 0/41	0.0 0/30	0.0 0/18	0.0 0/13	0.0 0/141
離職 (雇用就業→無業)	35.9 14/39	36.6 15/41	36.7 11/30	33.3 6/18	38.5 5/13	36.2 51/141
離職 (自営家従→無業)	0.0 0/39	0.0 0/41	3.3 1/30	0.0 0/18	0.0 0/13	0.7 1/141
無業 (無業→無業)	5.1 2/39	4.9 2/41	3.3 1/30	22.2 4/18	7.7 1/13	7.1 10/141
無回答	0.0 0/39	0.0 0/41	0.0 0/30	0.0 0/18	0.0 0/13	0.0 0/141

CohortB (単位：%，該当者/回答者数)

	1998年	1999年	2000年	2001年	2002年	合計
継続就業 (同一企業)	43.8 14/32	50.0 11/22	54.2 13/24	46.2 6/13	36.4 4/11	47.1 48/102
継続就業 (自営家従)	0.0 0/32	0.0 0/22	0.0 0/24	0.0 0/13	9.1 1/11	1.0 1/102
転職 (企業変更)	15.6 5/32	0.0 0/22	12.5 3/24	30.8 4/13	18.2 2/11	13.8 14/102
新規就業 (無業→雇用就業)	0.0 0/32	4.6 1/22	0.0 0/24	0.0 0/13	0.0 0/11	1.0 1/102
新規就業 (無業→自営家従)	0.0 0/32	0.0 0/22	0.0 0/24	0.0 0/13	0.0 0/11	0.0 0/102
離職 (雇用就業→無業)	34.4 11/32	31.8 7/22	29.2 7/24	23.1 3/13	18.2 2/11	29.4 30/102
離職 (自営家従→無業)	3.1 1/32	0.0 0/22	0.0 0/24	0.0 0/13	0.0 0/11	1.0 1/102
無業 (無業→無業)	3.1 1/32	13.6 3/22	4.2 1/24	0.0 0/13	18.2 2/11	6.9 7/102
無回答	0.0 0/32	0.0 0/22	0.0 0/24	0.0 0/13	0.0 0/11	0.0 0/102

このことは結婚問題とも少なからず関係している[10]．図表 9.6 では，未婚者の就業形態の推移を示している．CohortA の 10 年間合計の平均では有業率は約 90%，うち常勤であるものは約 80% 強，非常勤[11]は 20% 弱である．通年での推移を見ると有業率(無業率)は 90%(10%)でほぼ一定であるものの，当初 83.5%(1993 年)だった常勤が 77.6% と約 6% ほど減少し，徐々に非常勤率が高まっている．

次に世代別に見ると，CohortA′ では有業率が CohortA と比べてほぼ変わらず 90.0%，うち常勤率 84.7%，非常勤率 14.8% となっている．6 年間の推移では，87.4%(1993 年)から 76.3%(1998 年)と約 11% 減少している．CohortB では，CohortA，CohortA′ 同様，有業者率は約 90% であるが，その内訳が異なっている．常勤率が 72.6%，非常勤率が 27.4% と他と比べて 10% 近く非常勤が高く，その推移も非常勤が 23.5% に始まり，一時は 33.9%(2001 年)に至るなど，他の世代とは異なる傾向を見せている．

若年未婚者の就業変化を世代別に見ると，継続就業割合の違いが目立つ(図表 9.7)．1990 年代前半から後半にかけて 20 歳代を過ごした CohortA′ では，72-76% であるのに対して，1990 年代後半から 2000 年代にかけて 20 歳代を過ごした CohortB では，66-72% と継続就業の割合が低くなっている．CohortB の非常勤率が高かったり離転職率が高かったりするのは，就業環境の悪化を反映していると考えられる．

就業状態別(常勤，非常勤)に次年度($t+1$)に，結婚選択したか，未婚継続したか，脱落したかを調べた結果，CohortA の場合，t 年に常勤だった者が翌年($t+1$)に結婚選択する確率は当初は 10% を超えていたが，徐々に減少していき約 3% 台までに落ち込んでいる．非常勤の場合，一時期(1994 年→ 1995 年)を除くと，10 年にわたって約 10% 台となっており，常勤と比べて結婚選択率が高いことがわかった．

---

10) 例えば，玄田(2001)，太田(2002)を参照．
11) パート・アルバイト，嘱託・その他．

229

図表 9.6 未婚者の就業状態

CohortA

	1993	1994	1995	1996	1997	1998	1999	2000	2001	2002	合計
有業(休職中含む)	411	345(2)	270	220(1)	197(1)	172	139	134(1)	122	112	2122
勤め人	393	332	257	208	186	163	130	127	117	107	2020
常　勤	328	280	219	171	144	127	105	99	93	83	1649
パート・アルバイト	43	32	27	27	30	24	19	20	17	18	257
嘱託・その他	20	18	10	9	12	12	6	8	7	6	108
不　詳	2	2	1	1	0	0	0	0	0	0	6
自営・家族従業員+内職	12	8	8	10	8	6	3	6	3	3	67
自由業	4	5	4	2	3	3	5	1	1	2	30
その他	2	0	1	0	0	0	0	0	0	0	3
学　生	5	2	1	1	1	0	1	1	1	0	13
無　業	40	30	29	26	21	18	16	11	12	12	215
合　計	456	377	300	247	219*	190	155	146	134	124	2348

*1人「専業主婦」と回答しているため除去.

CohortA

	1993	1994	1995	1996	1997	1998	1999	2000	2001	2002	合計
有業率	90.1	91.5	90.0	89.1	90.0	90.5	89.7	91.8	91.0	90.3	90.4
常勤率	83.5	84.3	85.2	82.2	77.4	77.9	80.8	78.0	79.5	77.6	81.6
非常勤率	16.0	15.1	14.4	17.3	22.6	22.1	19.2	22.0	20.5	22.4	18.1
無業率(学生含む)	9.9	8.5	10.0	10.9	10.0	9.5	11.0	8.2	9.7	9.7	9.7

CohortA´

	1993年	1994年	1995年	1996年	1997年	1998年	合計
有　業	281	224(1)	171	136	124	103	1039
勤め人	270	216	165	129	118	97	995
常　勤	236	187	145	110	91	74	843
パート・アルバイト	24	18	11	13	20	17	103
嘱託・その他	8	10	8	5	7	6	44
不　詳	2	1	1	1	0	0	5
自営・家従+内職	8	5	4	6	5	4	32
自由業	3	3	2	1	1	2	12
その他	0	0	0	0	0	0	0
学　生	4	2	1	1	1	0	9
無　業	23	22	18	18	12	13	106
合　計	308	248	190	155	137*	116	1154

*1人「専業主婦」と回答しているため除去.

CohortA´

	1993年	1994年	1995年	1996年	1997年	1998年	合計
有業率	91.2	90.3	90.0	87.7	90.5	88.8	90.0
常勤率	87.4	86.6	87.9	85.3	77.1	76.3	84.7
非常勤率	11.9	13.0	11.5	14.0	22.9	23.7	14.8
無業率(学生含む)	8.8	9.7	10.0	12.3	9.5	11.2	10.0

CohortB

	1997年	1998年	1999年	2000年	2001年	2002年	合計
有業(休職中)	262(3)	200(2)	175	142(1)	117	99	995
勤め人	255	196	165	133	112	93	954
常　勤	195	149	121	88	74	66	693
パート・アルバイト	44	41	38	37	30	20	210
嘱託・その他	16	6	6	8	8	7	51
不　詳	0	0	0	0	0	0	0
自営・家従+内職	6	3	5	5	2	4	25
自由業	1	1	5	4	3	2	16
その他	0	0	0	0	0	0	0
学　生	9	6	3	3	4	1	26
無　業	28	22	14	11	11	9	95
合　計	299	228*	192	156	132	109	1116

*1人「専業主婦」と回答しているため除去.

CohortB

	1997年	1998年	1999年	2000年	2001年	2002年	合計
有業率	87.6	87.7	91.1	91.0	88.6	90.8	89.2
常勤率	76.5	76.0	73.3	66.2	66.1	71.0	72.6
非常勤率	23.5	24.0	26.7	33.8	33.9	29.0	27.4
無業率(学生含む)	12.4	12.3	8.9	9.0	11.4	9.2	10.8

図表 9.7 未婚者の就業変化 (1)

(単位：％, 該当者/各年未婚者全体)

未婚者全体(CohortA)		1993→1994	1994→1995	1995→1996	1996→1997	1997→1998	1998→1999	1999→2000	2000→2001	2001→2002	合計
継続就業(同一企業)		74.3 280/377	75.0 75/300	73.3 181/247	74.6 164/220	72.6 138/190	74.8 116/155	76.7 112/146	79.1 106/134	81.5 101/124	75.2 1423/1893
継続就業(自営家従)		2.7 10/377	3.0 9/300	4.1 10/247	4.6 10/220	3.7 7/190	4.5 7/155	4.1 6/146	3.0 4/134	2.4 3/124	3.5 66/1893
転 職(企業変更)		8.0 30/377	6.3 19/300	7.7 19/247	5.9 13/220	9.0 17/190	7.7 12/155	7.5 11/146	6.7 9/134	4.8 6/124	7.2 136/1893
新規就業 (無業→雇用就業)		5.0 30/377	4.0 12/377	2.4 6/247	4.6 10/220	5.3 10/190	1.9 3/155	3.4 5/146	0.8 1/134	0.8 1/124	3.5 67/1893
新規就業 (無業→自家従)		0.5 2/377	0.0 0/300	0.8 2/247	0.0 0/220	0.0 0/190	0.0 0/155	0.0 0/146	0.0 0/134	0.8 1/124	0.3 5/1893
離 職(雇用就業→無業)		4.5 17/377	6.7 20/300	4.5 11/247	4.1 9/220	4.7 9/190	6.5 10/155	2.1 3/146	2.2 3/134	2.4 3/124	4.5 85/1893
離 職(自営家従→無業)		0.0 0/377	0.0 0/300	0.0 0/247	0.0 0/220	0.0 0/190	0.0 0/155	0.0 0/146	0.8 1/134	0.0 0/124	0.1 1/1893
無 業(無業→無業)		3.7 14/377	3.3 10/300	6.5 16/247	6.4 14/220	4.7 9/190	4.5 7/155	6.2 9/146	6.7 9/134	7.3 9/124	5.1 97/1893
無回答		1.3 5/377	1.7 5/300	0.8 2/247	0.0 0/220	0.0 0/190	0.0 0/155	0.0 0/146	0.8 1/134	0.0 0/124	0.7 13/1893

図表 9.7 未婚者の就業変化 (2)

未婚者（CohortA′）　　　　　　　　　　　　　　　（単位：％，該当者/各年未婚者全体）

	1993→1994	1994→1995	1995→1996	1996→1997	1997→1998	合計
継続就業（同一企業）	75.8 188/248	74.7 142/190	73.6 114/155	72.5 100/138	71.6 83/116	74.0 627/847
継続就業（自営家従）	2.8 7/248	2.6 5/190	3.2 5/155	3.6 5/138	3.5 4/116	3.1 26/847
転　職（企業変更）	6.5 16/248	5.3 10/190	7.1 11/155	8.0 11/138	8.6 10/116	6.9 58/847
新規就業 （無業→雇用就業）	4.0 10/248	5.8 11/190	1.9 3/155	5.8 8/138	5.2 6/116	4.5 38/847
新規就業 （無業→自営家従）	0.4 1/248	0.0 0/190	1.3 2/155	0.0 0/138	0.0 0/116	0.4 3/847
離　職（雇用就業→無業）	6.1 15/248	6.8 13/190	5.2 8/155	3.6 5/138	6.9 8/116	5.8 49/847
離　職（自営家従→無業）	0.0 0/248	0.0 0/190	0.0 0/155	0.0 0/138	0.0 0/116	0.0 0/847
無　業（無業→無業）	3.2 8/248	3.2 6/190	7.1 11/155	6.5 9/138	4.3 5/116	4.6 39/847
無回答	3.0 3/248	1.6 3/190	0.7 1/155	0.0 0/138	0.0 0/116	0.8 7/847

未婚者（CohortB）　　　　　　　　　　　　　　　（単位：％，該当者/各年未婚者全体）

	1997→1998	1998→1999	1999→2000	2000→2001	2001→2002	合計
継続就業（同一企業）	67.3 154/229	70.3 135/192	69.2 108/156	65.9 87/132	72.5 79/109	68.8 563/818
継続就業（自営家従）	0.9 2/229	1.6 3/192	3.2 5/156	3.0 4/132	3.7 4/109	2.2 18/818
転　職（企業変更）	11.8 27/229	11.5 22/192	14.1 22/156	13.6 18/132	8.3 9/109	12.0 98/818
新規就業 （無業→雇用就業）	6.6 15/229	6.8 13/192	4.5 7/156	6.1 8/132	5.5 6/109	6.0 49/818
新規就業 （無業→自営家従）	0.9 2/229	1.0 2/192	0.0 0/156	0.0 0/132	0.9 1/109	0.6 5/818
離　職（雇用就業→無業）	6.1 14/229	5.2 10/192	4.5 7/156	6.8 9/132	4.6 5/109	5.5 45/818
離　職（自営家従→無業）	0.4 1/229	0.0 0/192	0.0 0/156	0.8 1/132	0.0 0/109	0.2 2/818
無　業（無業→無業）	6.1 14/229	3.7 7/192	4.5 7/156	3.8 5/132	4.6 5/109	4.7 38/818
無回答	0.0 0/229	0.0 0/192	0.0 0/156	0.0 0/132	0.0 0/109	0.0 0/818

9.2.5 同居

未婚者で親と同居している人の情報を捕捉してみよう．全体の年齢別に親との同居率を計算したのが図表9.8である．調査初年度の1993年に未婚者の92.2%が親と同居しており，これは『第10回出生動向基本調査』(1992年)における独身者同居率の79.0%(25-29歳)，67.4%(30-34歳)[12]と比べても非常に高い．その後の調査最終年度には72.2%までに落ち込んでいるが，まだ高いレベルにある[13]．

世代別に比較すると，CohortA′では94.0%(1993年)から79.3%(1998年)と14.7%減少し，CohortBは79.6%(1997年)から71.6%(2002年)と8.0%減少している．全体的にCohortA′の同居率は相対的に高いものの，結婚あるいは脱落[14]により未婚者に占める同居率が減少しており，一方CohortBでは，同じ6年間であるが未婚者に占める同居率の変化は少ない．

先に見たように未婚者の親との同居率は非常に高く，未婚期における親との関係は，その後の家族形成行動(結婚・出産)に対して強い影響を与えていると考えられる[15]．山田(1999)では，豊かな親との同居生活が結婚生活を遅延させる影響を与えているという「パラサイトシングル仮説」をたてている．では親の所得階層によって未婚者の同居率が異なるのだろうか．3分位した親の所得階層別の同居率はCohortA全体では，所得階層の低い順に，85.9%, 88.4%, 88.8%となっており，所得階層が高くなるにつれて親との同居率が高くなっているが，有意な差ではない．世代別に見ると，CohortA′では同様に92.1%, 89.9%, 90.2%となっており，ほと

---

[12] 岩上(1999)図1参照．

[13] CohortAにおいて無配偶で親と同居しているサンプルの割合が高かったことから，CohortBでは，無配偶で親と別居しているサンプルを増やす目的で，標本抽出の仕方を多少変更している．

[14] 坂本(2003)では，結婚予定があるサンプルの次年度以降における脱落確率が高いことが示されている．

[15] 近年，親子関係のもたらす深刻な問題であるアダルトチルドレン等の家族依存症が正常な家族関係や家族形成を歪めていることが明らかになってきた．未婚化，少子化の加速，ひきこもり，ニートの増加等もこれらの問題とは無関係ではない．依存症については，例えば，信田(2000)を参照．ニートについては玄田・曲沼(2004)を参照．また関連した文献として，香山(2004)，玄田(2001)，矢幡(2004)を挙げておく．

図表 9.8 同 居 率

年齢	1993年	1994年	1995年	1996年	1997年	1998年	1999年	2000年	2001年	2002年
43	—	—	—	—	—	—	—	—	—	33.3
42	—	—	—	—	—	—	—	—	33.3	0.0
41	—	—	—	—	—	—	—	33.3	0.0	71.4
40	—	—	—	—	—	—	33.3	0.0	71.4	100.0
39	—	—	—	—	—	33.3	0.0	71.4	100.0	85.7
38	—	—	—	—	33.3	0.0	71.4	100.0	85.7	78.6
37	—	—	—	33.3	0.0	71.4	100.0	88.9	78.6	84.6
36	—	—	33.3	0.0	62.5	100.0	90.0	76.5	93.3	93.8
35	—	50.0	33.3	88.9	100.0	92.9	82.4	93.8	93.8	50.0
34	66.7	33.3	90.0	82.4	87.5	90.0	94.1	88.2	61.9	72.2
33	50.0	93.8	83.3	87.5	90.9	84.2	85.7	66.7	61.1	90.0
32	94.1	78.6	90.0	75.0	86.4	87.5	66.7	65.0	92.0	75.0
31	77.8	91.7	96.2	92.3	92.3	69.0	66.7	89.3	73.7	72.4
30	92.3	92.9	81.8	76.7	74.2	70.4	89.3	75.0	81.3	70.4
29	91.2	83.8	96.6	83.7	77.1	88.9	69.6	78.4	63.9	70.3
28	95.0	92.3	80.0	91.1	89.1	82.1	81.4	68.9	75.6	—
27	95.7	86.1	94.3	—	74.5	84.3	70.7	75.9	—	—
26	93.1	97.3	86.1	—	86.8	78.9	76.5	—	—	—
25	94.5	92.4	—	—	80.0	76.9	—	—	—	—
24	93.5	—	—	—	77.6	—	—	—	—	—
合 計	92.2	89.9	87.0	83.9	81.1	80.1	77.0	76.5	75.9	74.3
合計(CohortA)	92.2	89.9	87.0	83.9	87.2	80.5	79.4	78.8	78.4	76.6
合計(CohortA')	94.0	92.7	88.9	86.5	83.3	79.3	—	—	—	—
合計(CohortB)					79.9	79.8	75.0	74.4	73.5	71.6

んどの階層で同居率が約 90% となっている．CohortB では 74.8%, 73.4%, 91.0% となり，他の階層に比べて親の所得階層が高い場合，同居率が高くなっている．

9.2.6　消費支出

消費支出に関しては第 6 年度 (1998 年) 以降，13 費目の支出項目について調査されるようになった．全体としては加齢に伴い食費 (1 万 4900 円→ 2 万 2500 円)，家賃・地代 (8600 円→ 1 万 4500 円)，電気・ガス・水道 (1800 円→ 3530 円) などの基礎生活費用の増大が見られる．これは先に見たように多くの未婚者が親と同居しているため，親が働いているうちは家に納める分は少なかったものの，親の定年退職あるいは定年後の再就職により必然的に家計に納める分が増大するからであると考えられる．生活基礎費用の増加により，当初最も高かった交際費は 2 万 900 円から 1 万 5500 円に減少している．

世代別に見ると (同年齢同士の比較を行うため，CohortA′ は 1998 年，CohortB は 2002 年を比較すると) 食費 (1 万 6900 円＜ 2 万 2300 円)，家賃・地代 (8900 円＜ 1 万 4500 円)，電気・ガス・水道 (2100 円＜ 3500 円) などの生活基礎費用は CohortB の方が高く，衣類・履物 (2 万円＞ 1 万 6700 円)，教養・娯楽 (1 万 8800 円＞ 8300 円)，交際 (2 万 1300 円＞ 1 万 7300 円) などは CohortA′ の方が相対的に高い．このことは，同居率の差 (CohortB の方が低い) もさることながら，同居する親の所得，資産差を反映しているように考えられる．

9.3　親子関係と結婚行動

本節以下では親子関係あるいは世代の違いを明示的に考慮しながら結婚問題を考えてみたい．

これまで結婚問題を考える上で，「世代」を取り入れた分析は数多く行われてきた．人口学においては，ベビーブーム世代 (団塊世代，団塊ジュニア世代) とその前後の世代では，結婚難が起こりやすいといわれてい

る．それは結婚する男女のマッチングにおいて，男性の年齢の方がやや高い(平均約3歳)傾向にあるためである．1943-45年生まれの年齢階級(団塊世代前)では男性242万人に対して3歳年下の女性(団塊世代)は351万人と109万人女性の方が多い(比率：男性100人対女性145人)，逆に団塊世代もしくはその直後の世代にあたる1946-52年生まれの男性は748万人に対して3歳年下の女性(団塊世代後)は635万人と男性の方が113万人多い(同：男性100人対女性85人)．また1971-74年生まれのいわゆる第2次ベビーブームの世代(団塊ジュニア世代)でも同様の現象が起きている．1968-71年生まれでは男性384万人に対して女性394万人と女性が約10万人多い(同：男性100人対女性103人)時期があり，1971-79年生まれでは男性767万人に対して女性658万人と男性が約109万人多い(同：男性100人対女性86人)状態になっている．

　経済学ではイースタリン仮説(Easterlin 1966)として，世代間の相対的経済状態が家族形成行動(結婚，出産)の主要な決定要因の一つであるというものがある．そこでは，出産の選択を迫られている若い夫婦の物質的願望は結婚前にそれぞれの親元で生活していた時代に形成されたものだと想定され，具体的にはその願望は彼らの親の収入実績を反映しており，若い夫婦の所得能力と願望(結婚前に経験した親たちの経済状態)との比較によって，家族形成行動を決定するという仮説である．

　イースタリン仮説から派生したものとして「パラサイトシングル仮説」がある．この仮説は，高所得の親元で優雅な同居生活を過ごしている未婚者は居心地がよいため，結婚して親元と比べて所得の低い配偶者と暮らし始めることは，自由な時間，豊かな消費生活を奪われることになるので結婚を選択しなくなっているというものである(山田1999)．この仮説の拡張として，小川(2003)では親と同居している女性にとって結婚は親から夫への乗り換えであるとし，配偶者候補との夫婦世帯から得られる効用が親の所得や家計内生産を享受している親子世帯からの効用を上回った場合に結

婚するという「乗り換えモデル」を主張している[16]．

　山田(1999)や宮本・岩上・山田(1997)で論じられた「パラサイトシングル」や「ヤングアダルト」といわれる世代を精査すると，彼らは1960年代に生まれ，1985年以後のバブルの時代に20代半ばにあり，就職でも苦労することなく，消費生活でも最も贅沢な時期を経験した世代であることがわかる．またその親は1920年代から1940年代前半生まれの戦前世代，戦中世代であり，1950年後半から1960年代に結婚し，高度経済成長期に子育てをしてきた世代である．この世代は高度経済成長期で雇用も安定しており，昇進も確保されてきており，収入増加も右肩上がりだったため，（家を購入するなどの）資産形成が容易であった．また，この世代の父親の多くはバブル期に退職しており，多額の退職金と，納付額に比べればはるかに多額な年金を受け取ることができた世代と言える．

　それに対して，1990年代以降に20代を経験した「ヤングアダルト」より後の世代は1990年代初頭から続く平成不況の影響を被り，「就職氷河期」とも言われる厳しい就業状況下におかれてきた．またその親は1940年代から1950年代前半の生まれの団塊世代以降（一部に戦中世代を含む）に相当し，1960年代に就職・結婚し1970年代に子供をもうけている．1990年代の平成不況期に企業リストラや倒産などを経験し，すぐ上の戦前世代が得ていたような退職金や寛大な年金も受け取れないことがほぼ確実な状況にあるというのが現状である[17]．これは明らかに山田らが指摘した「パラサイトシングル」の親とは異なった世代である．

　また内閣府(2003)では，親同居未婚者は決して裕福ではなく，別居サンプルと比較しても，それほど高い消費水準ではなくなっていることが明ら

---

[16] 「Beckerモデル」では，単身者と単身者との結婚を想定していたのに対して，我が国の未婚者の多くが親と同居しているという日本の実情を考慮し，小川(2003)は，「乗り換えモデル」を提唱している．ここで彼は，①親世代の年齢の平均賃金と夫候補者の平均賃金との比，②女性の平均賃金と夫候補者の平均賃金との比を用いて，それらが女性の結婚経験率とどのような関係にあるか分析を行っており，20歳代前半では「乗り換えモデル」が，20歳代後半では「Beckerモデル」がそれぞれ適用可能であるとした．

[17] 厚生労働省の『2003年就労条件総合調査』によれば，大卒の定年退職者への退職給付金が1978年の調査以来初めて減少したことが報告されている．これは企業の厳しい経営実態を反映して，高齢者の給与が抑制され，退職金がカットされる例が多いためであるとされている．

かになっている．バブル期には，優雅なパラサイトシングルというイメージがあったが，現在では「独立して生活する自信がない」，「独立のためにお金を貯める必要がある」という消極的な理由から同居している者が8割弱に上っている(内閣府 2003, p.121)．不況の影響から学卒後すぐに常勤職に就くことができず，親のところにとどまっている同居者が増加し，パラサイトシングルのイメージが変わりつつある．

　これらの事実を踏まえ，1990年代前半における戦前，戦中生まれの親と1960年代生まれの子の間にあった関係が，1990年後半から2000年代における戦後世代の親と1960-70年代生まれの子の関係に成り立つかどうか，成り立たないとすれば何故なのかということを考えてみよう．

9.4　世代間格差——バブル世代とバブル崩壊以降世代

　この10年間の間に，若者を取り巻く就業環境は大きく変わった．『家計研パネル』調査が開始された1993年には25-34歳の完全失業率はまだ2.9%であったが，1997年の山一証券，北海道拓殖銀行などの金融機関における大型破綻が相次いだ金融危機，2001年のITバブル崩壊など経済状況はさらに悪化し，調査開始10年目である2002年には完全失業率は6.4%にまで上昇している[18]．本章で分類している「バブル世代」(1993-98年にかけて，20歳代から30歳代前半を過ごした未婚者，CohortA′)は，1980年後半のバブル期から，遅くても1991年には初職の就職活動を終えている．一方，「バブル崩壊以降世代」(1997-2002年にかけて，20歳代から30歳代前半を過ごした未婚者，CohortB)の就職環境は悪化している．具体的な例を挙げると，1990年代初めには3倍弱であった大学卒求人倍率が1990年代後半には年平均1.3倍までに落ち込み[19]，『平成15年度大学等卒業者就職状況調査』(厚生労働省)では2003年10月時点で，2004年3月に卒

---

[18]　総務省「年齢10歳階級別失業率」(http://www.stat.go.jp/data/roudou/sokuhou/tsuki/zuhyou/05413.xls)から計算．
[19]　リクルートワークス研究所(2003)．

業する就職希望者のうち60.3%しか内定を得ておらず[20]，大卒のフリーター，第二新卒が急増している(内閣府 2003, p.50, 大久保 2002)．日本の労働市場において新規卒業後の初職はその後のキャリア形成や人的資本蓄積に対し永続的な影響を及ぼすことを考慮すると，この5, 6年の違いは彼女たちのその後の行動に多大な影響を与えるものと考えられる．

本節では，子世代を「バブル世代(CohortA′)」と「バブル崩壊以降世代(CohortB)」に分割し，収入，支出などの経済的変数や生活意識，結婚・出産に対する認識に関する比較を行う[21]．

9.4.1 収入，職業形態

平均年収(6ヶ年平均)について見ると，CohortA′ は 269 万 6000 円，CohortB は 250 万 2000 円で前者の方が多い．しかし常勤に限定した場合，CohortA′ は 308 万 9000 円，CohortB は 302 万 6000 円とそれほど変わらず，その差も統計的に有意ではなかった．平均年収の違いは，CohortA′ の常勤が 84.7%に対して CohortB では常勤が 72.6%と低いためだと判断される．こうした就業形態の違いは標本抽出による違いではなく，むしろ1990年代後半以降に悪化した完全失業率の違い(女性 24-35 歳の完全失業率 1993-97 年平均 5.1%，1997-2002 年平均 6.5%)[22]という就職環境の悪化によるものと考えられる．

また Cohort 別にそれぞれの初職の就業形態を見ると，CohortA′ では正規就業(大企業[23])が 39.0%であったが，CohortB では 31.8%に落ち込み，その分，非正規就業は逆に 7.5%(CohortA′)から 14.1%(CohortB)へと増加している．

初職別による収入の推移について比較を行うと，大企業への正規就業では最初の 2 ヶ年では CohortB の方が大きかったものの，それ以降では CohortA′ が逆転し徐々に差を広げている．中小企業への正規就業は，一

---

20) その後，12 月 73.5%，翌 2 月 82.1%，翌 4 月 93.1%と上昇しているが，これは就職希望者が大幅に下落していることが影響している．
21) 年収，支出などの経済的変数は，総務省「消費者物価指数(平成 12 年基準)」によって実質化している．
22) 総務省『労働力調査』より作成．
23) 従業員 500 人以上の企業．

貫して CohortA′ の方が大きい．そして非正規就業は CohortB の方が大きい．これは，これまでの非正規従業員が行っていた業務が拡大し，正規従業員並みのものも任されるようになったことを反映して賃金が上昇したと考えられる．しかしながらその伸びは低く，6ヶ年目には CohortA′ に追い抜かれている．

9.4.2 消費行動

平均支出[24]では平均年収とは逆に，CohortA′ は 10 万 2400 円，CohortB は 10 万 7100 円と後者の方が高い．また収支[25]に対する支出割合にしても，CohortA′ は 69.51%，CohortB は 77.57% と後者の方が高い．

まず wave6(CohortA) と wave10(CohortB) に限定して (両方とも 28-31 歳のサンプル)[26] 項目別に平均支出額の違いを見ると，平均値に統計的有意な差が表れたのが教養・娯楽費用であった (CohortA′ は 1 万 7900 円，CohortB は 9200 円)．

また支出全体に占める割合で見ると，ここでも CohortA′ の方が教養・娯楽費用割合も高い結果が得られており，CohortA′ の消費が教養・娯楽などの「自分磨き」，享楽的な消費に充てられていることが確認できる．

同居サンプルに限定した場合においても，CohortA′ の方が統計的有意に「趣味・娯楽費用」が大きいことが確認できるため，Cohort 間における同居率の差異が問題ではなく，同居未婚者間においても Cohort 間で違いがあることが判明した．

20 歳代未婚者の消費行動をバブル世代とバブル崩壊以降世代と比較すると，CohortA′ では高価なもの，あるいはブランド製品を重視し，逆に CohortB は安さを重視している傾向が相対的に強いという結果が得られた．CohortA′ においては消費支出は自分の嗜好品に充てられて，その他の生活基礎費用などの支出は親による負担が高くなっているようである．

---

[24] 9 月における支出額．質問は「この 9 月に，あなたの財布からは，どれくらい支出と貯蓄をされましたか」と問うている．
[25] 支出＋貯蓄＋ローン返済の合計．
[26] wave6 より，支出項目別の金額回答が行われるようになっており，両グループの比較を行えるのはこれらの年度のみであるためにこの wave に限定する．ちなみに，wave とは調査年を指す．

こうした消費性向の違いは，結婚選択に際しても影響を与えると考えられる．それは，消費内容において教養・娯楽費用割合が高い傾向にあり，また商品購入選択において高価なもの，あるいはブランド製品を重視する傾向がある者(相対的に CohortA′ の方が多い)は，結婚相手に対してそうした消費傾向を満足させられるような高い経済水準の提供を求めるのではないかと考えられるからである．

9.4.3 親の世代による結婚・出産意欲，未婚理由の違い

調査期間中[27]に実際に結婚したサンプルは，CohortA′ は 43.5％，CohortB は 32.8％と前者の方が多い．(結婚予定者[28]を除いた)結婚に対する意識では，積極的に考えているもの[29]が CohortA′ では 81.9％，CohortB では 83.2％と両者ともほぼ同じであることを勘案すると，CohortB は意識としては結婚については前向きに考えているものの，結婚できない状態になっているようである．

未婚理由では，CohortA′ の方が，「まだ結婚したい人に出会っていないから」の回答割合が高く (A: 65.9％, B: 53.9％)，「もっといい人がいるかもしれないシンドローム」状態(山田 1996)にある人たちが相対的に多いことが確認された．

結婚をしたくない理由として CohortB に限定すると，親世代が戦前・戦中世代である人たちは「現在の生活に満足」と答えるものが多かったが(戦前・戦中: 55.0％, 団塊以降: 33.0％)，CohortA′ では，親の世代の違いによっては統計的に有意な差は見られなかった．

親に期待されていることで，結婚の妨げとなっているものとして CohortA′，CohortB ともに「親を経済的に援助すること」を挙げるものが団塊以降世代を親に持つ者の方に多いことがわかった(CohortA′ では，戦前・戦中: 8.3％, 団塊以降: 31.8％. CohortB では，戦前・戦中: 8.5％, 団塊以降: 12.4％)．CohortB では本人自身が希望していることで結婚の妨げと

---

27) ここでは，CohortA′ の場合 1993-98 年，CohortB の場合 1997-2002 年の 6 年間．
28) 「まもなく結婚することが決まっている」と回答したもの．
29) 「すぐにでもしたい」，「いまはしたくないが，いずれはしたい」と回答したもの．

なっているものとして挙げられている「親を経済的に援助すること」(戦前・戦中: 17.4%, 団塊以降: 23.0%)を見ると, 年齢的に退職している戦前・戦中世代の方が, 援助が必要となってくるにもかかわらず, まだ現役世代の団塊以降世代の親への不安の方が大きく出ている.

また, 子供が欲しいと考えているものの割合は[30], CohortA′ では 88.5%, CohortB では 91.7%と非常に高く, 世代による差はなかった. 未婚者のほとんどが子供を生む事に対して前向きな回答をしているが, 一部欲しくない者の理由として「教育費・養育費の負担が大きい」と回答する割合は親が戦前・戦中世代は 31.6%, 団塊以降世代は 71.4%と親の世代別に見ると統計的に有意な差が出ており, 子供にかかる費用負担の問題に対する認識の違いが現れている.

結婚費用, 出産費用を合わせて考えると非常に高額な資金が必要となっており, 親からの援助が重要なものとなっている. また結婚後に訪れる出産などのイベントに対しても, 親からのサポート(金銭のみならず, 育児の手伝いなど)を必要としており, 我が国の場合, 家族形成行動(結婚, 出産)に対して, 親の影響が非常に大きいと考えられる. そして, このような親の援助の望めない人たちは結婚に対しても消極的になっていると考えられる.

9.5 世代間格差——戦前・戦中世代と団塊以降世代

これまでの議論からも明らかなように, 親世代の違いが子供世代に与える影響は大きい. 1990 年代に入り, 企業は中高年層の賃金の伸びを抑え始め, 40 歳代以降の年齢賃金カーブも緩やかになっている. また, これまで 60 歳の定年以降も働こうと思えば働き続けられたが, 1990 年では 5%程度であった 60-64 歳の完全失業率が 10 年後には 10%を超えるようになり, 再就職が困難になってきた. これに, 年金支給年齢の引き上げ, 支給額の減額が加わり, 高齢者の経済状況は悪化する傾向にある.

---

[30] 「是非, 欲しい」,「条件によっては欲しい」と回答したもの.

子供世代は，親がそれぞれ「戦前世代」「戦中世代」「団塊以降世代」のどの世代に属するかで生活の余裕に違いがあると考えられる．

ここでは，親世代を，1944年以前に生まれた場合を「戦前・戦中世代」，1945年以降に生まれた場合を「団塊以降世代」と分類する[31]．

9.5.1 収入，資産

親の平均年収額[32]は，戦前・戦中世代は815.0万円，団塊以降世代は899.5万円と後者の方が大きかったが，その差は統計的に有意でない．前者の方が少ないのは，既に親が退職している，あるいは再就職しているため，平均年収が少なくなっているからであろう．

住宅の市場価値は，戦前・戦中世代は1870.9万円，団塊以降世代は1345.9万円，土地の市場価値も戦前・戦中世代は4922.5万円，団塊以降世代は3519.4万円と，ともに前者の方が非常に高い資産を保有しており，その差も統計的に有意である．

CohortA′，B別で見ると，CohortA′では戦前・戦中世代は4907.4万円，団塊以降世代は4439.1万円とその差も小さく，その差は統計的に有意ではなかった．しかしCohortBでは戦前・戦中世代は4916.9万円，団塊以降世代は3523.7万円とその差も大きく，その差は統計的に有意であった．Cohort別に見た場合，親世代別の資産に大きな違いがあることが明らかになった．

9.6 パネルデータ計量分析

本節では親の世代と子の世代による違いを明示的に考慮にいれた質的従属変数パネルデータ分析を試みたい．ここでCohortA′とCohortBに対する親世代の分布を明らかにしておくと，未婚サンプルの場合，CohortA′で親が戦前・戦中のサンプルは1081人，団塊以降世代は32人である．CohortBで親が戦前・戦中世代は851人，団塊以降世代は241人

---

31) サンプルはCohortA′とCohortBに限定している．
32) 子供と同居している親に限る．

である．CohortA′ で団塊以降世代の親は非常に少数なので統計分析は行わなかった[33,34]．

9.6.1 パネル・ロジット・モデル

『家計研パネル』は，「パーソンピリオドデータ」[35]であるため，分析方法としては，離散時間ロジット・モデルを用いる[36]．ここでは，一定のハザード率ではなく各時間におけるハザード確率を被説明変数とする．時間 t でのハザード確率は，時間 t までは未婚状態にあったことを条件に時間 t に結婚することを意味する．確率関数を $h(t)=P(T=t|T≥t)$ とする（T はリスク継続時間を指す）．

推定はランダム効果推定，全サンプルのクロスセクション平均を用いた標本平均ロジット推定，あるいは，プーリングして通常のロジットを行ったプーリング・ロジットを用いている[37]．

σ_u^2 はパネル・レベルでの分散を，ρ は全分散に対するパネル・レベルでの分散の比率を指している．

ここでは，誤差項 u_i が正規分布 $N(0,\sigma_u^2)$ に従うと仮定する．第5章で論じたようにパネル・ロジット・モデルは一般に次のように表現できる．

$$\Pr(y_{i1},...,y_{in_i}|\mathbf{x}_{i1},...,\mathbf{x}_{in_i}) = \int_{-\infty}^{\infty} \frac{e^{\frac{-u_i^2}{2\sigma_u^2}}}{\sqrt{2\pi}\sigma_u} \left\{\prod_{t=1}^{n_i} F(y_{it},\mathbf{x}_{it}\beta+u_i)\right\} du_i \tag{1}$$

$F(y_{it},\mathbf{x}_{it}\beta)$ の具体的な関数を次のように特定化する．

$$\begin{aligned} y_{it} &= 1 \ \ if \ y_{it}^* > 0 \\ y_{it} &= 0 \ \ if \ y_{it}^* \leq 0 \end{aligned} \tag{2}$$

---

33) ちなみに，親世代を戦前，戦中，団塊以降と3分割すると，CohortA′ ではそれぞれ854人，227人，32人となっており，CohortB ではそれぞれ366人，485人，241人となっている．すなわち，CohortA′ は明らかに戦前世代の親を持つコーホートであると考えられるのに対して，CohortB は戦中・戦後生まれの親を持つコーホートである．
34) 以下の実証研究では家計経済研究所のご厚意により，1993-2003 年の11年分のデータを利用させて頂いた．
35) パーソンピリオドデータとは，分析対象であるイベントの生起の有無についての従属変数の値を人（パーソン）別，時間区分（ピリオド）別に表したデータであり，パーソンレベルデータとは，人別の様々な状態（レベル）を扱うデータであり，経時的な要素はない．
36) 山口(2001-02)参照．
37) 第5章で論じた付随パラメータの問題があり，ここでも固定効果推定は行わない．

$$y_{it}^* = \mu_0 + \beta_1 age\_z + \beta_2 inc\_z + \gamma_1 stod1\_z + \gamma_2 stod3\_z$$
$$+ \delta_1 pomo\_d\_z + \delta_2 trnas\_d\_z + \eta_1 r\_q493d\_z$$
$$+ \eta_2 r\_q493i\_z + \mu_i + \nu_t + u_{it} \qquad (3)$$

ここで age_z=前年の年齢，inc_z=前年の本人実質年収，$stod1\_z$=親の不動産資産(前年の住宅+土地市場価格が1000万円未満)ダミー，$stod3\_z$=親の不動産資産(前年の住宅+土地市場価格が2000万円以上)ダミー，$pomo\_d\_z$=前年の親からの小遣い，$trnas\_d\_z$=親への繰り入れ有無ダミー，r_q493d_z=前年の本人の家事時間，r_q493i_z=前年の本人の趣味娯楽時間，μ_i=個人固定(ランダム)効果，ν_t=時間ダミー($wave2$を基準年とし，$wave3$=1995,...,$wave11$=2003)[38]である．

モデルはランダム効果推定，標本平均ロジット推定，プーリング・ロジットの順に行い，各種統計量を見て，最も望ましい推定を選択している．なお，データセットが形式上パネルデータとなっているからといって，必ずしもパネル推定が望ましいとは言えない．これに関しては，統計的検定より判断を行わなければならない．そこで，パネル・ロジット推計がよいのかプーリング・ロジット推計がよいのか判定するために，以下のような尤度比検定を行う．

$$\rho = \frac{\sigma_u^2}{\sigma_u^2 + 1} \qquad (4)$$

ここで σ_u^2 はパネル・レベルでの分散を表し，ρ は全分散に対するパネル・レベルでの分散の比率を表す．ここで帰無仮説を ρ=0 とした対数尤度比検定を行い，ρ=0 が棄却できなければ，パネル・レベルでの分散は重要ではなく，パネル・ロジット推定はプーリング・ロジット推定と大きく変わりないことになる．逆に ρ=0 が棄却された場合，パネル・ロジット推定を用いるべきであることになる．

---

38) CohortB のみの推計では $wave6$ を基準年とする．

9.6.2 推計結果

推定結果は図表 9.9-9.11 にまとめてある.

まず,結婚選択における親との関係を実家の不動産資産によって代表されるストック(ダミー)変数と,小遣い,親への繰り入れ,家事時間,趣味娯楽時間などで代表されるフロー変数を両方入れた一般モデルが図表 9.9 に掲載されている.

この推計の結果としては,(1)ほとんどの場合で本人の所得が負の効果を持っていること,(2)親が団塊以降世代であると,家事時間が長い人はより結婚しやすい,(3)CohortA′ では本人所得のみが有意に負の効果を持ち,親との関係を表す変数は有意には効いていない.(4)CohortB では全体の場合に所得が負で有意となるが,親世代で分類した場合には戦前・戦中世代では親からの小遣いが多いほど結婚しない,趣味娯楽時間が長い方が結婚しない傾向が有意に出ており,団塊以降世代では家事時間が長いほど結婚しやすい傾向がでている.

次に,図表 9.10 では親との関係をフロー変数に絞って再推計してみた.全サンプルについて見ると,本人所得が負に有意に効いている他は本人年齢も負の有意な効果を持つことがわかった.特に親が戦前・戦中世代の場合,年齢が上がるほど結婚しにくくなる傾向が顕著であり,これはパラサイトというよりは経済支援や介護など子供が頼りにされる傾向が高まり,その結果,結婚が遠のくといった現象を表しているのかもしれない.しかし,この世代では趣味娯楽時間が長くなるほど結婚しない傾向が出ているので,あながち親の面倒をみる孝行娘ということだけでもなさそうである.CohortA′ では図表 9.9 と同じく本人所得のみが有意に負の効果を持ち,親との関係を表す変数は有意には効いていない.CohortB では戦前・戦中世代では趣味娯楽時間が負に有意に効いている.団塊以降世代では家事時間が正に有意に効いている.この CohortB では本人所得は有意な効果は持っていない.CohortB で親が戦前・戦中世代ということは,かなり親が年をとってからの子供ということになり,その分かわいがられているグループであると判断することが可能であろう.逆に団塊以降世代

図表 9.9　結婚選択のパネル・ロジット推定: ストック・フロー分析

全サンプル

Dependent Variable: marry	全体		親: 戦前・戦中世代		親: 団塊以降世代	
	Estimated Coefficient	z-statistics	Estimated Coefficient	z-statistics	Estimated Coefficient	z-statistics
age_z	−0.0954	−3.66	−0.1052	−3.54	−0.1697	−1.00
inc_r	−0.0043	−7.08	−0.0040	−5.92	−0.0047	−1.81
stod1_z	0.1451	0.58	0.1029	0.35	0.1402	0.17
stod3_z	0.1292	0.88	0.1418	0.86	0.0558	0.11
pomo_d_z	−0.2957	−1.60	−0.3239	−1.51	0.0439	0.07
trans_d_z	0.1498	1.00	0.0803	0.48	0.5996	1.17
r_q493d__z	−0.0046	−0.41	−0.0079	−0.62	0.0696	1.66
r_q493i__z	−0.0105	−1.41	−0.0174	−1.96	0.0154	0.64
wave2	—	—	—	—	—	—
wave3	0.3607	1.40	0.0608	0.22	—	—
wave4	0.5737	2.18	0.4273	1.53	1.1808	1.08
wave5	−0.0101	−0.03	−0.0400	−0.11	—	—
wave6	−0.0526	−0.21	−0.2339	−0.83	−1.6714	−2.09
wave7	0.0921	0.34	0.0043	0.01	−1.7291	−1.93
wave8	0.1054	0.36	−0.3232	−0.91	−0.6302	−0.79
wave9	−0.2244	−0.63	−0.2493	−0.64	−2.0592	−1.61
wave10	0.1238	0.34	−0.2473	−0.55	−0.4722	−0.47
wave11	0.0998	0.24	0.1361	0.30	−1.1729	−0.75
_cons	1.5131	2.09	1.9746	2.40	4.0150	0.91
Diagnostic Test						
Estimated Method	GEE pop ave		GEE pop ave		Pooling Logit	
Number of observation	2520		2077		173	
Number of groups	594		482			
Wald Chi2(17)	85.49		66.70		Wald Chi2(15)=24.01	
Prob＞Chi2	0.000		0.000		0.065	

CohortA´

Dependent Variable: marry	全体		親: 戦前・戦中世代		親: 団塊以降世代	
	Estimated Coefficient	z-statistics	Estimated Coefficient	z-statistics	Estimated Coefficient	z-statistics
age_z	−0.0918	−0.96	−0.0136	−0.13	—	—
inc_r	−0.0055	−6.04	−0.0054	−5.42	—	—
stod1_z	−0.0272	−0.07	0.0328	0.08	—	—
stod3_z	0.2994	1.39	0.3299	1.44	—	—
pomo_d_z	−0.0846	−0.31	0.0376	0.13	—	—
trans_d_z	0.1165	0.53	0.0877	0.37	—	—
r_q493d__z	−0.0129	−0.75	−0.0099	−0.57	—	—
r_q493i__z	−0.0110	−0.99	−0.0113	−0.91	—	—
wave2	—	—	—	—	—	—
wave3	0.5030	1.59	0.2044	0.61	—	—
wave4	0.7261	2.04	0.5114	1.40	—	—
wave5	0.1913	0.41	−0.0974	−0.20	—	—
wave6	0.5950	1.12	0.1140	0.20	—	—
wave7	0.8098	1.29	0.0792	0.12	—	—
wave8	—	—	—	—	—	—
wave9	—	—	—	—	—	—
wave10	—	—	—	—	—	—
wave11	—	—	—	—	—	—
_cons	1.6206	0.67	−0.2476	−0.10	—	—
Diagnostic Test						
Estimated Method	GEE pop ave		GEE pop ave		—	
Number of observation	910		795		—	
Number of groups	262		232		—	
Wald Chi2(13)	46.24		36.41		—	
Prob＞Chi2	0.000		0.0005		—	

図表 9.9 結婚選択のパネル・ロジット推定: ストック・フロー分析（つづき）

CohortB

Dependent Variable: marry	全体		親: 戦前・戦中世代		親: 団塊以降世代	
	Estimated Coefficient	z-statistics	Estimated Coefficient	z-statistics	Estimated Coefficient	z-statistics
age_z	0.0280	0.23	0.0237	0.16	−0.4214	−1.47
inc_r	−0.0018	−1.64	−0.0018	−1.36	−0.0015	−0.58
stod1_z	0.0561	0.14	−0.4577	−0.71	0.7100	0.94
stod3_z	0.0094	0.04	−0.0462	−0.15	0.1011	0.16
pomo_d_z	−0.3765	−1.24	−0.6919	−1.66	0.0839	0.14
trans_d_z	−0.0724	−0.28	−0.1548	−0.50	0.5744	1.00
r_q493d__z	−0.0022	−0.11	−0.0332	−0.94	0.0855	1.63
r_q493i__z	−0.0136	−1.03	−0.0375	−1.96	0.0300	1.06
wave2	—	—	—	—	—	—
wave3	—	—	—	—	—	—
wave4	—	—	—	—	—	—
wave5	—	—	—	—	—	—
wave6	—	—	—	—	—	—
wave7	−0.1932	−0.52	0.1673	0.39	−0.3125	−0.34
wave8	0.1930	0.47	0.1854	0.36	1.4148	1.72
wave9	−0.3526	−0.65	−0.1228	−0.19	0.1527	0.11
wave10	−0.5258	−0.78	−1.7947	−1.54	2.1365	1.71
wave11	−0.1786	−0.24	0.1803	0.20	1.7322	1.18
_cons	−2.0511	−0.68	−1.5990	−0.43	7.5686	1.11
Diagnostic Test						
Estimated Method	GEE pop ave		GEE pop ave		Pooling Logit	
Number of observation	746		539		149	
Number of groups	210		148			
Wald Chi2(13)	7.56		12.97		12.77	
Prob>Chi2	0.8712		0.4498		0.4654	

の親を持つグループは実家で家事労働をさせられるぐらいなら結婚したいと考えているように見える．

図表9.11は親との関係をストック変数に絞った結果を掲載している．この分析では親の不動産資産のストック変数，CohortA′の全体で2000万円以上の資産を持つ場合に結婚選択に正の効果を持つことがわかっているが，それ以外の場合には有意には効いていない．ここでも本人所得は有意に負に効いている（CohortBを除く）．全サンプルで親が戦前・戦中世代では年齢が上がる程，結婚を選択しない効果が出ている．

これらの結果をまとめると，結婚選択を遅らせている要因として本人の所得が大きいことがわかった．これは女性の社会進出によって晩婚化，未婚化が進んでいるという議論の一つの証拠であると言っていいだろう．親との関係で決定的に重要な要因は見つかっていないが，不動産資産という

図表9.10 結婚選択のパネル・ロジット推定: フロー分析

全サンプル

Dependent Variable: marry	全体		親: 戦前・戦中世代		親: 団塊以降世代	
	Estimated Coefficient	z-statistics	Estimated Coefficient	z-statistics	Estimated Coefficient	z-statistics
age_z	−0.0974	−3.74	−0.1093	−3.69	−0.1772	−1.08
inc_r	−0.0039	−6.97	−0.0037	−5.90	−0.0041	−1.72
r_q493d__z	−0.0055	−0.50	−0.0086	−0.67	0.0622	1.70
r_q493i__z	−0.0113	−1.53	−0.0180	−2.03	0.0136	0.60
pomo_d_z	−0.2624	−1.43	−0.2759	−1.31	0.0952	0.16
wave2	—	—	—	—	—	—
wave3	0.3377	1.32	0.0440	0.16	−1.2214	−1.13
wave4	0.5859	2.23	0.4577	1.64	—	—
wave5	0.0658	0.20	0.0479	0.14	—	—
wave6	−0.0584	−0.23	−0.2322	−0.83	−3.0109	−2.69
wave7	0.0999	0.37	0.0148	0.05	−3.0116	−2.57
wave8	0.1122	0.38	−0.3113	−0.88	−1.8566	−1.80
wave9	−0.2086	−0.59	−0.2328	−0.60	−3.2812	−2.33
wave10	0.1288	0.35	−0.2353	−0.52	−1.7918	−1.60
wave11	0.1240	0.30	0.1698	0.38	−2.4654	−1.64
_cons	1.6276	2.26	2.1185	2.60	5.7083	1.23

Diagnostic Test			
Estimated Method	Pooling Logit	Pooling Logit	Pooling Logit
Number of observation	2535	2089	174
Number of groups	594	482	
Wald Chi2(15)	81.97	65.03	Wald Chi2(13)=20.37
Prob>Chi2	0.000	0.000	0.060

CohortA'

Dependent Variable: marry	全体		親: 戦前・戦中世代		親: 団塊以降世代	
	Estimated Coefficient	z-statistics	Estimated Coefficient	z-statistics	Estimated Coefficient	z-statistics
age_z	0.3099	0.24	−0.3820	−1.18	—	—
inc_r	−0.0174	−6.31	−0.0195	−6.03	—	—
r_q493d__z	−0.0120	−0.21	−0.0304	−0.47	—	—
r_q493i__z	−0.0088	−0.42	0.0338	1.01	—	—
pomo_d_z	−0.3412	−0.45	−0.6497	−0.65	—	—
wave2	—	—	—	—	—	—
wave3	5.0285	4.66	5.6067	4.24	—	—
wave4	7.8600	4.99	8.4856	4.92	—	—
wave5	9.1234	4.45	9.9998	4.54	—	—
wave6	10.7695	4.48	11.6085	4.36	—	—
wave7	11.6799	4.43	12.1395	4.17	—	—
wave8	—	—	—	—	—	—
wave9	—	—	—	—	—	—
wave10	—	—	—	—	—	—
wave11	—	—	—	—	—	—
_cons	5.7433	0.75	5.6928	0.69	—	—

Diagnostic Test			
Estimated Method	Pooling Logit	Pooling Logit	—
Number of observation	915	799	—
Number of groups	262	232	—
Wald Chi2(11)	45.46	40.58	—
Prob>Chi2	0.0000	0.0000	—

図表 9.10　結婚選択のパネル・ロジット推定：フロー分析（つづき）

CohortB

Dependent Variable: marry	全体		親：戦前・戦中世代		親：団塊世代	
	Estimated Coefficient	z-statistics	Estimated Coefficient	z-statistics	Estimated Coefficient	z-statistics
age_z	0.0922	0.30	0.0262	0.18	−0.3428	−1.06
inc_r	−0.0042	−1.98	−0.0019	−1.56	−0.0015	−0.63
r_q493d_z	0.0016	0.04	−0.0314	−0.91	0.0758	1.78
r_q493i_z	−0.0334	−1.44	−0.0384	−2.01	0.0210	0.79
pomo_d_z	−0.5664	−1.16	−0.6707	−1.63	0.1597	0.27
wave2	—	—	—	—	—	—
wave3	—	—	—	—	—	—
wave4	—	—	—	—	—	—
wave5	—	—	—	—	—	—
wave6	—	—	—	—	—	—
wave7	0.5413	0.62	0.1267	0.29	−0.3411	−0.36
wave8	1.6278	1.09	0.1582	0.31	1.3736	1.46
wave9	1.2748	0.69	−0.1418	−0.22	0.1510	0.10
wave10	1.0509	0.51	−1.8750	−1.59	1.8677	1.22
wave11	1.8628	0.74	0.1087	0.12	1.4412	0.71
_cons	−4.9222	−0.67	−1.7315	−0.47	6.1273	0.77
Diagnostic Test						
Estimated Method	Pooling Logit		Pooling Logit		Pooling Logit	
Number of observation	749		540		150	
Number of groups	210		148		46	
Wald Chi2(11)	7.65		21.09		10.57	
Prob＞Chi2	0.6626		0.2790		0.3922	

より，フローの金銭的，時間的自由度が結婚選択により強い影響を与えていると言えそうである．

また CohortA′ と CohortB に分けてみると，パラメータの値や符号が違うなど両者の間に明らかな違いが見出された．また，親を戦前・戦中世代と団塊以降世代に分けた推定式のパラメータは明らかに違うので，ここでも分類する意味はあると思われる．

しかし，第 9.3-9.5 節で示してきた親子関係が結婚行動に与えていると考えられる状況証拠を，確実に裏付けるような統計的結果は得られていない．これは今後の課題として残されている．

9.7　おわりに

本章で用いた『家計研パネル』調査は同一個人に対して継続的に調査を行う個人パネルデータである．これはいわば，個人史を書き続けているよ

図表 9.11 結婚選択のパネル・ロジット推定：ストック分析

全サンプル

Dependent Variable: marry	全体		親：戦前・戦中世代		親：団塊以降世代	
	Estimated Coefficient	z-statistics	Estimated Coefficient	z-statistics	Estimated Coefficient	z-statistics
age_z	−0.0643	−1.35	−0.1084	−3.68	−0.1791	−1.05
inc_r	−0.0054	−3.91	−0.0033	−5.67	−0.0053	−2.42
stod1_z	0.2275	0.72	0.1519	0.53	−0.1196	−0.14
stod3_z	0.1183	0.63	0.1261	0.78	0.0538	0.12
wave2	—	—	—	—	—	—
wave3	0.7610	2.08	0.2232	0.87	−1.5227	−1.45
wave4	1.1487	2.28	0.4525	1.64	—	—
wave5	0.6230	1.09	0.0241	0.07	—	—
wave6	0.2233	0.55	−0.2540	−0.92	−2.9147	−2.73
wave7	0.5857	1.13	0.0005	0.00	−2.9602	−2.64
wave8	0.7330	1.19	−0.3276	−0.92	−1.7763	−1.71
wave9	0.4147	0.62	−0.2707	−0.70	−3.2755	−2.35
wave10	0.8330	1.18	−0.2522	−0.56	−1.8384	−1.59
wave11	1.0113	1.32	0.1240	0.28	−1.6208	−1.22
_cons	0.0596	0.04	1.6063	2.01	6.4513	1.40

Diagnostic Test		
Estimated Method	Random Logit	GEE pop ave	Pooling Logit
Number of observation	2561	2108	175
Number of groups	596	484	
Wald Chi2(13)	52.42	60.96	Wald Chi2(11)=17.68
Prob>Chi2	0.000	0.000	0.0894

CohortA'

Dependent Variable: marry	全体		親：戦前・戦中世代		親：団塊以降世代	
	Estimated Coefficient	z-statistics	Estimated Coefficient	z-statistics	Estimated Coefficient	z-statistics
age_z	0.1121	0.37	−0.0133	−0.13	—	—
inc_r	−0.0167	−5.13	−0.0047	−5.63	—	—
stod1_z	0.0930	0.13	0.1912	0.47	—	—
stod3_z	0.9991	1.75	0.3170	1.40	—	—
wave2	—	—	—	—	—	—
wave3	2.9410	3.57	0.2916	0.98	—	—
wave4	4.4096	3.71	0.4456	1.25	—	—
wave5	4.1964	2.92	−0.0431	−0.09	—	—
wave6	4.6904	2.84	0.0607	0.11	—	—
wave7	4.9556	2.60	0.0400	0.06	—	—
wave8	—	—	—	—	—	—
wave9	—	—	—	—	—	—
wave10	—	—	—	—	—	—
wave11	—	—	—	—	—	—
_cons	−5.2694	−0.70	−0.5362	−0.21	—	—

Diagnostic Test		
Estimated Method	Random Logit	GEE pop ave	—
Number of observation	923	806	—
Number of groups	264	234	—
Wald Chi2(13)	29.35	34.19	—
Prob>Chi2	0.0006	0.0001	—

図表 9.11 結婚選択のパネル・ロジット推定：ストック分析（つづき）

CohortB

Dependent Variable: marry	全体		親：戦前・戦中世代		親：団塊以降世代	
	Estimated Coefficient	z-statistics	Estimated Coefficient	z-statistics	Estimated Coefficient	z-statistics
age_z	0.0162	0.14	0.0216	0.15	−0.3588	−1.21
inc_r	−0.0013	−1.31	−0.0008	−0.69	−0.0030	−1.51
stod1_z	0.0277	0.07	−0.5581	−0.87	0.4751	0.68
stod3_z	−0.0408	−0.16	−0.0907	−0.29	0.1190	0.21
wave2	—	—	—	—	—	—
wave3	—	—	—	—	—	—
wave4	—	—	—	—	—	—
wave5	—	—	—	—	—	—
wave6	—	—	—	—	—	—
wave7	−0.1798	−0.49	0.1288	0.30	−0.3248	−0.36
wave8	0.2245	0.55	0.1532	0.30	1.4600	1.60
wave9	−0.3092	−0.57	−0.1689	−0.26	0.1813	0.13
wave10	−0.5125	−0.76	−1.9142	−1.59	1.8182	1.27
wave11	−0.0069	−0.01	0.0831	0.09	2.2726	1.27
_cons	−2.1836	−0.73	−2.4970	−0.69	7.4861	1.02
Diagnostic Test						
Estimated Method	GEE pop ave		GEE pop ave		GEE pop ave	
Number of observation	758		546		151	
Number of groups	210		148		46	
Wald Chi2(9)	4.88		5.20		7.70	
Prob>Chi2	0.8447		0.8164		0.5649	

うなものである．このデータを利用するということは個々人のたどってきた歴史を追跡し，その周りにいる親，兄弟姉妹，配偶者，配偶者の親，配偶者の兄弟姉妹にまで観察の範囲を広げることを意味している．こうして蓄積されていくデータは，社会の様々な側面を理解する上で極めて貴重な資料となることは疑いがない．

本章では，この『家計研パネル』が保有している情報のほんの一部を利用したにすぎないが，それでも，戦前・戦中世代の親を持つか団塊以降世代の親を持つかで子供の職業観や結婚観がいかに違うかがわかってきた．これは，調査自体は11年を数えるにすぎないものであっても，そこに内蔵されている情報は昭和と平成の80年の変動をカバーし得るものであることを明らかにしたつもりである．

高度成長期に就職し，豊かな資産形成を行ってきた戦前・戦中世代に比べ，ニクソン・ショックや石油危機の時代に社会に入り，後わずかで定年を迎える団塊以降の世代は，所得も資産蓄積も相対的に少ない．彼らの多

くは，退職直前の1990年代に不況やリストラにさらされ，退職後の再就職先が保障されていない，退職金や企業年金支給額も減少しているなど，老後にあまり余裕のない世代となることが予想されている．

このような親を持つ世代は，戦前・戦中世代の親を持つ世代とは初期条件が違っているのである．個人パネルデータを使う最大の利点は，このような違いを十分に取り入れながら，現在，調査対象になっている女性たちがどのような行動をし，どのように物事を判断しているかを分析できることにある．なお，調査の制約により親の資産情報が同居サンプルだけに限定されており，本章でも結婚まで同居しているサンプルのみを対象としたが，親元から離れて別居しながら独身でいるサンプルも考慮する必要がある（この点に関しては北村・坂本 2002, 2004 に詳しい）．

ここで紹介した個人パネルデータは様々な利用の仕方ができる．短期的な経済政策分析もできるし，心理学的分析，社会学的分析，政治学的分析もできる．また本章で論じたように世代間にわたる数量的歴史分析にも用いることができる．

9.8　STATA コード

以下では本章で用いた STATA コードを掲載する．繰り返しになる部分は省略してある．

```
/*図表 9.9*/
/*ストック・フロー分析*/
gen ln_inc_r=log(inc_r)
xtlogit marry age_z inc_r stod1_z stod3_z pomo_d_z trans_d_z r_q493d_ _z
    r_q493i_ _z wave3-wave11 if sunma==1 & coha_z==1, i(id) pa
xtlogit marry age_z inc_r stod1_z stod3_z pomo_d_z trans_d_z r_q493d_ _z
    r_q493i_ _z wave2-wave11 if sunma==1 & sedaiR==1 & coha_z==1,
    i(id) pa
logit marry age_z inc_r stod1_z stod3_z pomo_d_z trans_d_z r_q493d_ _z
    r_q493i_ _z wave3-wave11 if sunma==1 & sedaiR==2 & coha_z==1,
    robust
```

以下省略
/*図表 9.10*/
/*フロー分析*/
xtlogit marry age_z inc_r r_q493d_ _z r_q493i_ _z pomo_d_z wave3-wave11 if sunma==1 &coha_z==1, i(id) pa
xtlogit marry age_z inc_r r_q493d_ _z r_q493i_ _z pomo_d_z wave3-wave11 if sunma==1 & sedaiR==1&coha_z==1, i(id) pa
logit marry age_z inc_r r_q493d_ _z r_q493i_ _z pomo_d_z wave3-wave11 if sunma==1 & sedaiR==2&coha_z==1, robust
以下省略
/*図表 9.11*/
/*ストック分析*/
xtlogit marry age_z inc_r stod1_z stod3_z wave3-wave11 if sunma==1 & coha_z==1, i(id) re
xtlogit marry age_z inc_r stod1_z stod3_z wave3-wave11 if sunma==1 & sedaiR==1 & coha_z==1, i(id) pa
logit marry age_z inc_r stod1_z stod3_z wave3-wave11 if sunma==1 & sedaiR==2 & coha_z==1, robust
xtlogit marry age_z inc_r stod1_z stod3_z wave3-wave11 if cohortYr!=. & coha_z==1, i(id) pa
xtlogit marry age_z inc_r stod1_z stod3_z wave3-wave11 if cohortYr!=. & sedaiR==1 & coha_z==1, i(id) pa
以下省略

参 考 文 献

邦　文

阿部修人・小黒曜子(2004)「社長交代と外部出身取締役——Semi Parametric 推計による分析」『経済研究』55(1)，pp. 72-84.

安藤洋美(1995)『最小二乗法の歴史』現代数学社.

岩上真珠(1999)「20代,30代未婚者の親との同別居構造——第11回出生動向基本調査独身者調査より」『人口問題研究』55(4)，pp. 1-15.

岩崎学(2002)『不完全データの統計解析』エコノミスト社.

岩田規久男・宮川努編(2003)『失われた10年の真因は何か』東洋経済新報社.

大久保幸夫編著(2002)『新卒無業。——なぜ，彼らは就職しないのか』東洋経済新報社.

太田聰一(2002)「若年女性の進学と結婚——都道府県別「就調」データによる分析」『統計』7月号，pp. 13-20.

大橋靖雄・浜田知久馬(1995)『生存時間解析　SASによる生物統計』東京大学出版会.

大淵寛・森岡仁(1981)『経済人口学』新評論.

岡田敏裕・鎌田康一郎(2004)「低成長期待と消費者行動——Zeldes-Carroll 理論によるわが国消費・貯蓄行動の分析」日本銀行ワーキングペーパーシリーズ，No. 04-J-2.

小川一夫(1991)「所得リスクと予備的貯蓄」『経済研究』42(2)，pp. 139-152.

小川浩(2003)「定年制度と結婚——少子化対策と整合的な賃金雇用制度の提案」一橋大学経済研究所，PIE Discussion Paper，No. 111.

奥野忠一・芳賀敏郎(1969)『実験計画法』(新統計シリーズ2)，培風館.

小田切宏之(2000)『企業経済学』東洋経済新報社.

小田切宏之(2001)『新しい産業組織論』有斐閣.

小原美紀(2001)「専業主婦は裕福な家庭の象徴か？——妻の就業と所得不平等に税制が与える影響」『日本労働研究雑誌』493，pp. 15-29.

ガウス，カール F. ／飛田武幸・石川耕春訳(1981)『誤差論』紀伊国屋書店.

家計経済研究所(1994)「「脱青年期」の出現と親子関係——経済・行動・情緒・規範のゆくえ」平成3・4年度調査研究報告.

香山リカ(2004)『就職がこわい』講談社.

北村行伸(2002a)『家計行動のパネル統計』一橋大学経済研究所附属日本経済統計情報センター統計資料シリーズ，No. 54.

北村行伸(2002b)「『企業活動基本調査』に基づく日本企業行動のパネル分析」財団法人日本統計協会統計研究助成報告書(平成13年度).

北村行伸(2003a)「パネルデータ分析の新展開」『経済研究』54(1)，pp. 74-93.

北村行伸(2003b)「企業収益と負債——「企業活動基本調査」に基づく日本企業行動のパネル分析」花崎正晴・寺西重郎編『コーポレート・ガバナンスの経済分

析』東京大学出版会，第5章，pp. 129-158.
北村行伸・坂本和靖(2002)「結婚の意思決定に関するパネル分析」一橋大学経済研究所，PIE Discussion Paper, No. 109.
北村行伸・坂本和靖(2004)「優雅な「パラサイトシングル」像が変容」樋口・太田・家計経済研究所(2004)，第3章，pp. 87-115.
北村行伸・中村恒(1998)「価格・数量調整過程の再検討——マクロ・産業別パネル・データ分析」日本銀行金融研究所 Discussion Paper, No. 98-J-5.
北村行伸・藤木裕(1995)「国際比較研究へのパネルデータ分析の応用——Feldstain-Horioka パラドックスの再検討」『金融研究』14(1), pp. 145-160.
黒澤昌子・玄田有史(2001)「学校から職場へ——「七・五・三」転職の背景」『日本労働研究雑誌』490, pp. 4-18.
経済企画庁編(1992)『平成4年度版 国民生活白書——少子社会の到来, その影響と対応』大蔵省印刷局.
玄田有史(2001)『仕事のなかの曖昧な不安——揺れる若年の現在』中央公論新社.
玄田有史・曲沼美恵(2004)『ニート——フリーターでもなく失業者でもなく』幻冬舎.
古賀麻衣子(2004)「貯蓄率の長期的低下傾向をめぐる実証分析——ライルサイクル・恒常所得仮説に基づくアプローチ」日本銀行ワーキングペーパーシリーズ, No. 04-J-12.
小林慶一郎・才田友美・関根敏隆(2002)「いわゆる「追い貸し」について」日本銀行調査統計局 Working Paper, No. 02-2.
齋藤誠・白塚重典(2003)「予備的動機と待ちのオプション——わが国のマクロ家計貯蓄データによる検証」『金融研究』22(3), pp. 1-22.
坂本和靖(2003)「誰が脱落するのか——「消費生活に関するパネル調査」における脱落サンプルの分析」財団法人家計経済研究所『消費生活に関するパネル調査(第10年度)——家計・仕事・暮らしと女性の現在』国立出版局, pp. 123-136.
坂本和靖(2004)「サンプル脱落に関する分析——脱落サンプルの規定要因と推定バイアスについて」未定稿.
坂本和靖・北村行伸(2004)『親子関係と結婚行動』一橋大学経済研究所, 未定稿.
滋野由紀子・大日康史(1997)「女性の結婚選択と就業選択に関する一考察」『季刊家計経済研究』36, pp. 61-71.
芝村良(2004)『R. A. フィッシャーの統計理論——推測統計学の形成とその社会的背景』九州大学出版会.
鈴木達三・高橋宏一(1998)『標本調査法』(シリーズ「調査の科学」2), 朝倉書店.
東京大学教養学部統計学教室編(1992a)『統計学入門』東京大学出版会.
東京大学教養学部統計学教室編(1992b)『自然科学の統計学』東京大学出版会.
東京大学教養学部統計学教室編(1994)『人文社会科学の統計学』東京大学出版会.
豊田秀樹(1998)『調査法講義』(シリーズ「調査の科学」1), 朝倉書店.
内閣府編(2003)『平成15年度版 国民生活白書——デフレと生活, 若年フリーターの現在(いま)』ぎょうせい.
永井暁子(2000)「消費生活に関するパネル調査」佐藤博樹・石田浩・池田謙一編『社会調査の公開データ——2次分析への招待』東京大学出版会, pp. 130-134.

中村剛(2001)『Cox 比例ハザードモデル』(医学統計学シリーズ)，朝倉書店．
縄田和満(1997)「Probit, Logit, Tobit」蓑谷千凰彦・廣松毅監修『応用計量経済学 II』多賀出版，第 4 章，pp. 237-298．
縄田和満(2003)「タイプ I のトービット・モデルから得られる標本にタイプ II のトービット・モデルを用いた場合の最尤推定量の挙動について」『日本統計学会誌』33(3)，pp. 325-342．
信田さよ子(2000)『依存症』文春新書．
林知己夫編(2002)『社会調査ハンドブック』朝倉書店．
林文夫(1986)「恒常所得仮説の拡張とその検証」『経済分析』101，pp. 1-23．
樋口美雄・阿部正浩(1999)「経済変動と女性の結婚・出産・就業のタイミング——固定要因と変動要因の分析」樋口・岩田(1999)，pp. 25-65．
樋口美雄・岩田正美編著(1999)『パネルデータからみた現代女性——結婚・出産・就業・消費・貯蓄』東洋経済新報社．
樋口美雄・太田清・家計経済研究所(2004)『女性たちの平成不況』日本経済新聞社．
広津千尋(1992)『実験データの解析——分散分析を超えて』(応用統計数学シリーズ)，共立出版．
フィッシャー，R. A.／渋谷政昭・竹内啓訳(1962)『統計的方法と科学的推論』岩波書店．
細谷雄三(1995)『統計的証拠とその解釈』(数理情報科学シリーズ 9)，牧野書店．
間瀬茂・神保雅一・鎌倉稔成・金藤浩司(2004)『工学のためのデータサイエンス入門——フリーな統計環境 R を用いたデータ解析』(工学のための数学＝EKM-3)，数理工学社．
松浦克己・滋野由紀子(2001)『女性の選択と家計貯蓄』(郵政研究所研究叢書)，日本評論社．
松田年弘(2002)「パネル調査」林(2002)，pp. 262-267．
松田芳郎・伴金美・美添泰人(2000)『ミクロ統計の集計解析と技法』(講座「ミクロ統計分析」第 2 巻)，日本評論社．
蓑谷千凰彦(1997)『推測統計のはなし』東京図書．
宮本みち子・岩上真珠・山田昌弘(1997)『未婚化社会の親子関係——お金と愛情にみる家族のゆくえ』有斐閣選書．
村上あかね(2003)「なぜ脱落したのか——「消費生活に関するパネル調査」における脱落理由の分析」財団法人家計経済研究所『消費生活に関するパネル調査(第 10 年度)——家計・仕事・暮らしと女性の現在』国立出版局，pp. 115-122．
村田啓子(2003)「ミクロデータによる家計行動分析：将来不安と予備的貯蓄」『金融研究』22(3)，pp. 23-58．
山口一男(2001-02)「イベントヒストリー分析(1)-(15)」『統計』2001 年 9 月号—2002 年 11 月号．
山田昌弘(1996)『結婚の社会学』丸善ライブラリー．
山田昌弘(1999)『パラサイトシングルの時代』ちくま新書．
矢幡洋(2004)『自分で決められない人たち』中公新書ラクレ．
リクルートワークス研究所(2003)『第 19 回ワークス大卒求人倍率調査(2003 年

卒)』.

和合肇(1998)「ベイズ計量経済分析における最近の発展」『日本統計学会誌』28 (3), pp. 253-305.

欧 文

Abowd, J. M., F. Kramarz and B. Crepon (1997), "Moment Estimation with Attrition," *National Bureau of Economic Research Techinical Paper*, 214.

Ahn, S. C. and P. Schmidt (1995), "Efficient Estimation of Models for Dynamic Panel Data," *Journal of Econometrics*, 68(1), pp. 5-27.

Ahn, S. C. and P. Schmidt (1997), "Efficient Estimation of Dynamic Panel Data Models: Alternative Assumptions and Simplified Estimation," *Journal of Econometrics*, 76(1-2), pp. 309-321.

Ahn, S. C. and P. Schmidt (1999), "Modified Generalized Instrumental Variables Estimation of Panel Data Models with Strictly Exogenous Instrumental Variables," in C. Hsiao, K. Lahiri, L. F. Lee and M. H. Pesaran eds., *Analysis of Panels and Limited Dependent Variable Models*, Cambridge (UK): Cambridge University Press, pp. 171-198.

Alderman, H., J. R. Behrman, H.-P. Kohler, J. A. Maluccio and S. C. Watkins (2000), "Attrition in Longitudinal Household Survey Data: Some Tests for Three Developing Country Samples," FCND Discussion Paper 96, International Food Policy Research Institute.

Allen, F. and D. Gale (2000), *Comparing Financial Systems*, Cambridge (MA): The MIT Press.

Alonso-Borrego, C. and M. Arellano (1999), "Symmetrically Normalized Instrumental-Variable Estiantion Using Panel Data," *Journal of Business and Economic Statistics*, 17(1), pp. 36-49.

Alvarez, J. and M. Arellano (2003), "The Time Series and Cross-Section Asymptotics of Dynamic Panle Data Estimation," *Econometrica*, 71(4), pp. 1121-1159.

Amaro de Matos, J. (2001), *Theoretical Foundations of Corporate Finance*, Princeton: Princeton University Press.

Amemiya, T. (1985), *Advanced Theory of Econometrics*, Cambridge (MA): Harvard University Press.

Andersen, E. B. (1970), "Asymptotic Properties of Conditional Maximum-Likelihood Estimators," *Journal of the Royal Statistical Society, Series B*, 32(2), pp. 283-301.

Andersen, T. G. and B. E. Sorensen (1996), "GMM Estimation of a Stochastic Volatility Model: A Monte Carlo Study," *Journal of Business and Economic Statistics*, 14(3), pp. 328-352.

Anderson, T. W. and C. Hsiao (1981), "Estimation of Dynamic Models with Error Components," *Journal of the American Statistical Association*, 76(375), pp. 598-606.

Anderson, T. W. and C. Hsiao (1982), "Formulation and Estimation of Dynamic Models Using Panel Data," *Journal of Econometrics*, 18(1), pp. 47-82.

Andrews, D. W. K. and B. Lu (2001), "Consisitent Model and Moment Selection Procedures for GMM Estimation with Application to Dynamic Panel Data Models," *Journal of Econometrics*, 101(1), pp. 123-164.

Archer, S. H. and C. A. D'Ambrosio (1983), *The Theory of Business Finance*, 3rd ed., New York: Macmillan.

Arellano, M. (1989), "A Note on the Anderson-Hsiao Estimator for Panel Data," *Economics Letters*, 31(4), pp. 337-341.

Arellano, M. (2003), *Panel Data Econometrics*, Oxford: Oxford University Press.

Arellano, M. and S. Bond (1991), "Some Tests of Specification for Panel Data: Monte Carlo Evidence and an Application to Employment Equations," *Review of Economic Studies*, 58(2), pp. 277-297.

Arellano, M. and O. Bover (1995), "Another Look at the Instrumental Variable Estimation of Error-Components Models," *Journal of Econometrics*, 68(1), pp. 29-51.

Arellano, M., O. Bover and J. Labeaga (1999), "Autoregressive Models with Sample Selectivity for Panel Data," in C. Hsiao, K. Lahiri, L. F. Lee and M. H. Pesaran eds., *Analysis of Panels and Limited Dependent Variable Models*, Cambridge (UK): Cambridge University Press, pp. 23-48.

Arellano, M. and B. Honoré (2001), "Panel Data Models: Some Recent Developments," *Handbook of Econometrics*, Vol. 5, Chapter 53, pp. 3229-3296.

Averch, H. and L. L. Johnson (1962), "Behavior of the Firm Under Regulatory Constraint," *American Economic Review*, 52(5), pp. 1052-1069.

Bacchetta, P. and S. Gerlach (1997), "Consumption and Credit Constraints: International Evidence," *Journal of Monetary Economics*, 40(2), pp. 207-238.

Bagliano, F.-C. and G. Pertola (2004), *Models for Dynamic Macroeconomics*, Oxford: Oxford University Press.

Balestra, P. and M. Nerlove (1966), "Pooling Cross-Section and Time-Series Data in the Estimation of a Dynamic Model: The Demand for Natural Gas," *Econometrica*, 34(3), pp. 585-612.

Baltagi, B. H. (1981), "Simultaneous Equations with Error Components," *Journal of Econometrics*, 17(2), pp. 189-200.

Baltagi, B. H. (2001), *Econometric Analysis of Panel Data*, 2nd ed., Chichester: John Wiley & Sons.

Baltagi, B. H. and Y. J. Chang (1994), "Incomplete Panels: A Comparative Study of Alternative Estimators for the Unbalanced One-Way Error Components Regression Model," *Journal of Econometrics*, 62(2), pp. 67-89.

Baltagi, B. H. and Q. Li (1991a), "A Transformation that Will Circumvent the Problem of Autocorrelation in an Error Component Model," *Journal of Econometrics*, 48(3), pp. 385-393.

Baltagi, B. H. and Q. Li (1991b), "A Joing Test for Serial Correlation and Random Individual Effects," *Statistics and Probability Letters*, 11(3), pp. 277-280.

Baltagi, B. H. and Q. Li (1995), "Testing AR(1) against MA(1) Disturbances in an Error Component Model," *Journal of Econometrics*, 68, pp. 133-151.

Becker, G. S. (1991), *A Treatise on the Family*, enl. ed., Cambridge (MA): Harvard University Press.

Becketti, S., W. Gould, L. Lilliard and F. Welch (1988), "The Panel Study of Income Dynamics after Fourteen Years: An Evaluation," *Journal of Labor Economics*, 6(4), pp. 472-492.

Berle Jr., A. and G. Means (1932), *The Modern Corporation and Private Property*, New York: Commerce Clearing House.

Bhargava, A., L. Franzini and W. Narendravathan (1982), "Serial Correlation and the Fixed Effects Model," *Review of Economic Studies*, 49(4), pp. 533-549.

Biemer, P. P., R. M. Groves, L. E. Lyberg, N. A. Mathiowetz and S. Sudman (1991), *Measurement Errors in Surveys*, New York: John Wiley & Sons.

Binder, M., C. Hsiao and M. H. Pesaran (2000), "Estimation and Inference in Short Panel Vector Autoregression with Unit Roots and Cointegration," *mimeo*.

Blundell, R. and S. Bond (1998), "Initial Conditions and Moment Restrictions in Dynamic Panel Data Models," *Journal of Econometrics*, 87(1), pp. 115-143.

Blundell, R., S. Bond and F. Windmeijer (2000), "Estimation in Dynamic Panel Data Models: Improving on the Performance of the Standard GMM Estimator," *Advances in Econometrics*, 15, pp. 53-91.

Bowden, R. J. and D. A. Turkington (1984), *Instrumental Variables*, Cambridge (UK); New York: Cambridge University Press.

Brealey, R. A. and S. C. Myers (2000), *Principles of Corporate Finance*, 6th ed., Boston: Irwin/McGraw-Hill.

Browning, M. and T. F. Crossley (2001), "The Life-Cycle Model of Consumption and Saving," *Journal of Economic Perspectives*, 15(3), pp. 3-22.

Burkam, D. T. and V. E. Lee (1998), "Effects of Monotone and Nonmonotone Attrition on Parameter Estimates in Regression Models with Educational Data: Demographic Effects on Achievement, Aspirations and Attitudes," *The Journal of Human Resources*, 33(2), pp. 555-574.

Cagetti, M. (2003), "Wealth Accumulation Over the Life Cycle and Precautionary Savings," *Journal of Business & Economic Statistics*, 21(1), pp. 339-353.

Cameron, C. A. and P. K. Trivedi (1998), *Regression Analysis of Count Data*, Cambridge (UK); New York: Cambridge University Press.

Campbell, J. Y. and A. Deaton (1989), "Why Is Consumption So Smooth?" *Review of Economic Studies*, 56(3), pp. 357–374.

Campbell, J. Y. and N. G. Mankiw (1991), "The Response of Consumption to Income: A Cross-Country Investigation," *European Economic Review*, 35(4), pp. 723–756.

Carroll, C. D. (1992), "Buffer-Stock Theory of Saving: Some Macroeconomic Evidence," *Brookings Papers on Economic Activity*, 2, pp. 61–156.

Carroll, C. D. (1997), "Buffer-Stock Saving and the Life Cycle/Permanent Income Hypothesis," *The Quarterly Journal of Economics*, 112(1), pp. 1–55.

Carroll, C. D. (2001), "A Theory of the Consumption Function, with and without Liquidity Constraints," *Journal of Economic Perspectives*, 15(3), pp. 23–45.

Carroll, C. D., R. E. Hall and S. P. Zeldes (1992), "The Buffer-Stock Theory of Saving: Some Macroeconomic Evidence," *Brookings Papers on Economic Activity*, 2, pp. 61–156.

Chamberlain, G. (1977), "Education, Income, and Ability Revisited," in D. J. Aigner and A. S. Goldberger eds., *Latent Variables in Socio-Economic Models*, Amsterdam: North-Holland, pp. 143–161.

Chamberlain, G. (1980), "Analysis of Covariance with Qualitative Data," *Review of Economic Studies*, 47(1), pp. 225–238.

Chamberlain, G. (1982), "Multivariate Regression Models for Panel Data," *Journal of Econometrics*, 18(1), pp. 5–46.

Chamberlain, G. (1984), "Panel Data," in Z. Griliches and M. Intrilligator eds., *Handbook of Econometrics*, Vol. 2, Amsterdam: North-Holland, Chapter 22, pp. 1247–1318.

Chamberlain, G. and Z. Griliches (1975), "Unobservables with a Variance-Components Structure: Ability, Schooling and the Economic Success of Brothers," *International Economic Review*, 16(2), p. 422–450.

Chambers, R. L. and C. J. Skinner (2003), *Analysis of Survey Data*, Chichester: John Wiley & Sons.

Choi, I. (1999), "Unit Root Tests for Panel Data," Working Paper, Department of Economics, Kookmin University, Korea.

Click, R. W. (1996), "Contrarian MacParity," *Economics Letters*, 53(2), pp. 209–212.

Corbeil, R. R. and S. R. Searle (1976a), "Restricted Maximum Likelihood (REML), Estimation of Variance Components in the Mixed Model," *Technometrics*, 18(1), pp. 31–38.

Corbeil, R. R. and S. R. Searle (1976b), "A Comparison of Variance Component Estimators," *Biometrics*, 32(4), pp. 779–791.

Cox, D. R. and D. V. Hinkley (1974), *Theoretical Statistics*, London: Chapman and Hall.

Cox, D. R. and N. Reid (1987), "Parameter Orthogonality and Approximate Conditional Inference," *Journal of the Royal Statistical Society, Series B*, 49(1), pp. 1-39.

Crepon, B., F. Kramarz and A. Trognon (1997), "Parameters of Intereest, Nuisance Parameters and Orthogonality Conditions an Application to Autoregressive Error Component Models," *Journal of Econometrics*, 82(1), pp. 135-156.

Das, K. (1979), "Asymptotic Optimality of Restricted Maximum Likelihood Estimates for the Mixed Model," *Calcutta Statistical Association Bulletin*, 28, pp. 125-142.

Davidson, R. and J. G. MacKinnon (2004), *Econometric Theory and Methods*, New York: Oxford University Press.

Deaton, A. (1985), "Panel Data from Time Series of Cross-Sections," *Journal of Econometrics*, 30(1-2), pp. 109-126.

Deaton, A. (1991), "Saving and Liquidity Constraints," *Econometrica*, 59(5), pp. 1221-1248.

Deaton, A. (1992), *Understanding Consumption*, Oxford: Oxford University Press.

Deaton, A. (1997), *The Analysis of Household Surveys*, Baltimore: Johns Hopkins University Press.

Easterlin, R. A. (1966), "On the Relation of Economic Factors to Recent and Projected Fertility Changes," *Demography*, 3(1), pp. 131-153.

Edgeworth, F. Y. (1909), "Addendum on Probable Errors of Frequency-Constants," *Journal of the Royal Statistical Society*, 72(1), pp. 81-90.

Ehrenberg, A. S. C. (1959), "The Pattern of Consumer Purchases," *Applied Statistics*, 8(1), pp. 26-41.

Ermisch, J. (2003), *An Economic Analysis of the Family*, Princeton: Princeton University Press.

Falais, E. M. and H. E. Peters (1998), "Survey Attrition and Schooling Choices," *The Journal of Human Resources*, 33(2), pp. 531-554.

Feldstein, M. (1983), "Domestic Saving and International Capital Movements in the Long Run and the Short Run," *European Economic Review*, 21(1-2), pp. 129-151.

Feldstein, M. and C. Horioka (1980), "Domestic Savings and International Capital Flows," *Economic Journal*, 90(358), pp. 314-329.

Fisher, F. (1966), *The Identification Problem in Econometrics*, New York: McGraw-Hill.

Fisher, R. A. (1932), *Statistical Methods for Research Workers*, 4th ed., Edinburgh: Oliver and Boyd.

Fisher, R. A. (1971), *The Design of Experiments*, 9th ed., New York: Hafner

Publishing.

Fisher, R. A. (1973), *Statistical Methods for Research Workers*, 14th ed., New York: Hafner Publishing.

Fisher, R. A. (1990), *Statistical Methods, Experimental Design, and Scientific Inference*, edited by J. H. Bennett, Oxford; New York: Oxford University Press.

Fitzgerald, J., P. Gottschalk and R. Moffitt (1998a), "An Analysis of Sample Attrition in Panel Data: The Michigan Panel Study of Income Dynamics," *The Journal of Human Resources*, 33(2), pp. 251-299.

Fitzgerald, J., P. Gottschalk and R. Moffitt (1998b), "An Analysis of the Impact of Sample Attrition on the Second Generation of Respondents in the Michigan Panel Study of Income Dynamics," *The Journal of Human Resources*, 33(2), pp. 300-344.

Fitzmaurice, G. M., N. M. Laird and J. H. Ware (2004), *Applied Longitudinal Analysis*, Hoboken: Wiley-Interscience.

Flavin, M. (1981), "The Adjustment of Consumption to Changing Expectations about Future Income," *Journal of Political Economy*, 89(5), pp. 974-1009.

Frankel, J. A. and A. K. Rose (1996), "A Panel Project on Purchasing Power Parity: Mean Reversion within and between Countries," *Journal of International Economics*, 40(1-2), pp. 209-224.

Frees, E. W. (2004), *Longitudinal and Panel Data*, New York: Cambridge University Press.

Fujiki, H., C. Hsiao and Y. Shen (2002), "Is There a Stable Money Demand Function under the Low Interest Rate Policy? A Panel Data Analysis," *Monetary and Economic Studies*, 20(2), pp. 1-23.

Fujiki, H. and Y. Kitamura (1995), "Feldstein-Horioka Paradox Revisited," *Monetary and Economic Studies*, 13(1), pp. 1-16.

Fujiki, H. and Y. Kitamura (2004), "The Big Mac Standard: A Statistical Illustration," *Economics Bulletin*, 6(13), pp. 1-18.

Fuller, W. A. and G. E. Battese (1973), "Transformations for Estimation of Linear Models with Nested Error Structure," *Journal of American Statistical Association*, 68(343), pp. 626-632.

Fuller, W. A. and G. E. Battese (1974), "Estimation of Linear Models with Cross-Error Structure," *Journal of Econometrics*, 2(1), pp. 67-78.

Goldberger, A. S. (1964), *Econometric Theory*, New York: Wiley.

Goldberger, A. S. (1972), "Structural Equation Methods in Social Sciences," *Econometrica*, 40(6), pp. 979-1001.

Gollier, C. (2001), *The Economics of Risk and Time*, Cambridge (MA): MIT Press.

Gollier, C. (2002), "Discounting and Uncertain Future," *Journal of Public Economics*, 85(2), pp. 149-166.

Gourieroux, C. (2000), *Econometrics of Qualitative Dependent Variables*, Cambridge (UK); New York: Cambridge University Press.

Gourieroux, C. and A. Monfort (1993), "Simulation-based Inference: A Survey with Special Reference to Panel Data Models," *Journal of Econometrics*, 59(1-2), pp. 5-33.

Gourinchas, P. and J. A. Parker (2002), "Consumption over the Life Cycle," *Econometrica*, 70(1), pp. 47-89.

Greene, W. H. (2003), *Econometric Analysis*, 5th ed., Upper Saddle River: Prentice-Hall.

Griliches, Z. and J. A. Hausman (1986), "Errors in Variables in Panel Data," *Journal of Econometrics*, 31(1), pp. 93-118.

Grinblatt, M. and S. Titman (1998), *Financial Markets and Corporate Strategy*, Boston: Irwin/McGraw-Hill.

Gronau, R. (1973), "The Effects of Children on the Housewife's Value of Time," *Journal of Political Economy*, 81(2-2), S168-S199.

Gronau, R. (1974), "Wage Comparisons—A Selectivity Bias," *Journal of Political Economy*, 82(6), pp. 1119-1144.

Groves, R. M. (1989), *Survey Errors and Survey Costs*, New York: John Wiley & Sons.

Groves, R. M. and M. P. Couper (1998), *Nonresponse in Household Interview Surveys*, New York: John Wiley & Sons.

Hadri, K. (2000), "Testing for Stationarity in Heterogeneous Panel Data," *Econometrics Journal*, 3(2), pp. 148-161.

Hahn, J. (1999), "How Informative is the Initial Condition in the Dynamic Panel Model with Fixed Effects?" *Journal of Econometrics*, 93(2), pp. 309-326.

Hahn, J., J. Hausman and G. Kuersteinerm (2002), "Bias Corrected Instrumental Variables Estimation for Dynamic Panel Models with Fixed Effects," MIT, *mimeo*.

Hall, R. E. (1978), "Stochastic Implications of the Life Cycle-Permanent Income Hypothesis: Theory and Evidence," *Journal of Political Economy*, 86(6), pp. 971-987.

Hall, R. E. (1990), *The Rational Consumer*, Cambridge (MA): MIT Press.

Hall, R. E. and F. S. Mishkin (1982), "The Sensitivity of Consumption to Transitory Income: Estimates from Panel Data on Househodls," *Econometrica*, 50(2), pp. 461-481.

Hanazaki, M. and A. Horiuchi (2001), "Can the Financial Restraint Hypothesis Explain Japan's Postwar Experience?" A paper presented at NBER Japan Project Meeting, September 2001.

Hansen, L. P. (1982), "Large Sample Properties of Generalized Method of Moments Estimators," *Econometrica*, 50(4), pp. 1029-1054.

Hansen, L. P. and K. J. Singleton (1982), "Generalized Instrumental Variables

Estimation of Nonlinear Rational Expectations Models," *Econometrica*, 50(5), pp. 1269-1286.

Harville, D. A. (1977), "Maximum Likelihood Approaches to Variance Component Estimation and to Related Problems," *Journal of the American Statistical Association*, 72(358), pp. 320-340.

Hausman, J. A. (1978), "Specification Tests in Econometrics," *Econometrica*, 46, pp. 1251-1271.

Hausman, J. A., B. H. Hall and Z. Griliches (1984), "Econometric Models for Count Data with an Application to the Patents-R&D Relationship," *Econometrica*, 52(4), pp. 909-938.

Hausman, J. A. and W. E. Taylor (1981), "Panel Data and Unobservable Individual Effects," *Econometrica*, 49(6), pp. 1377-1398.

Hausman, J. A. and D. A. Wise (1979), "Attrition Bias in Experimental and Panel Data: The Gary Income Maintenance Experiment," *Econometrica*, 47(2), pp. 455-474.

Hayashi, F. (1985), "The Permanent Income Hypothesis and Consumption Durability: Analysis Based on Japanese Panel Data," *Quarterly Journal of Economics*, 100(4), pp. 1083-1113.

Hayashi, F. (1997), *Understanding Saving*, Cambridge (MA): MIT Press.

Hayashi, F. (2000), *Econometrics*, Princeton: Princeton University Press.

Hayashi, F. and C. Sims (1983), "Wearly Efficient Estimation of Time Series Models with Predetermined but Not Exogenous Instruments," *Econometrica*, 51(3), pp. 783-792.

Heckman, J. J. (1974), "Shadow Prices, Market Wages, and Labor Supply," *Econometrica*, 42(4), pp. 679-694.

Heckman, J. J. (1976), "The Common Structure of Statistical Models of Truncation, Sample Selection and Limited Dependent Variables and a Simple Estimator for Such Models," *Annales of Economic and Social Measurement*, 5, pp. 475-492.

Heckman, J. J. (1978), "Dummy Endogenous Variables in a Simultaneous Equation System," *Econometrica*, 46(4), pp. 931-959.

Heckman, J. J. (1979), "Sample Selection Bias as a Specification Error," *Econometrica*, 47(1), pp. 153-161.

Heckman, J. J. (1981a), "The Incidental Parameters Problem and the Problem of Initial Conditions in Estimating a Discrete Time-Discrete Data Stochastic Process," in C. F. Manski and D. McFadden eds., *Structural Analysis of Discrete Data with Econometric Applications*, Cambridge (MA): MIT Press.

Heckman, J. J. (1981b), "Heterogeneity and State Dependence," in S. Rosen ed., *Studies in Labor Markets*, Chicago: Chicago University Press.

Heckman, J. J. and T. E. MaCurdy (1980), "A Life-Cycle Model of Female Labor Supply," *Review of Economic Studies*, 47(1), pp. 47-74.

Henderson Jr., C. R. (1953), "Estiation of Variance and Covariance Components," *Biometrics*, 9(2), pp. 226-252.

Hocking, R. R. (1985), *The Analysis of Linear Models*, Monterey Brooks/Cole Publication.

Holmström, B. and J. Tirole (1993), "Market Liquidity and Performance Monitoring," *Journal of Political Economy*, 101(4), pp. 678-709.

Holmström, B. and J. Tirole (1996), "Modeling Aggregate Liqudity," *American Economic Review*, 86(2), pp. 187-191.

Holmström, B. and J. Tirole (1997), "Financial Intermediation, Loanable Funds, and the Real Sector," *Quarterly Journal of Economics*, 112(3), pp. 663-691.

Holmström, B. and J. Tirole (1998), "Private and Public Supply of Liquidity," *Journal of Political Economy*, 106(1), pp. 1-40.

Holmström, B. and J. Tirole (2001), "LAPM: A Liquidity-Based Asset Pricing Model," *Journal of Finance*, 56(5), pp. 1837-1867.

Holtz-Eakin, D. (1988), "Testing for Individual Effects in Autoregressive Models," *Journal of Econometrics*, 39(3), pp. 297-307.

Holtz-Eakin, D., W. Newey and H. S. Rosen (1988), "Estimating Vector Autoregressions with Panel Data," *Econometrica*, 56(6), pp. 1371-1395.

Honoré, B. E. (1992), "Trimmed LAD and Least Squares Estimation of Truncated and Censored Regression Models with Fixed Effects," *Econometrica*, 60(3), pp. 533-565.

Honoré, B. E. (1993), "Orthogonality Conditions for Tobit Models with Fixed Effects and Lagged Dependent Variables," *Journal of Econometrics*, 59(1-2), pp. 35-61.

Honoré, B. E. (2002), "Non-Linear Models with Panel Data," Cemmap Working Paper CWP13/02, The Institute for Fiscal Studies Department of Economics, UCL.

Honoré, B. E. and L. Hu (2003), "Estimation of Cross Sectional and Panel Data Censored Regression Models with Endogeneity," *Journal of Econometrics*, 122(2), pp. 293-316.

Honoré, B. E. and L. Hu (2004), "Estimation of Discrete Time Duration Models with Grouped Data," *mimeo*.

Honoré, B. E. and E. Kyriazidou (2000), "Panel Data Discrete Choice Models with Lagged Dependent Variables," *Econometrica*, 68(4), pp. 839-874.

Honoré, B. E., E. Kyriazidou and C. Udry (1997), "Estimation of Type 3 Tobit Models Using Symmetric Trimming and Pairwise Comparisons," *Journal of Econometrics*, 76(1-2), pp. 107-128.

Hoshi, T., A. Kashyap and D. Scharfstein (1991), "Corporate Structure, Liquidity, and Investment: Evidence from Japanese Industrial Groups," *Quarterly Journal of Economics*, 106(1), pp. 33-60.

Hsiao, C. (1983), "Identification," in Z. Griliches and M. Intriligator eds.,

Handbook of Econometrics, Vol. I, Amsterdam: North-Holland, pp. 223-283.

Hsiao, C. (1986), *Analysis of Panel Data*, Cambridge (UK); New York: Cambridge University Press.

Hsiao, C. (1992a), "Random Coefficients Models," in L. Mátyás and P. Sevestre eds., *The Econometrics of Panel Data*, 1st ed., pp. 223-241; (1996) 2nd ed., pp. 410-428, Dordrecht: Kluwer Academic Publishers.

Hsiao, C. (1992b), "Logit and Probit Models," in L. Mátyás and P. Sevestre eds., *The Econometrics of Panel Data*, Dordrecht: Kluwer Academic Publishers, pp. 223-241.

Hsiao, C. (1992c), "Nonlinear Latent Variables Models," in L. Mátyás and P. Sevestre eds., *The Econometrics of Panel Data*, Dordrecht: Kluwer Academic Publishers, pp. 242-261.

Hsiao, C. (2003), *Analysis of Panel Data*, 2nd ed., Cambridge (UK); New York: Cambridge University Press.

Hsiao, C. and M. H. Pesaran (2004), "Random Coefficient Panel Data Models," *mimeo*.

Hsiao, C., M. H. Pesaran and A. K. Tahmiscioglu (1999), "Bayes Estimation of Short-Run Coefficients in Dynamic Panel Data Models," in C. Hsiao, K. Lahiri, L. F. Lee and M. H. Pesaran eds., *Analysis of Panels and Limited Dependent Variables Models*, Cambridge (UK): Cambridge University Press, pp. 268-296.

Hsiao, C., M. H. Pesaran and A. K. Tahmiscioglu (2002), "Maximum Likelihood Estimation of Fixed Effects Dynamic Panel Data Models Covering Short Time Periods," *Journal of Econometrics*, 109(1), pp. 107-150.

Hu, L. (1999), "Estimating a Censored Dynamic Panel Data Model with an Application to Earnings Dynamics," *mimeo*.

Im, K., S. C. Ahn, P. Schmidt and J. M. Wooldridge (1998), "Efficient Estimation of Panel Data Models with Strictly Exogenous Explanatory Variables," *Journal of Econometrics*, 93(1), pp. 177-201.

Im, K., M. H. Pesaran and Y. Shin (2003), "Testing for Unit Roots in Heterogeneous Panels," *Journal of Econometrics*, 115(1), pp. 53-74.

Jennrich, R. I. and P. F. Sampson (1976), "Newton-Raphson and Related Algorithms for Maximum Likelihood Variance Component Estimation," *Technometrics*, 18(1), pp. 11-17.

Jensen, M. C. (2000), *A Theory of The Firm: Governance, Residual Claims, and Organizational Forms*, Cambridge (MA): Harvard University Press.

Jensen, M. C. and W. Meckling (1976), "Theory of the Firm: Managerial Behavior, Agency Costs and Capital Structure," *Journal of Financial Economics*, 3, pp. 305-360.

Jensen, M. C. and C. W. Smith Jr. eds. (1984), *The Modern Theory of Corporate Finance*, New York; Tokyo: McGraw-Hill.

Johnston, J. and J. DiNardo (1997), *Econometric Methods*, 4th ed., New York; Tokyo: McGraw-Hill.

Jones, M. T. and M. Obstfeld (2001), "Saving, Investment, and Gold: A Reassessment of Historical Current Account Data," in G. A. Carlvo, R. Dornbusch and M. Obstfeld eds., *Money, Capital Mobility, and Trade: Essays in Honor of Robert Mundell*, Cambridge (MA): The MIT Press.

Kao, C. (1999) "Spurious Regression and Resideual-Based Tests for Cointegration in Panel Data," *Journal of Econometrics*, 90(1), pp. 1-44.

Kasprzyk, D., G. Duncan, G. Kalton and M. P. Singh eds. (1989), *Panel Surveys*, New York: John Wiley & Sons.

Keane, M. P. and D. E. Runkle (1992), "On the Estimation of Panel-Data Models with Serial Correlation When Instruments Are Not Strictly Exogenous," *Journal of Business & Economic Statistics*, 10(1), pp. 18-22.

Keane, M. P. and K. I. Wolpin (1997), "The Career Decisions of Young Men," *Journal of Political Economy*, 105(3), pp. 473-522.

Kenny, L. W., L. F. Lee, G. S. Maddala and R. P. Trost (1979), "Returns to College Education, an Investigation of Self-Selection Bias Based on the Project Talent Data," *International Economic Review*, 20(3), pp. 775-789.

Kim, J. and D. Pollard (1990), "Cube Root Asymptotics," *Annals of Statistics*, 18(1), pp. 191-219.

Kiviet, J. F. (1995), "On Bias, Inconsistency and Efficiency of Some Estimators in Dynamic Panel Data Models," *Journal of Econometrics*, 68(1), pp. 53-78.

Koop, G. (2003), *Bayesian Econometrics*, Chichester: John Wiley & Sons.

Koopmans, T. C. (1949), "Identification Problems in Economic Model Construction," *Econometrica*, 17(2), pp. 125-144.

Kotlikoff, L. J. (1989), *What Determines Savings?* Cambridge (MA): The MIT Press.

Kotlikoff, L. J. (2001), *Essays on Saving, Bequests, Altruism, and Life-Cycle Planning*, Cambridge (MA): The MIT Press.

Kyriazidou, E. (1997), "Estimation of a Panel Data Sample Selection Model," *Econometrica*, 65(6), pp. 1335-1364.

Kyriazidou, E. (2001), "Estimation of Dynamic Panel Data Sample Selection Models," *Review of Economic Studies*, 68(3), pp. 543-572.

Lancaster, T. (2000), "The Incidental Parameter Problem Since 1948," *Journal of Econometrics*, 95(2), pp. 391-413.

Lancaster, T. (2004), *An Introduction to Modern Bayesian Econometrics*, Malden: Blackwell Publishing.

Lee, L. F. (1978), "Unionism and Wage Rates: A Simultaneous Equations Model with Qualitative and Limited Dependent Variables," *International Economic Review*, 19(2), pp. 415-433.

Lee, L. F. (1981a), "Simultaneous Equations Models with Discrete and Consored Variables," in C. F. Manski and D. McFadden eds., *Structural Analysis of Discrete Data with Econometric Applications*, Cambridge (MA): MIT Press, pp. 346-364.

Lee, L. F. (1981b), "Efficient Estimation of Dynamic Error Components Models with Panel Data," in O. D. Anderson and M. R. Perryman eds., *Time Series Analysis*, Amsterdam: North-Holland, pp. 267-285.

Lee, M. J. (2002), *Panel Data Econometrics: Methods-of-Moments and Limited Dependent Variables*, San Diego; Tokyo: Academic Press.

Lehmann, E. L. (1986), *Testing Statistical Hypotheses*, 2nd ed., New York: John Wiley & Sons.

Levin, A. and C. F. Lin (1992), "Unit Root Test in Panel Data: Asymptotic and Finite Sample Properties," Discussion Paper, No. 92-93 (University of California at San Diego).

Levin, A. and C. F. Lin (1993), "Unit Root Test in Panel Data: New Results," Discussion Paper, No. 93-56 (University of California at San Diego).

Levin, A. and C. F. Lin (2002), "Unit Root Tests in Panel Data: Asymptotic and Finite Sample Properties," *Journal of Econometrics*, 108(1), pp. 1-24.

Liang, K. Y. and L. Zeger (1986), "Longitudinal Data Analysis Using Generalized Linear Models," *Biometrika*, 73(1), pp. 13-22.

Lillard, L. A. and C. W. A. Panis (1998), "Panel Attrition from the Panel Study of Income Dynamics: Household Income, Marital Status, and Mortality," *The Journal of Human Resources*, 33(2), pp. 437-457.

Lillard, L. A. and Y. Weiss (1979), "Components of Variation in Panel Earnings Data: American Scientists 1960-70," *Econometrica*, 47(2), pp. 437-454.

Lillard, L. A. and R. J. Willis (1978), "Dynamic Aspects of Earning Mobility," *Econometrica*, 46(5), pp. 985-1012.

Little, R. J. A. and D. B. Rubin (1987), *Statistical Analysis with Missing Data*, New York: John Wiley & Sons.

Mackie-Mason, J. (1990), "Do Taxes Affect Corporate Financing Decisions?" *Journal of Finance*, 45(5), pp. 1471-1493.

MaCurdy, T., T. Mroz and R. M. Gritz (1998), "An Evaluation of the National Longitudinal Survey on Youth," *The Journal of Human Resources*, 33(2), pp. 345-436.

Maddala, G. S. (1971a), "The Use of Variance Components Models in Pooling Cross-Section and Time-Series Data," *Econometrica*, 39(2), pp. 341-358.

Maddala, G. S. (1971b), "The Likelihood Approach to Pooling Cross-Section and Time Series Data," *Econometrica*, 39(6), pp. 939-953.

Maddala, G. S. (1975), "Some Problems Arising in Pooling Cross-Section and Time-Series Data," *mimeo*.

Maddala, G. S. (1983), *Limited-Dependent and Qualitative Variables in Econometrics*, Cambridge (UK): Cambridge University Press.

Maddala, G. S. (1987a), "Recent Developments in the Econometrics of Panel Data Analysis," *Transporation Research*, Ser. A. 21A, pp. 303-326.

Maddala, G. S. (1987b), "Limited Dependent Variable Models Using Panel Data," *The Journal of Human Resources*, 22(3), pp. 305-338.

Maddala, G. S. ed. (1993), *The Econometrics of Panel Data*, 2 vols., Aldershot; Brookfield: Edward Elgar.

Maddala, G. S. (2001), *Introduction to Econometrics*, 3rd ed., New York: John Weily & Sons.

Maddala, G. S., H. Li, R. P. Trost and F. Joutz (1997), "Estimation of Short-Run and Long-Run Elasticities of Energy Demand from Panel Data Using Shrinkage Estimators," *Journal of Business and Economic Statistics*, 15(1), pp. 90-100.

Maddala, G. S. and S. Wu (1999), "A Comparative Study of Unit Root Tests with Panel Data and a New Simple Test," *Oxford Bulletin of Economics and Statistics*, 61(S1), pp. 631-652.

Maki, A. (1993), "Liquidity Constraints: A Cross-Section Analysis of the Housing Purchase Behavior of Japanese Households," *The Review of Economics and Statistics*, 75(3), pp. 429-437.

Maluccio, J. (2000), "Attrition in the Kwazulu Natal Income Dynamics Study, 1993-1998," FCND Discussion Paper, No. 95, International Food Policy Research Institute.

Manski, C. F. (1975), "Maximum Score Estimation of the Stochastic Utility Model of Choice," *Journal of Econometrics*, 3(3), pp. 205-228.

Manski, C. F. (1985), "Semiparametric Analysis of Discrete Response: Asymptotic Properties of the Maximum Score Estimator," *Journal of Econometrics*, 27(3), pp. 313-333.

Manski, C. F. (1987), "Semiparametric Analysis of Random Effects Linear Models from Binary Panel Data, *Econometrica*, 55(2), pp. 357-362.

Manski, C. F. (1993), "Identification Problems in the Social Sciences," *Sociological Methodology*, 23, pp. 1-56.

Manski, C. F. (1995), *Identification Problems in the Social Sciences*, Cambridge (MA): Harvard University Press.

Martin, S. (2002), *Advanced Industrial Economics*, 2nd ed., Malden: Blackwell.

Mátyás, L. and P. Sevestre (1996), *The Econometrics of Panel Data: A Handbook of the Theory with Applications*, 2nd ed., Dordrecht: Kluwer Academic Publishers.

Mayer, C. (1988), "New Issues in Corporate Finance," *European Economic Review*, 32(5), pp. 1167-1188.

Mayer, C. (1990), "Financial Systems, Corporate Finance, and Economic Development," in R. G. Hubbard ed., *Asymmetric Information, Corporate Finance and Investment*, Chicago: University of Chicago Press, pp. 307-332.

Mayer, C. and O. Sussman (2002), "A New Test of Capital Structure," Saïd Business School, University of Oxford, *mimeo*.

Mazodier, P. and Trognon, A. (1978), "Heteroscedasticity and Stratification in Error Components Models," *Annales de l'INSEE*, 30-31, pp. 451-482.

Miller, M. H. (1977), "Debt and Taxes," *Journal of Finance*, 32(2), pp. 261-275.

Miller, M. H. and K. Rock (1985), "Dividend Policy under Asymmetric Information," *Journal of Finance*, 40(4), pp. 1035-1051.

Miller, M. H. and M. S. Scholes (1982), "Dividends and Taxes: Some Empirical Evidence," *Journal of Political Economy*, 90(6), pp. 1118-1141.

Miron, J. A. (1996), *The Economics of Seasonal Cycles*, Cambridge (MA): MIT Press.

Mittelhammer, R. C., G. G. Judge and D. J. Miller (2000), *Econometric Foundations*, Cambridge (UK): Cambridge University Press.

Modigliani, F. and M. H. Miller (1958), "The Cost of Capital, Corporation Finance, and the Theory of Investment," *American Economic Review*, 48(3), pp. 261-297.

Modigliani, F. and M. H. Miller (1963), "Corporate Income Taxes and the Cost of Capital: A Correction," *American Economic Review*, 53(3), pp. 433-443.

Modigliani, F. and M. H. Miller (1965), "The Cost of Capital, Corporation Finance, and The Theory of Inverstment: Reply," *American Economic Review*, 55(3), pp. 524-527.

Modigliani, F. and M. H. Miller (1966), "Some Estimates of the Cost of Capital to the Electric Utility Industry, 1954-1957," *American Economic Review*, 56(3), pp. 333-391.

Moffitt, R., J. Fitzgerald and P. Gottschalk (1999), "Sample Attrition in Panel Data: The Role of Selection on Observables," *Annales d'Economie et de Statistique*, No. 55-56, pp. 129-152.

Moon, H. R. and P. C. B. Phillips (1999), "Maximum Likelihood Estimation in Panels with Incidental Trends," *Oxford Bulletin of Economics and Statistics*, 61(3), pp. 387-423.

Mroz, T. A. (1987), "The Sensitivity of an Empirical Model of Married Women's Hours of Work to Economic and Statistical Assumptions," *Econometrica*, 55(4), pp. 765-799.

Mundlak, Y. (1978), "On the Pooling of Time Series and Cross-Section Data," *Econometrica*, 46(1), pp. 69-85.

Myers, S. C. (1984), "The Capital Structure Puzzle," *Journal of Finance*, 39(3), pp. 575-592.

Myers, S. C. (1986), "The Search for Optimal Capital Structure," in J. M. Stern and D. H. Chew Jr. eds., *The Revolution in Corporate Finance*, Oxford; New York: Basil Blackwell, pp. 91-99.

Myers, S. C. and N. Majluf (1985), "Corporate Financing and Investment Decisions When Firms Have Information Investors Do Not Have," *Journal of Financial Economics*, 13(2), pp. 187-221.

Nagahata, T., Y. Saita, T. Sekine and T. Tachibana (2004), "Equilibrium Land Prices of Japanese Prefectures: A Panel Cointegration Analysis," Bank of Japan Working Paper, No. 04-E-9.

Nelson, C. R. and R. Startz (1990a), "The Distribution of the Instrumental Variables Estimator and Its t-Ratio When the Instrument is a Poor One," *Journal of Business*, 63(1), pp. S125-S140.

Nelson, C. R and R. Startz (1990b), "Some Further Results on the Exact Small Sample Properties of the Instrumental Variable Estimator," *Econometrica*, 58(4), pp. 967-976.

Nelson, F. D. and L. Olson (1978), "Specification and Estimation of a Simultaneous Equation Model with Limited Dependent Variables," *International Economic Review*, 19(3), pp. 695-709.

Nerlove, M. (1971), "A Note on Error Components Models," *Econometrica*, 39(2), pp. 383-396.

Nerlove, M. (2000), "Growth Rate Convergence, Fact or Artifact? An Essay on Panel Data Econometrics," in J. Krishnakumar and E. Ronchetti eds., *Panel Data Econometrics: Future Directions*, Amsterdam: North-Holland, Chapter 1, pp. 3-33.

Nerlove, M. (2002), *Essays in Panel Data Econometrics*, Cambridge (UK): Cambridge University Press.

Neumark, D. and D. Kawaguchi (2001), "Attrition Bias in Economic Relationships Estimated with Matched CPS Files," NBER Working Paper Series, No. 8663.

Neyman, J. and E. S. Pearson (1928a), "On the Use and Interpretation of Certain Test Criteria for Purposes of Statistica Inference: Part I," *Biometrika*, 20A(1/2), pp. 175-240.

Neyman, J. and E. S. Pearson (1928b), "On the Use and Interpretation of Certain Test Criteria for Purposes of Statistica Inference: Part II," *Biometrika*, 20A(3/4), pp. 263-294.

Neyman, J. and E. L. Scott (1948), "Consistent Estimates Based on Partially Consistent Observations," *Econometrica*, 16(1), pp. 1-32.

Nickell, S. (1981), "Biases in Dynamic Models with Fixed Effects," *Econometrica*, 49(6), pp. 1417-1426.

Nickell, S. (1995), *The Performance of Companies*, Oxford; Cambridge (MA): Blackwell.

Nickell, S. (1996), "Competition and Corporate Performance," *Journal of*

Political Economy, 104(4), pp. 724-746.

Nickell, S. and D. Nicolitsas (1999), "How Does Finanical Pressure Affect Firms?" *European Economic Review*, 43(8), pp. 1435-1456.

Nijman, T. and M. Verbeek (1992), "Nonresponse in Panel Data: The Impact on Estimates of Life Cycle Consumption Function," *Journal of Applied Econometrics*, 7(3), pp. 243-257.

O'Connell, P. G. J. (1998), "The Overvaluation of Purchasing Power Parity," *Journal of International Economics*, 44(1), pp. 1-19.

Owen, A. B. (2001), *Empirical Likelihood*, Boca Raton: Chapman & Hall/CRC.

Pedroni, P. (2000), "Fully Modified OLS for Heterogeneous Cointegrated Panels," in B. H. Baltagi ed., *Nonstationary Panels, Panel Cointegration, and Dynamic Panels*, Amsterdam: Elsevier Science Inc., pp. 93-130.

Pedroni, P. (2001), "Purchasing Power Parity Tests in Cointegrated Panels," *Review of Economics and Statistics*, 83(4), pp. 727-731.

Pesaran, M. H., Y. Shin and R. P. Smith (1999), "Pooled Mean Group Estimation of Dynamic Heterogeneous Panels," *Journal of the American Statistical Association*, 94(446), pp. 621-634.

Phillips, G. M. (1995), "Increased Debt and Industry Product Markets: An Empirical Analysis," *Journal of Financial Economics*, 37(2), pp. 189-238.

Phillips, P. C. B. and H. R. Moon (1999), "Linear Regression Limit Theory for Nonstationary Panel Data," *Econometrica*, 67(5), pp. 1057-1111.

Pratt, J. W. (1976), "F. Y. Edgeworth and R. A. Fisher on the Efficiency of Maximum Likelihood Estimation," *The Annals of Statistics*, 4(3), pp. 501-514.

Quah, D. (1996), "Empirics for Economic Growth and Convergence," *European Economic Review*, 40(6), pp. 1353-1375.

Ridder, G. and T. Wansbeek (1990), "Dynamic Models for Panel Data," in F. van der Ploeg ed., *Advanced Lectures in Quantitative Economics*, London; Tokyo: Academic Press, pp. 557-582.

Ross, S. A. (1973), "The Economic Theory of Agency: The Principal's Problem," *American Economic Review*, 63(2), pp. 134-139.

Ross, S. A. (1977), "The Determination of Financial Structure: The Incentive-Signalling Approach," *Bell Journal of Economics*, 8(1), pp. 23-40.

Ross, S. A. (1978), "Some Notes on Financial-Incentive Signalling Models, Active Choice and Risk Preferences," *Journal of Finance*, 33, pp. 777-792.

Rotemberg, J. J. and D. S. Scharfstein (1990), "Shareholder-Value Maximization and Product-Market Competition," *Review of Financial Studies*, 3(3), pp. 367-391.

Roth, A. and O. Sotomayer (1990), *Two-Sided Matching: A Study in Game-Theoretic Modeling and Analysis*, Cambridge (UK); New York: Cambridge University Press.

Rubin, R. B. (1987), *Multiple Imputation for Nonresponse in Surveys*, New York: John Wiley & Sons.

Runkle, D. E. (1991), "Liquidity Constraints and the Permanent-Income Hypothesis—Evidence from Panel Data," *Journal of Monetary Economics*, 27(1), pp. 73-98.

Ruud, P. A. (2000), *An introduction to Classical Econometric Theory*, Oxford: Oxford University Press.

Sagan, J. D. (1958), "The Estimation of Economic Relationships Using Instrumental Variables," *Econometrica*, 26(3), pp. 393-415.

Sala-i-Martin, X. (1996), "The Classical Approach to Convergence Analysis," *Economic Journal*, 106(437), pp. 1019-1036.

Savage, L. J. (1972), *The Foundations of Statistics*, New York: Dover Publications.

Searle, S. R. (1971), *Linear Models*, New York: John Wiley & Sons.

Searle, S. R. (1987), *Linear Models for Unbalanced Data*, New York: John Wiley & Sons.

Sevestre, P. and Trognon, A. (1996), "Dynamic Linear Models," in L. Mátyás and P. Sevestre eds., *The Econometrics of Panel Data*, 2nd ed., Dordrecht: Kluwer Academic Publishers, Chapter 7, pp. 120-144.

Shea, J. (1995), "Myopia, Liquidity Constraints, and Aggregate Consumption: A Simple Test," *Journal of Money, Credit and Banking*, 27(3), pp. 798-805.

Silvey, S. D. (1970), *Statistical Inference*, Harmondsworth: Penguin.

Singer, J. D. and J. B. Willett (2003), *Applied Longitudinal Data Analysis*, Oxford; Tokyo: Oxford University Press.

Smith, R. P. and A.-M. Fuertes (2004), "Panel Time-Series," *mimeo*.

Staiger, D. and J. Stock (1997), "Instrumental Variables Estimation with Weak Instruments," *Econometrica*, 65(3), pp. 557-586.

Stern, J. M. and D. H. Chew Jr. eds. (1986), *The Revolution in Corporate Finance*, Oxford; New York: Basil Blackwell.

Stigler, S. M. (1986), *The History of Statistics: The Measurement of Uncertainty before 1900*, Cambridge (MA): Harvard University Press.

Stigler, S. M. (1999), *Statistics on the Table*, Cambridge (MA): Harvard University Press.

Stock, J. H. and F. Trebbi (2003), "Retrospectives Who Invented Instrumental Variable Regression?" *Journal of Economic Perspectives*, 17(3), pp. 177-194.

Spulber, D. F.(1989), *Regulation and Markets*, Cambridge (MA): MIT Press.

Swamy, P. A. V. B. and S. S. Arora (1972), "The Exact Finite Sample Properties of the Estimators of Coefficients in the Error Components Regression Models," *Econometrica*, 40(2), pp. 261-275.

Tirole, J. (2001), "Corporate Governance," *Econometrica*, 69(1), pp. 1-35.

Thomas, D., E. Frankenberg and J. P. Smith (2001), "Lost but Not Forgotten: Attrition and Follow-up in the Indonesia Family Life Survey," *The Journal of Human Resources*, 36(3), pp. 556-592.

Tobin, J. (1958), "Estimation of Relationships for Limited Dependent Variables," *Econometrica*, 26(1), pp. 24-36.

Tomes, N. (1981), "The Family, Inheritance, and the Intergenerational Transmission of Inequality," *Journal of Political Economy*, 89(5), pp. 928-958.

Townsend, E. C. and S. R. Searle (1971), "Best Quadratic Unbiased Estimation of Variance Components from Unbalanced Data in the One-Way Classification," *Biometrics*, 27(3), pp. 643-657.

Trognon, A. (1978), "Miscellaneous Asymptotic Properties of Ordinary Least Square and Maximum Likelihood Methods in Dynamic Error Components Models," *Annales de L'INSEE*, 30-31, pp. 631-357.

Van den Berg, G. J. and M. Lindeboom (1998), "Attrition in Panel Survey Data and the Estimation of Multi-State Labor Market Models," *The Journal of Human Resources*, 33(2), pp. 458-478.

Vaughan, D. and F. Scheuren (2002), "Longitudinal Attrition in Survey of Income and Program Participation (SIPP) and Survey of Program Dynamics (SPD)," paper presented for the American Statistical Association's Joint Statistical Meetings "The Survey of Income and Program Participation," held in New York, August 2002.

Vella, F. and M. Verbeek (1998), "Whose Wages Do Unions Raise? A Dynamic Model of Unionism and Wage Rate Determination for Young Men," *Journal of Applied Econometrics*, 13(2), pp. 163-183.

Vives, X. ed. (2000), *Corporate Governance: Theoretical and Empirical Perspectives*, Cambridge (UK): Cambridge University Press.

Wallace, T. D. and A. Hussain (1969), "The Use of Error Components Models in Combining Cross-Section and Time-Series Data," *Econometrica*, 37(1), pp. 55-72.

Wansbeek, T. (1992), "Transformations for Panel Data When the Distrubances Are Autocorrelated," *Structural Change and Economic Dynamics*, 3(2), pp. 375-384.

Wansbeek, T. (2001), "GMM Estimation in Panel Data Models with Measurement Error," *Journal of Econometrics*, 104(2), pp. 259-268.

Wansbeek, T. and P. Bekker (1996), "On IV, GMM and ML in a Dynamic Panel Data Model," *Economics Letters*, 51(2), pp. 145-152.

Weiss, Y. (1997), "The Formation and Dissolution of Families: Why Marry? Who Marries Whom? And What Happens upon Divorce?" in M. R. Rosenzweig and O. Stark eds., *Handbook of Population and Family Economics*, Amsterdam; New York: Elsevier Science.

Wellisz, S. H. (1963), "Regulation of Natural Gas Pipeline Companies: An Economic Analysis," *Journal of Political Economy*, 71(1), pp. 30-43.

Westfield, F. M. (1965), "Regulation and Conspiracy," *American Economic Review*, 55(3), pp. 424–443.

White, H. (1980), "A Heteroscedasticity-Consistent Covariance Matrix Estimator and a Direct Test for Heteroscedasticity," *Econometrica*, 48(4), pp. 817–838.

Winkelmann, R. (2003), *Econometric Analysis of Count Data*, 4th ed., Berlin; New York: Springer.

Wooldridge, J. M. (2000), *Introductory Econometrics: A Modern Approach*, Cincinnati: South-Western College Publishing.

Wooldridge, J. M. (2002a), *Econometric Analysis of Cross Section and Panel Data*, Cambridge (MA): The MIT Press.

Wooldridge, J. M. (2002b), "Inverse Probability Weighted M-Estimators for Sample Selection Attrition, and Stratification," CEMMAP Working Paper CWP11/02, The Institute for Fiscal Studies, Department of Economics, UCL.

Wooldridge, J. M. (2003), *Introductory Econometrics: A Modern Approach*, 2nd ed., Mason: South-Western.

Wooldridge, J. M. (2004), "Inverse Probability Weighted Estimation for General Missing Data Problems," CEMMAP Working Paper CWP05/04, The Institute for Fiscal Studies Department of Economics, UCL.

Wright, P. G. (1928), *The Tariff on Animal and Vegetable Oils*, New York: Macmillan.

Zabel, J. E. (1998), "An Analysis of Attrition in the Panel Study of Income Dynamics and the Survey of Income and Program Participation with an Application to a Model of Labor Market Behavior," *The Journal of Human Resources*, 33(2), pp. 479–506.

Zeldes, S. P. (1989a), "Consumption and Liquidity Constraints: An Empirical Investigation," *The Journal of Political Economy*, 97(2), pp. 305–346.

Zeldes, S. P. (1989b), "Optimal Consumption with Stochastic Income: Deviations form Certainty Equivalence," *The Quarterly Journal of Economics*, 104(2), pp. 275–298.

Zellner, A. (1971), *An Introduction to Bayesian Inference in Econometrics*, New York: John Wiley & Sons.

Ziliak, J. P. (1997), "Efficient Estimation with Panel Data When Instruments Are Precetermined: An Empirical Comparison of Moment-Condition Estimators," *Journal of Business & Economic Statistics*, 15(4), pp. 419–431.

Ziliak, J. P. and T. J. Kniesner (1998), "The Importnance of Sample Attrition in Life Cycle Labor Supply Estimation," *The Journal of Human Resources*, 33(2), pp. 507–530.

索　引

欧　字

ANOVA（分散分析）法　74, 74n
Augmented Dickey-Fuller Test　103
Breusch-Pagen 検定　72, 79
Durbin-Watson Statistic　84
EC2SLS（誤差構成 2 段階最小 2 乗法）　138-140, 144
empirical likelihood　97n
forward filter (FF) 2SLS　99
F 検定　69
F 統計量　26
F 分布　24
Generalized Estimating Equations (GEE) Population-Averaged Model　117
GLS（一般化最小 2 乗法）　8, 18, 63, 65, 74, 84
GMM（一般化積率法）　17, 18, 91, 92, 94, 97, 105, 202
　システム――　94, 96, 100, 202n
　2 段階――推定 (kernel-weighted GMM; KGMM)　125
Im-Pesaran-Shin Test　103
inverse probability weight (IPW)　→逆確率ウェイト
Levin-Lin Test　103
LSDV（最小 2 乗ダミー変数推定法）　7, 60, 64
Maddala-Wu Test　103
n 次元配置誤差構成要素モデル　7n
PSID　→ The Panel Study of Income Dynamics
ROA（総資産利益率）　154, 154n, 156
ROE（税引後当期利益/自己資本）　155, 156
Selection on Observables　42
Selection on Unobservables　41
The National Longitudinal Survey of Youth (NLSY)　35
The National Longitudinal Surveys of Labor Market Experience (NLS)　9, 126
The Panel Study of Income Dynamics (PSID)　9, 27, 34, 36, 219
the pecking order theory　162
Wu-Hausman 検定　140
Z 値　20

あ　行

アイリー（G. B. Airy）　4
アダルトチルドレン　232n
イースタリン仮説　235
依存症　232n
一元配置　23
一元配置誤差構成要素モデル　7
一元配置固定効果推定法　7, 8, 68, 70, 71
一元配置分散分析　22
一元配置ランダム効果推定法　7, 8
一致推定　64
一致性　18
一般化最小 2 乗法　→ GLS
一般化 3 段階最小 2 乗法（G3SLS）　134
一般化積率法　→ GMM
一般平均　23, 25
イベントヒストリー分析　82n
インターセプト法　29n
ウィズイン・データ　6
ウィズイン推定　62
「失われた 10 年」　150, 215

売上シェア　　156, 158-160
売上高収益率　　155, 156, 161
営利法人名簿　　29
エージェンシー・コスト　　162
エッジワース(F. Y. Edgeworth)　　18
応募法　　29n

か　行

回帰分析法　　41n
カイ2乗検定　　68, 69, 103
カイ2乗適合度検定　　17
カイ2乗分布　　23, 24, 103
外生性　　77
外生変数　　15, 92, 131, 132, 136, 137, 137n
回答拒否　→非回答
回答誤差　　34
ガウス(C. F. Gauss)　　4
ガウス=マルコフの定理　　12
カウントデータ　　110, 110n
確率比(オッズ)　　112
学歴マッチング　　223, 225
家計経済研究所　　31, 37
『家計研パネル』→『消費生活に関するパネル調査』
『家計調査』　　31, 185, 186, 191
加重最小2乗法(WLS)　　43, 45, 74
過小識別　　142
過剰識別　　17, 142
────制約テスト　　15, 16, 17n, 93, 143
仮説検定　　66
寡占モデル　　158, 160
家族依存症　　232n
カテゴリー化　　54-56
借入制約　　198, 199
刈込最小2乗推定(trimmed least squares estimator)　　123
完全競争　　158n
完全情報最小距離推定法　　132, 134
完全情報3段階最小2乗法(3SLS)　　131
完全情報推定法　　133

完全ランダム脱落　　40
機縁法　　29n
『企業活動基本調査』　　30, 78, 143, 149, 150
季節調整(季節性)　　195, 196
帰無仮説　　66
逆確率　　11
逆確率ウェイト(IPW)　　43n
局所管理　　5, 6
クラメール=ラオの下限　　20
クラメール=ラオの不等式　　20
クルノー(A. A. Cournot)　　158n
クルノー均衡　　158n
クロスセクション・データ　　6
傾向スコア法　　41n
系列相関(autocorrelation)　　65, 83, 84, 146
────検定　　93
結託　　158n
工業統計調査　　29
恒常所得仮説　　189, 191
構造(structural)パラメータ　　114
国勢調査　　29
誤差関数　　4n
誤差構成2段階最小2乗法(the error component two-stage least squares) → EC2SLS
誤差構成要素モデル　　5
『誤差論』　　4
個体間(ビトウィーン)　　62
個体内(ウィズイン)　　61
固定効果　　60, 61n, 79
────推定　　60, 68, 69, 72, 79, 105, 144
古典的積率法　　18
古典的付随パラメータ問題　　113n
コブ=ダグラス型生産関数　　78
コーポレート・ガバナンス　　78n, 157

さ　行

最小距離推定法(Minimum Distance Estimation; MDE)　　90, 94, 134, 135, 206

索引——279

完全情報—— 132, 134
最小距離法 125
最小2乗ダミー変数推定法 →LSDV
最小2乗法 4, 4n, 11, 18
最大スコア推定法 117n
最適資本構成 162, 163, 163n, 165
最尤法 18, 20, 74, 74n, 97, 202
　——推定 19, 20, 105
最良線形不偏推定量(BLUE) 12, 141
最良不偏推定量 60
サバイバル分析 →生存時間分析
サベージ(L. J. Savage) 11
三角配列システム 132, 132n
残差平方和 12, 23, 24
3段階最小2乗法(3SLS) 134
サンプル・セレクション・バイアス 8, 48, 49, 74
事業所統計調査 29
時系列推定法 70, 71
事後確率 11n
自己資本 151
　——比率 151
自己選択 9
資産の流動性 163n
市場評価資産(市価簿価)比率 165
次数条件 142
事前確率 11n
悉皆調査 →全数調査
実験計画法 5, 22, 65
実質資本収益率 155
質的従属変数パネルデータ分析 109
指定統計調査 149
弱相関 →操作変数の弱相関問題
自由記述項目 28
集計誤差 8
集合調査 30
集中度 158
十分性 18
住民基本台帳 29
主効果 25
紹介法 29n
商業統計調査 29

条件付き最尤法 117
条件付き尤度関数 85, 116
条件付け分離 115
条件なし尤度関数 85
状態依存モデル 83, 85
『消費実態調査』 186
『消費者価格調査』 186
『消費生活に関するパネル調査』(『家計研パネル』) 31, 37, 48, 219, 220, 243, 249, 251
『消費動向調査』 190
消費の耐久性 185, 196, 202
初期条件 252
初期値 85n, 86, 87, 95, 95n
　——問題 94
所得維持政策実験 74n
処理 22
　——群 5
推測的変動 158, 158n
正規分布 4n
制限情報推定法 133
政策評価 22
生存時間解析(survival analysis; サバイバル分析) 82, 82n, 85n
積率法(モーメント法) 16, 18
ゼルナー(A. Zellner) 11
セレクション・バイアス 46
先決変数(predetermined) 92, 137n
『全国消費実態調査』 190n
全数調査(悉皆調査) 28
戦前・戦中世代 222, 241, 242, 249, 251, 252
選択指標 76, 77
選択範囲 27
選択問題 109
全要素生産性(TFP) 78
層化2段無作為抽出 221
操作変数 16
　——の弱相関問題 14n, 94
　——法 12, 13, 18, 105, 202
総資産収益率 155, 156
総資産利益率 →ROA
層別抽出法 29

層別2段階抽出法　29

た　行

第1種の過誤　67
第2種の過誤　67
『第10回出生動向基本調査』　232
耐久財　197n
耐久性　196, 197, 206, 207
　消費の――　185, 196, 202
対照群　5
対数尤度　19
対数尤度比検定　244
代替標本　33
台帳　29, 35n
ダイナミック・トービット・モデル
　124, 125
ダイナミック・パネル分析　81,
　83, 85, 97, 185
代表性　32
対立仮説　66
ダグラス＝有沢法則　225, 225n
多元配置　24
多重代入法　41
脱落サンプル　9, 27, 34, 38
　――・バイアス　44, 49, 50
単位根推定　103
単一値代入法　41
団塊以降世代　222, 241-243, 249,
　251
単純無作為抽出法　29
『単身世帯収支調査』　187
中立性命題　163
長階差　100
調査票　28, 30
『貯蓄動向調査』　185, 187
直交条件　91n, 93-95, 97, 99
帝国データバンク　29
定常性　194
適正識別　142
デュレーション・モデル　82
デルファイ法　29n
典型法　29n
電話調査　30
統計調査法　28

同時方程式　131
トービット・モデル　117-119
取引コスト　162

な　行

内生性　14, 105
　――テスト　140
　――バイアス　105
内生的　131
内生変数　14-16, 42, 45, 131, 137,
　137n, 140
二元配置誤差構成要素モデル　7
二元配置固定効果推定法　8, 68,
　70, 71
二元配置分散分析　24
二元配置ランダム効果推定法　8
二項選択　54, 55
2段階最小2乗法（2SLS）　132,
　136
2段抽出法　29
『2003年就労条件総合調査』　236n
ニート　232n
ネイマン（J. Neyman）　66
ネイマン＝ピアソン　67n
乗り換えモデル　236, 236n

は　行

ハウスマン検定　45, 68, 71, 72,
　79, 105, 144
外れ値　54, 164
パーソンピリオドデータ　243,
　243n
パーソンレベルデータ　243n
パターン混合モデル　41
パネル単位根推定　101
パネルデータ分析　3, 4, 18, 22, 59
パネル・トービット・モデル　122,
　127
パネル・プロビット・モデル　112,
　126
パネル・ロジット・モデル　112,
　126, 243
ハーフィンダール＝ハーシュマン指数
　156, 158, 159

索　引 ── 281

バブル世代　222, 237-239
バブル崩壊以降世代　222, 237-239
パラサイトシングル　236, 237
　──仮説　232, 235
反証可能性　67n
反復　5
反復法　122
ピアソン(E. S. Pearson)　66
ピアソン(K. Pearson)　16, 17
非回答(回答拒否)　8, 9, 27
非線形最小2乗法(NL2LS)　18
非耐久消費　206
　──財　197, 197n
非定常性　194
ビトウィーン推定　62, 64
ビトウィーン・データ　6
標本　16
標本設定時脱落　32
標本抽出　8
標本調査　28
標本平均ロジット推定　243, 244
標本モーメント　16
非ランダム脱落　40, 41
フィッシャー(R. A. Fisher)　4, 18
フィッシャー検定　103
フィッシャー情報量　19, 20
フェイス項目　28
不完備パネルデータ　73, 75, 78
不均一分散(heteroscedasticity)　64, 65
負債資産比率　151
負債比率　154
付随パラメータ問題　114
ブートストラップ実験　103
不偏一致推定　65
不偏推定量　20
プライス・コスト・マージン(PCM)　160
プリコード項目　28
フリーター　238
プーリング推定　62, 71, 73, 105
　──法　68, 70
プーリング・データ　6

プーリング・ロジット　243, 244
プログラム評価　22
プロビット法　120
プロビット・モデル　110, 111
分散分析　5, 22, 24, 59, 65
　──検定　24
ペアワイズ消去法　41
ベイズ(T. Bayes)　11
ベイズの定理　11n
『平成15年度大学等卒業者就職状況調査』(厚生労働省)　237
ヘックマンの2段階推定法　41, 120, 121, 121n
ポアンカレ(H. Poincaré)　4
母集団　16, 32
ポッパー(K. Popper)　67n

　　　　ま　行

マルコフ連鎖モンテカルロ法(MCMC)　41n
ミクロ計量経済学　54
ミルズ比(Mill's ratio)の逆数　120
無作為化　5, 6
無作為抽出法　29
無作為(ランダム)欠測　73
面接調査　29
モジリアーニ＝ミラー定理　157, 161
モーメント法　→積率法
モンテカルロ実験　94, 98-101

　　　　や　行

ヤングアダルト　236
有為抽出法　29
『有価証券報告書』　30
有効推定　64
有効性　18, 74
郵送調査　30
尤度　11, 18
尤度比検定　20, 85
予備的貯蓄　190, 191

　　　　ら　行

ライフサイクル仮説　189

ラグランジュ乗数　　21, 68, 84
ランダム・ウォーク　　101
ランダム係数モデル　　82
ランダム効果推定　　63, 64, 68, 72, 73, 79, 105, 117, 144, 243, 244
ランダム脱落　　40-42
リストワイズ消去法　　41
留置調査　　30
留置法　　221
流動性制約　　185, 190, 198, 199, 212-214
流動性比率　　151
ルジャンドル（A. M. Legendre）　　4n
『労働力調査』　　238n
ロジット・モデル　　110, 111
ローテーション　　75, 185
ロンジチューディナルデータ　　vii

わ行

割当法　　29n
ワルド検定　　20, 21

■岩波オンデマンドブックス■

一橋大学経済研究叢書 53
パネルデータ分析

2005 年 2 月24日　第 1 刷発行
2009 年12月 4 日　第 6 刷発行
2016 年 4 月12日　オンデマンド版発行

著　者　北村行伸(きたむらゆきのぶ)

発行者　岡本　厚

発行所　株式会社　岩波書店
　　　　〒101-8002　東京都千代田区一ツ橋2-5-5
　　　　電話案内　03-5210-4000
　　　　http://www.iwanami.co.jp/

印刷／製本・法令印刷

Ⓒ Yukinobu Kitamura 2016
ISBN 978-4-00-730385-2　　Printed in Japan